AF371286

NOUVEAU TRAITÉ

DE

MNÉMONIQUE

OU

DE L'ART D'AIDER ET DE FIXER

LA MÉMOIRE

APPLIQUÉ

À LA GÉOGRAPHIE, À LA CHRONOLOGIE

ET À L'HISTOIRE

AVEC 100 FIGURES

PAR L'A. G.

À TURIN chez P. J. Pic Libraire.

À PARIS chez Louis Fantin Libraire Quai des Augustins, N.º 55.

TURIN 1811, DE L'IMPRIMERIE SOCIALE, Section Monviso, rue Tilsitt, N.º 49.

Si quam maxime notas similitudines constituemus, si
non mutas nec vagas, sed aliquid notum agentes imagines
ponemus; si aliqua re exornabimus aut deformabimus; aut
si ridiculas res aliquas imaginibus attribuemus; ea res quo-
que faciet, ut facilius meminisse possimus.

Cic. Rhet. ad Heren.
lib. III n.º 22.

INTRODUCTION.

Il y a, peut-être, de la témérité à proposer de nouvelles idées sur la Mnémonique, depuis qu'elle a été tournée en ridicule par tant de personnes. Oseroit-on se flatter d'avoir trouvé un système plus satisfaisant et plus complet que ceux qu'ont établis les savans anciens et modernes qui ont écrit sur cette matière ? Sans être aussi habile qu'eux, on peut être plus heureux. Dans toutes les sciences on ne parvient à abréger les opérations nécessaires pour en combiner les principes, que par des tentatives réitérées. Les travaux de ceux qui nous ont devancés dans la carrière, sont autant de pas qui nous approchent du but; et si nous trouvons la route plus courte, c'est qu'ils ne nous ont laissé qu'un court intervalle à franchir.

De tous les moyens qui nous ont été indiqués par les philosophes, pour faciliter les progrès des sciences, celui de passer du connu à l'inconnu, et de lier nos idées à des objets physiques pour nous les rappeler plus aisément, est le seul qui soit fondé sur l'analyse de l'esprit humain. Telle est la route que les hommes ont suivie dans chaque branche de leurs inventions, et que doit suivre chaque individu qui cherche d'agrandir la sphère de ses connoissances. Nous voyons en effet que l'homme intéressé à communiquer aux autres les idées abstraites dont il est pénétré, tâche de les revêtir d'une enveloppe matérielle qui puisse être saisie par leur imagination ; parce qu'alors ces idées, en se communicant à l'ame par l'entremise des sens, vont s'y peindre comme dans un miroir.

C'est sur ces principes qu'est fondée la méthode de mnémonique pratiquée de nos jours par M. Jean Didier. Présenter à l'esprit les idées abstraites par des signes physiques ; substituer aux choses inconnues des choses qui nous soient familières et qui aient quelque analogie, dans le son, avec elles ; indiquer des moyens presque sûrs pour les rappeler à notre souvenir ; enfin remplacer par des mots les nombres ou les chifres ; tel est le pivot sur le quel roule tout ce système.

Quelque ingénieuse que soit la méthode de ce mnémoniste, et quoique appuyée sur des principes si lumineux, elle n'est cependant pas exempte de grandes difficultés qui ont été, peut-être, la cause de la dérision qu'on a jetée sur cet art. Mais pourquoi mépriser une méthode, parce qu'elle ne nous dispense point d'une sérieuse application, si les expériences publiques du même auteur ont prouvé incontestablement

que les enfans apprennent avec plus d'aisance les choses; et que, selon cette méthode, les idées se gravent dans leur mémoire d'une manière aussi prompte que permanente? ,, La raillerie s'épuise (dit sagement l'auteur du Traité
,, complet de mnémonique, à Paris 1808); et
,, l'on revient peu - à - peu à la nécessité d'approfondir et d'étudier, avant d'apporter un jugement . . . . La mnémonique, telle qu'elle
,, est, peut offrir de grandes ressources ; mais
,, il lui reste encore des acquisitions à faire.
,, Une fois dégagée des entraves qu'on lui a
,, données ; tour à tour attaquée publiquement,
,, et publiquement défendue, avec connoissance
,, de cause, par des hommes instruits, elle
,, obtiendra du tems et du travail de ses par-
,, tisans ce dégré de perfection dont elle est
,, susceptible ,, .

Je suis bien éloigné de me placer au nombre des hommes instruits, et de me flatter d'avoir donné, par cet essai, à un art si précieux, le perfectionnement dont elle est susceptible. Je sens trop ce qui me manque pour exécuter avec succès un tel ouvrage, d'autant plus que j'écris dans une langue qui ne m'est point familière. Mais ayant fait des changemens essentiels à la méthode de M. Jean Didier, et considérablement simplifié les opérations qui étoient nécessaires pour trouver les dates chronologiques et les dégrés de longitude et de latitude ; et , ce qui étoit le plus pénible , ayant appliqué la nouvelle mé-thode à la géographie , à l'histoire et à la chro-nologie ; je surmonte ma timidité , et j'ose pu-blier un ouvrage que j'avois composé uniquement pour m'en servir dans mes études.

Convaincu par ma propre expérience et par les essais que j'en ai faits avec des enfans , que le succès correspond parfaitement à l'objet que je me suis proposé , au lieu de me décourager à la vue des désagrémens et des difficultés qu'of-fre l'application de cette méthode , je me livre avec confiance à un genre d'étude qui se prête facilement à la critique et au ridicule. Je n'ai d'autre ambition que d'être utile à la jeunesse; je ne cherche qu'à lui applanir les difficultés qui sont inséparables de l'étude de la géographie et de l'histoire ; ainsi je ne demande à mes lecteurs que de l'indulgence , de l'encouragement et une critique qui puisse contribuer aux progrès de cet art que l'on pourroit appliquer à d'autres sciences avec le même succès.

Ceux qui ont assisté aux leçons du cours mnémonique de M. Didier , ou qui en ont con-noissance par la lecture du traité indiqué où elles sont parfaitement exposées , pourront être les juges de la différence qu'il y a entre sa méthode et celle que je propose. Pour celle-ci, point de mai-sons mnémoniques , point de chambres , point de murs ni de panneaux : cent figures seulement réuniront tous les avantages qu'offre la méthode de ce sage mnémoniste ; et la lecture du petit nombre de pages de l'exposition de mon traité suffira pour mettre chacun en état de saisir les idées de convention sur lesquelles il est appuyé, et de s'en servir dans ses études avec un profit étonnant.

J'ai appliqué la méthode mnémonique à la géographie, à la chronologie et à l'histoire, parceque ces trois sciences m'ont paru celles qui, étant la clef de toutes les autres, entroient nécessairement dans une éducation soignée ; et je les ai réunies parce que l'une sert à l'appui de l'autre ; elles se prêtent mutuellement des secours, et font éclore une lumière qui, en se repliant d'une science à l'autre, ouvre au lecteur tous les sentiers de la vérité. Ce n'est que par ce moyen qu'il peut faire passer sous ses yeux les époques variées, tantôt plus brillantes, tantôt moins animées, des siecles et des peuples, des sciences et des arts.

On ne peut approfondir l'étude de la géographie qu'en divisant le globe que nous habitons, en des carrés tels qu'on les voit sur les cartes. La nouvelle méthode, en nous faisant connoître les lieux géographiques qui y sont enclavés, en combine tellement la position avec les dégrés de longitude et de latitude, que l'idée des uns ex-

cite celle des autres. Nous laisserons dans chaque carré une figure ou , pour ainsi dire , une
vedette qui nous avertira et des lieux que nous
y aurons remarqués , et de leur distance à l'E-
quateur et au premier méridien. En étudiant
ainsi la géographie, il s'en suivra que tous les
carrés mnémonisés du globe nous seront connus
comme les différentes parties de nos jardins ; et
de la même manière que les plantes de ceux-ci,
les fleurs , les jets d'eau qui ont frappé nos sens,
ont laissé leur image si vivement gravée dans
notre mémoire , qu'ils se présentent, lorsque
nous le voulons , à notre souvenir , comme si
nous étions au milieu de ces jardins ; de même,
ayant parcouru le globe selon cette méthode, le
Samoïède du Nord de la Sibérie et le Nègre qui
habite les sables brûlans de l'Afrique , le La-
pon et le Patagon , l'Hottentot et l'Eskimau, les
plaines et les montagnes , les mers et les déserts,
tout ce que la terre offre à nos regards qui soit
digne de les captiver , sera classé en autant de
tableaux qui nous seront parfaitement connus.

Les cent figures seront chargées de faire un
petit discours composé de mots qui auront une
analogie , un rapport, dans le son , avec les mots
isolés et barbares de la géographie, et qui reste-
ront si étroitement liés avec les premiers , que
l'idée des uns ramènera celle des autres : nous
ne pourrons donc pas oublier un seul de ces

lieux, sans oublier en même tems tout le discours, ce qui sera bien difficile, parce que ce
discours frappera fortement notre imagination par
quelque extravagance. Nous aurons ainsi le double avantage de nous rappeler les lieux géographiques, ou en les rapportant à la figure ou
aux mots du discours, qui leur sont substitués,
comme on le verra plus clairement dans la pratique.

Connoissant de cette manière la position de
ces lieux, nous pourrons dans la suite placer à
leur côté tous les autres que l'histoire civile ou
naturelle nous intéressera de bien connoître. Dès
que nous aurons saisi l'idée des premiers, nous
ne pourrons pas oublier celle des autres qui en
approchent, parce que nous accrochons les idées
nouvelles à celles qui nous étoient déja familières. Etant revenu, par exemple, à plusieurs reprises sur la ville de Rome, si je fais attention
que celles de Véies et d'Albe se trouvent dans
le même carré, la position de ces deux villes
sera toujours prête à se présenter à mon esprit
toutes les fois que je les nommerai.; au lieu
qu'elles s'effaceront bientôt de ma mémoire si
je n'ai aucun point de rapport déja connu, à
moins que je n'y revienne plusieurs fois.

Je divise la géographie en générale et en particulière. J'ai compris dans la première presque
tous les noms géographiques de l'Abrégé de l'in-

kerton, excepté une grande partie de ceux de l'Angleterre, de la France, de l'Allemagne, de l'Italie et de la Turquie européenne, car je reviendrai à ces derniers dans la géographie particulière. Ces royaumes sont le théatre où se passèrent les faits les plus intéressans que nous offre l'histoire de l'Europe, et que nous devons connoître plus en détail et de dégré en dégré. La géographie de la Turquie ne mériteroit point une attention particulière, si elle n'étoit le pays des Macédoniens, des Athéniens, des Spartiates; et la patrie des Thémistocles, des Démosthènes, des Socrate, des Apelles, des Phydias, des Alexandre. Au lieu de mnémoniser les pays de cette contrée et ceux de l'Italie, j'y fais voyager les figures qui nous feront connoître les restes augustes de l'art et les principales beautés de la nature, qui ont formé de ces deux pays le rendez-vous des amateurs des beaux arts. Cette étude nous servira aussi de flambeau pour pénétrer dans le sanctuaire des mythologues, des historiens et des poëtes les plus célèbres de toute l'antiquité.

L'histoire sera divisée en deux grandes époques: la première, depuis la création jusqu'à Jésus-Christ; l'autre depuis l'ère vulgaire jusqu'à l'an 1804. Ces deux époques sont subdivisées par décades ou de dix en dix années, en commençant à l'an 2000 depuis la création, car

car avant ce tems je n'ai marqué que huit époques qui m'ont paru les seules dignes de figu-
rer dans un abrégé. Une division chronologique
d'année en année auroit été trop fastidieuse ; et
en la divisant en époques d'une plus grande
étendue , l'histoire n'auroit pas été suffisamment
détaillée. Je n'ai pas manqué de désigner plus
précisément les époques qui méritoient de l'être;
et chacun pourra y ajouter, à son gré , celles
dont il voudra se rendre compte ; dès qu'on les
placera à côté des époques connues , elles ne
s'effaceront point de la mémoire.

Cette division présente une facilité incroyable
de saisir les dates : les figures qui les accompagnent, en nous indiquant les faits historiques
que nous avons rassemblés dans chaque décade,
nous marquerons aussi l'époque de ces mêmes
faits . Les cent figures répétées quatre fois em-
brasseront toute l'histoire ; et cette répétition,
bien loin d'apporter aucune confusion dans nos
idées , elle ne servira , au contraire , qu'à les
y graver de plus en plus ; car en les répétant ,
elles nous rappelleront l'idée des faits dont nous
les avions déja chargées.

Nous avons ainsi une espèce de galerie où
les tableaux historiques sont classés dans un
ordre bien connu , et qui nous présentent en
masse ce que l'on ne trouve qu'en détails épars
dans les historiens. Dès qu'on saura à quel ra-

bleau ou à quelle époque appartiennent les événemens principaux que nous offre l'histoire, on
sera le maître de les surcharger de toutes les
circonstances qui les accompagnent; il sera bien
difficile alors que celles-ci s'effacent de notre
mémoire; puisque ce ne sont point les descri-
ptions des combats, les massacres, les embra-
semens des villes, les écroulemens des trônes
qu'on oublie, mais plutôt les époques, ou ce
point de ralliement, ce centre auquel il faut les
rapporter. Lorsqu'on a parcouru l'histoire des
peuples les plus célèbres, on est bien curieux
de faire des parallèles entre eux, et savoir ce
que faisoient les Romains tandis que les Grecs
se rendoient redoutables aux Perses, et ce
qu'étoient les mêmes Grecs, tandis que Cyrus
se rendoit maître de l'Orient: mais on fait des
efforts inutiles pour trouver quelle place leur est
assignée dans la vaste étendue des siècles, si
l'on n'a pas suivi le fil de l'histoire générale
dans tous ses rapports synchroniques.

En classant les figures de dix en dix, nous
aurons une troisième division de l'histoire en
autant de siècles. Cette nouvelle division nous
servira comme d'un point de relâche, d'où nous
pourrons promener nos regards d'une figure à
l'autre, pour passer en revue les faits historiques que nous y aurons placés; et imiter le vo-
yageur qui, arrivé sur le sommet d'une monta-

gne , regarde derrière lui, et se plait à contempler tous les beaux endroits qu'il a traversés. Quel contraste ne nous présentera pas alors le vaste tableau de l'histoire générale? quelles perspectives qui nous attachent , quelles nuances qui nous charment! Sur une figure, nous y voyons une nation au faîte de sa grandeur, sur l'autre un trône ébranlé ; ici une multitude de nations qui se soumettent à des lois ; là , un peuple qui finit ; et presque par tout des nations qui commencent à décroître , tandis que d'autres recouvrent leur indépendance , ou sortent du chaos de ténèbres et de barbarie , où elles étoient plongées.

L'histoire et la géographie sont malheureusement surchargées de mots désagréables à notre oreille, et par conséquent très-difficiles à retenir. Le mnémoniste vient nous tirer de ces entraves, et nous apporte des secours aussi sûrs , que dans la science des dates ; il mnémonise ces mots , c'est-à-dire, il leur en substitue d'autres qui nous sont connus dans notre langue et qui ont à peu près le même son que les premiers , afin qu'en accrochant les mots inconnus aux connus, on ne puisse se rappeler les uns, sans que les autres ne viennent aussi à leur suite. Cette substitution des mots n'est qu'une imitation de ce que nous pratiquons tous les jours, en étudiant une langue étrangère ; et l'expérience nous fait voir que nous apprenons ces mots d'autant plus aisément qu'ils ont plus d'analogie, dans le son, avec les mots de la langue qui nous est familière. *Imitetur igitur ars naturam, et quod ea desiderat, inveniat ; quod ostendit, sequatur : nihil est enim quod aut natura extremum invenerit, aut doctrina primum ; sed rerum principia ab ingenio profecta sunt, et exitus disciplina comparantur ;* Cic. Rhet. ad Heren. lib. III, n. 22.

J'ai appliqué cette partie de mnémonique, ou de la substitution des mots connus aux inconnus, seulement à la géographie, laissant à chacun le choix de l'imiter ou de l'omettre dans l'étude de l'histoire. Il auroit été ennuyeux pour la plupart des lecteurs de suivre cette marche; et les exemples que je propose dans la géographie pourront guider chacun à s'en former d'autres dans le cas où il jugeroit à propos de s'en servir. On pourra même changer les phrases que j'ai fait entrer dans les petits discours géographiques, et inventer d'autres analogies ; pourvu que les idées se fixent dans la mémoire, on aura atteint le but. Chacun, se trouvant dans des circonstances particulières, pourra se former un jargon à lui-même, d'autant plus aisément que les mots qu'il substitue, lui seront plus familiers. Je voudrois être un la-Fontaine pour trouver tous les à propos, et égayer tous mes lecteurs ; ce seroit pour moi une occupation bien satisfaisante. Je ne désespère pas qu'un jour quelqu'ami de la jeunesse ne se présente sur la scène , et qui, par les charmes de la poésie , ou par tout autre moyen, ne réduise cette science à de petits contes plus enjoués ; il auroit bien droit à la reconnoissance du public.

La pratique de la substitution des mots m'a forcé d'introduire dans la géographie des discours vides de sens , extravagans , ridicules et, quelquefois, contre le génie de la langue ; et je crains que l'on ne méprise cet ouvrage, ou parce qu'il peut y avoir de la difficulté à apprendre les uns, ou parce qu'il est nécessaire d'en écarter les autres. A cet égard , je prie le lecteur d'observer, qu'il ne me restoit que peu de choix à faire entre les mots que j'avois à substituer ; et que le but principal de cette opération est de faire entrer les mots géographiques dans un discours, afin que le souvenir des uns excite en nous l'idée des autres ; et afin que nous puissions nous rappeler de ce discours ou par le moyen de l'extravagance ou du ridicule; car (comme l'observe Cicéron dans l'ouvrage cité) *Si quid videmus egregie turpe aut honestum, inusitatum , magnum , incredibile , ridiculum , id diu meminisse consuevimus , eo quod usitatae res facile e memoria elabuntur , insignes et novae manent diutius.* En effet, lorsque je vois Hercule terrassant l'hydre , Persée mcnté sur un cheval

ailé , ou Phaëton conduisant le char du soleil ;
l'hydre, le cheval et le char , joints à ces personnages , me présentent des idées si extravagantes, que je ne puis voir ces objets sans me
ressouvenir en même tems des personnages qui
sont en rapport avec eux. Bien loin donc de
trouver de la difficulté ou de l'inutilité à étudier ces discours, nous les apprendrons avec
plus de promptitude, et nous nous en ressou-
viendrons sans aucun effort.

Si parmi ces discours il y en a de ceux qui
ne sont point selon le génie de la langue , est
ce qu'on aura à craindre pour cela d'y introduire le mauvais gouts? y aura-t-il quelqu'autre circonstance où l'on puisse se servir de ces
phrases extravagantes ? Plus l'erreur frappe notre oreille, moins on risque de la laisser glis-
ser dans un autre discours. On a étudié les élémens de la langue latine dans la grammaire de
Port-Royal , et la géographie dans Buffier , et
l'on avouera que les vers en sont pitoyables ;
cependant ces mêmes vers qu'on a appris par
cœur, n'ont point introduit le mauvais goût dans
la langue française. On a pu oublier les uns et
les autres; mais, ce qui étoit le plus essentiel,
les élémens de la langue et les noms de la géographie, à force d'avoir été répétés, sont res-
tés gravés dans la mémoire. Je pourrai donc
soutenir avec plus de raison , que l'on appren-

dra les mots barbares de la géographie, en les groupant dans un discours, et en les décomposant, pour ainsi dire, pour nous les rendre plus familiers.

Cette méthode appliquée à la géographie et à l'histoire ne suffit pas pour former un cours complet de ces deux sciences. La géographie ne comprend que les principaux noms qu'il faut apprendre dans cette étude; et elle manque de la partie civile et politique, et de toutes les connoissances qui en composent le corps. On pourra y suppléer par la lecture de quelque géographie moderne, en choisissant parmi les différens traités celui qui sera le plus conforme à nos vues. Lorsqu'on se sera familiarisé avec les noms des principaux pays, des villes, des rivières, etc., ce ne sera plus qu'un amusement d'étudier les divisions de chaque pays, l'origine, la civilisation, les mœurs, le commerce de ses habitans, et les productions de l'art et de la nature; en un mot, on pourra se pénétrer agréablement de la philosophie d'une science qui n'a rien d'aride que la nomenclature et la position des lieux.

Pour ce qui regarde la partie de l'histoire, elle n'est qu'un faible abrégé, qu'une esquisse de l'histoire générale, divisée en tableaux où j'ai cherché d'encadrer les grands événemens, les traits les plus marquans qui ont rapport à la naissance des nations, aux révolutions qui, en différens siècles, ont causé des changemens considérables dans les gouvernemens ; et tout ce qui a contribué aux progrès des sciences et des arts. Mon but, en composant cet abrégé, a été de faciliter les moyens de passer en revue les faits historiques, et de les classer dans un ordre successif, dans le cas où l'on eût déja parcouru l'histoire ; et d'indiquer une route qui m'a paru la plus courte, et en même tems la plus lumineuse, pour ceux qui souhaiteront approfondir cette science qui embrasse tous les tems, tous les hommes et la nature entière. J'espère que les uns et les autres ne me sauront pas mauvais gré de leur avoir présenté une méthode qui aidera leur mémoire à leur rendre fidèlement les dépôts sacrés qu'ils lui auront confiés : et qui les dispensera de revenir sur leurs pas, comme il arrive bien souvent ; parce que, sans une méthode, on ne peut obtenir aucun succès véritable, dans quelque genre de connoissances que ce soit.

Je ne connois point d'historien qui approche de mon plan, si ce n'est M. Jondot dans ses *Tableaux historiques des Nations* ; ouvrage au dessus de tout éloge, où j'ai puisé en grande partie les faits insérés dans mon abrégé. Quoique ses tableaux synchroniques ne correspondent pas à la division de l'histoire en autant de décades, et qu'ils ne renferment que peu de détails, c'est pourtant l'ouvrage que je propose de lire, à l'aide de cette méthode ; les charmes de son style, les peintures variées de ses tableaux synchroniques, les jugemens justes et profonds qu'il forme des peuples et des événemens, enchanteront le lecteur qui s'accoutumera, à l'école d'un tel maître, à lire l'histoire avec cet esprit philosophique qu'il faut toujours apporter dans cette étude.

La chronologie des princes qui par une longue suite de siècles ont occupé le même trône, doit beaucoup intéresser le lecteur qui cherche à bien étudier l'histoire de la nation qu'ils ont gouvernée. Parmi ces monarques les empereurs romains d'Occident et d'Orient, et les rois de France, sont ceux qui ont joué le rôle le plus intéressant sur le théatre du monde. L'époque à laquelle ces princes saisirent le sceptre, et la durée de leur règne, ont une grande influence sur les événemens politiques, et répandent une brillante lumière sur l'esprit de l'histoire générale. J'ajouterai donc cette chronologie qui fera voir de plus en plus l'utilité de cette méthode.

Pères et mères, c'est à vous que je dédie cet ouvrage. La pénible carrière d'instituteur, que je parcours depuis quinze ans, me donne quelques droits à vous dire avec confiance qu'il peut être d'un grand avantage pour l'instruction de vos enfans. Dans cet emploi, j'ai toujours senti, comme vous, que ce n'est qu'à force de courage et de patience, que nous pouvons parvenir à vaincre l'inquiétude et l'inconstance de nos élèves. Ce n'est que l'intérêt que m'inspirent ces objets de votre tendresse, qui ait pu guider mes pas incertains dans un sentier épineux où je n'approchois du but, qu'en luttant sans cesse contre des obstacles qui m'en auroient détourné, si un motif aussi noble n'eût soutenu mon courage. Je serai amplement récompensé de mes fatigues, si vous, daignerez l'accueillir favorablement, et faire un essai de cette méthode. Je puis vous assurer qu'en la suivant, vous parviendrez à fixer la légéreté de leur esprit ; à mettre de l'ordre, de la précision et de la netteté dans leurs idées ; à exciter leur curiosité naturelle, et à diminuer l'ennui que les élémens des sciences entraînent à leur suite, et qui malheureusement se perpétue quelquefois, parce qu'il a pris naissance dans un âge trop susceptible d'impressions. Encouragez les instituteurs à vous suivre dans cette nouvelle carrière. Faites à vos élèves des questions sur ce qu'ils auront étudié selon cette méthode ; vous les verrez vous répondre avec une précision qui surpassera votre attente, parce qu'ils sauront toujours où chercher leurs idées ; c'est le moyen le plus sûr d'exercer et d'enri-

chir leur mémoire. Il me semble déja de vous
voir recueillir de leur bouche des traits d'esprit,
des réponses ingénieuses qui font naître dans
vos cœurs ces doux transports, cette ivresse de
joie, qui vous charment, et qui vous font con-
cevoir les plus belles espérances de leurs progrès ; et j'ai tout le fondement de vous annoncer qu'elles ne seront point trompeuses, et que
vous jouirez ensemble des doux fruits de vos
peines et de vos soins.

EXPOSITION

DE LA NOUVELLE MÉTHODE

DE MNÉMONIQUE.

Dans l'art de la Mnémonique, il faut, avant tout, connoître les signes dont on est convenu de se servir pour peindre nos pensées. Ces signes se réduisent à trois; 1.º aux consonnes alphabétiques qui sont substituées aux chiffres; 2.º aux mots connus dans la langue française, qui remplacent les noms inconnus dans la géographie; 3.º aux figures qui sont destinées à nous indiquer les dégrés de longitude et de latitude dans la géographie; et l'ordre des faits et leurs époques dans l'histoire.

ALPHABET DU MNÉMONISTE.

1	2	3	4	5	6	7	8	9	0
T	N	M	R	*L*	*D*	C CH G Q	P B	F PH V	S X Z

Dans cet alphabet, les consonnes qui se trouvent dans la même colonne, et qui correspondent aux chiffres placés au dessus de ce petit tableau, seront substituées, dans la pratique, aux mêmes chiffres. Les voyelles qui ne se trouvent point dans cet alphabet, ne seront d'aucune valeur pour le mnémoniste : elles ne serviront que de remplissage pour former des mots.

Pour se familiariser avec ce nouvel alphabet, que l'on peut appeler la clef de la méthode, il est à propos de réfléchir que le T a été substitué à l'unité, parce que c'est la lettre la plus simple ; le N au chiffre 2, et M au 3, à cause des deux ou trois jambages dont ils sont composés ; R au 4, F et les consonnes qui ont le même son au 9 ; le S et les autres qui lui succèdent, à 0, le C et ses semblables, à 7, parce que ce sont les lettres les plus saillantes dans la prononciation de quatre, sept, neuf et dix ; le D à 6, le L à 5, le B et le P à 8, à cause de leur ressemblance à ces chiffres.

Les cent figures qui font partie de cet ouvrage, ont été tellement choisies et distribuées, que l'unique consonne qui entre dans le premier mot des 9 figures d'unité ; et les deux premières consonnes des autres depuis la 10.e jusqu'à la 100.e suffiront pour remplacer les chiffres dont nous aurons besoin. Les noms de ces cent figures doivent nous être bien connus, et, pour les apprendre, il ne faudra pas une longue étude : lorsqu'on les aura bien regardées deux ou trois fois, et que l'alphabet nous sera familier, on trouvera, par exemple, quelle est la 6.ᵉ, la 35.ᵉ, la 72.ᵉ, puisque la première ne sera composée que d'un D, la 35.ᵉ d'un M et d'un L, et la 72.ᵉ d'un C et d'un N. Or, intercalant à ces consonnes des voyelles, il sera bien facile de former par cette combinaison les noms des figures que nous avions déja regardées, et que les mots *Aide-de-camp*, *Mulets*, *Chinois*, se présentent à notre souvenir. La figure de Sisyphe est employée dans la géographie particulière et dans l'histoire, pour indiquer uniquement les zéro, comme on le verra dans la pratique.

Ces figures remplacent, autant que possible, celles qui nous peignent les traits principaux de l'histoire, que nous ne pouvons regarder sans nous ressouvenir des héros et des faits qu'elles nous retracent. Lorsque nous voudrons nous rendre compte de ce que nous aurons lu et placé sur chaque figure, nous les regarderons, ou nous nous imaginerons de les voir, et ces objets physiques en nous renouvellant les sensations que nous avions éprouvées en les associant à nos lectures, exciteront en nous les idées qui en sont la suite.

Pour faire l'application de la méthode mnémonique à la géographie générale, je commence à mnémoniser les lieux géographiques du premier carré, compris entre les dix dégrés de longitude et les dix de latitude ; et j'y trouve la côte de Poivre, la Sera-Léona, Mésurada, le Sanguin, le Téembou et les Foulhas. Si l'on étudie ces mots isolément, ou sans les faire entrer dans un petit discours, il arrivera qu'on les oubliera tous ou la plupart, ou que l'on ne sera jamais sûr de dire qu'ils se trouvent dans le premier carré (je parle ici des personnes qui n'ont aucune idée de ces mots, et que la nature n'a point favorisées d'une mémoire tenace). Pour m'assurer donc et de tous ces mots, et de leur position, je mets en action la figure de la *Tête*, et je suppose de voir Judith (qui fait part de la figure) *qui serre une lionne sanguinaire, et mesure des graines de poivre, en foulant un tambour.*

En étudiant ce petit discours, tel qu'il est dans la méthode appliquée à la géographie, on trouvera les mots géographiques placés au dessus en caractères plus gros que les mots qui les remplacent qui sont en caractères italiques, tandis que les autres, qui ne servent que de remplissage, sont en d'autres caractères ; et l'on s'appercevra aisément que le mot *tambour* est à la place de *Téembou* ; *foulant* à celle de *Foulhas*, etc.

La première consonne de la figure qui fait le discours, et qui est *Tête*, m'indique que c'est

*

le premier grand méridien , et la seconde me désigne que c'est le premier parallèle , parce que le T a été substitué à l'unité. D'où l'on voit que la première consonne des figures remplace les chiffres des dégrés de longitude , et que la deuxieme remplace ceux de latitude. Les zéro des unités ne sont point indiqués par les consonnes des figures ; mais on doit toujours les supposer et les ajouter ; ainsi au lieu de dire que Mésurada est au premier meridien , on dira , entre les dix dégrés de longitude et les dix de latitude ; ce qui aura lieu pour les autres figures. Je continue les mêmes opérations de carré en carré , en suivant le même méridien , et en me servant de figures qui changent la seconde consonne , parce qu'on passe d'un dégré de latitude à l'autre. Je reviens ensuite au second grand méridien , et ainsi de suite , en suivant toujours la même marche , et changeant les figures.

La première fois qu'on étudie les petits discours, il est essentiel que notre imagination en soit frappée , et qu'on les répète à haute voix. Alors les figures qui sont mises en action , remuent notre ame , et fixent notre attention ; *Judith* , par exemple, *serre une lionne , Tantale gambille sous un arbre vert*, *le Tambour porte des cages de fer* , (V. pag. 1.) S'il y a , au commencement, quelque difficulté à faire le rapport

entre les mots du discours et ceux de la géographie, les avantages qui en résultent, méritent bien qu'on essaye de surmonter cet obsta-
cle : en faisant travailler le jugement de concert
avec la mémoire, elle se trouve soulagée, car
les rapports des mots sont autant de points fi-
xes où elle s'accroche. On s'accoutume alors à
réfléchir sur ce qu'on lit, et à le rapporter
à ce que l'on sait. Il ne faut pour cela qu'un
peu d'habitude, et les avantages que l'on tirera
de cet exercice nous dédommageront de nos
peines.

Lorsque je suis parvenu au 100.ᵉ dégré de
longitude, je me sers des figures d'unité, qui
ne me donnent que les dégrés de latitude ; ce
qui aura de même lieu dans le 200.ᵉ et 300.ᵉ
méridien. Ici il faut observer que, pour ne pas
multiplier inutilement les figures, je sous-en-
tends le chiffre de centaine pour les dégrés de
longitude ; ce qui ne peut causer aucune confusion dans la computation de ces dégrés, puisqu'il n'est pas possible de confondre, en suivant cette méthode, une ville d'Europe ou d'A-
frique avec une autre d'Asie ou d'Amérique ;
dans ce cas l'erreur ne pourroit être moindre
que de cent dégrés, ce que l'on ne peut nul-
lement supposer.

Cependant il ne sera pas inutile d'observer
que le 100.ᵉ dégré passe dans l'Indostan et le

Tibet ; que le 200.ᵉ divise l'Asie de l'Amérique,
et le 300.ᵉ passe par l'isthme de Panama, et
divise presqu'au milieu, du Nord au Sud, les
deux Amériques. Le globe étant ainsi divisé, il
suffira de connoître le chiffre des dixaines, qui
est indiqué par la première consonne des figures, puisque, quant à celui des centaines qu'il
faut ajouter, on le trouvera par le moyen de
cette division du globe. Ainsi, lorsque je répé-
terai une seconde fois la figure du Tambour,
pag. 13, je ne confondrai pas les villes de Calcutta, de Patna, etc. avec les Canaries dont elle
étoit chargée la première fois ; et je ne dirai
point que ces villes de l'Asie se trouvent au
premier méridien, mais au 110.ᵉ

Ayant parcouru l'hémisphère septentrional, on
répète le même procédé dans le méridional, mais
en raison inverse, c'est-à-dire que, si dans le
premier on est remonté de l'Equateur au Nord,
dans l'autre on descendra vers le Sud. Si l'on
a bien étudié la géographie de l'hémisphère
septentrional, on ne risquera pas de confondre
les lieux de cette latitude avec ceux du méridional. La géographie de cet hémisphère ne
comprend que les établissements des Européens
sur les côtes d'Afrique, de l'Amérique et de
l'Australasie ; et pour peu que l'on connoisse les
cartes de ces parties du globe, on ne risquera
guère de transplanter les villes de l'un à l'autre
hémisphère.

(XXIX)

Dans la géographie particulière, cette méthode va changer. Cette géographie est resserrée entre le 13.ᵉ et le 43.ᵉ dégré de longitude, et entre le 36.ᵉ et le 56.ᵉ de latitude ; mais de façon que seulement dix dégrés de latitude seront mnémonisés dans chaque méridien, parce qu'à proportion que je descendrai vers le Sud, je descendrai autant du côté du Nord; telle étant la position des pays que j'ai mnémonisés.

Pour bien saisir la méthode de cette géographie, il est de toute nécessité d'avoir sous les yeux une carte de l'Europe, et d'observer que le 20.ᵉ dégré de longitude passe à Paris, le 30.ᵉ à Vénise, et le 40.ᵉ à Belgrade ; il faudra aussi suivre la direction du 40.ᵉ et du 50.ᵉ dégrè de latitude ; car les figures ne me donnant que deux chiffres, je suis forcé de suppléer, par un effort de mon imagination, les chiffres de dixaine dans les uns et dans les autres, pour appliquer les consonnes des figures aux chiffres d'unité ; ce qu'il m'est facile à exécuter, ayant fait les observations que je viens d'indiquer. Par exemple, Brest se trouve au 13.ᵉ de longitude, et au 48.ᵉ de latitude ; je prends les deux chiffres d'unité 3 et 8, et je leur substitue la figure de la Mappemonde, dont le M me donne le 3.ᵉ de longitude et le P le 8.ᵉ de latitude : si j'ai observé la direction du 20.ᵉ dégré de longitude, je n'hésiterai point de dire que Brest se trouve au 13.ᵉ, et jamais au 23.ᵉ, ni au 3.ᵉ, ce qui me porteroit à une erreur de dix dégrés, que l'on ne peut aucunement supposer. De même ayant fait attention que la France commence au 42.ᵉ de latitude et va jusqu'au 51.ᵉ, je n'aurai aucune difficulté de prononcer que cette ville se trouve au 48.ᵉ de latitude. On appliquera ces observations dans toute la géographie particulière, si l'on veut se rendre compte des dégrés géographiques.

J'ajouterai encore, de n'étudier les principes que je viens d'exposer, que par le moyen de la pratique, autrement on risque de se faire une confusion dans la tête : un peu de routine nous applanira les difficultés qui se présentent au premier abord dans la théorie. En faisant marcher d'accord la pratique à la théorie, on sera convaincu de l'utilité de cette méthode, par les progrès étonnans qu'on fera dans la géographie.

Je ne connois point de Mappemonde où l'on puisse trouver tous les lieux mnémonisés dans la géographie générale ; et comme elle est indispensable dans cette étude, j'y ai suppléé par des tableaux où tous ces lieux sont classés en autant de carrés correspondans aux dégrés géographiques, afin qu'ayant sous les yeux une Mappemonde, on puisse y rapporter les lieux dont elle manque. J'y ajoute aussi des tableaux pour la géographie particulière ; car dans ceux-ci, les noms géographiques se présentent à nos yeux plus nettement que sur les cartes. Ces tableaux serviront à exercer notre mémoire, après que nous aurons étudié les petits discours; car en nous les représentant sous un seul point de vue, nous pourrons nous assurer si nous les avions saisis; mais il ne nous dispensent point de jeter nos regards sur les cartes qui nous retracent l'ensemble du globe.

Pour mieux se familiariser avec cette science, je vais proposer deux exercices que je crois très-avantageux à pratiquer. Le premier est de s'interroger réciproquement entre plusieurs personnes à quels dégrés se trouvent les différentes villes; et quelles autres on doit placer dans le tel ou tel autre carré. Cette espèce de dialogue éveille l'émulation, donne de l'essort à l'imagination, et fixe nos idées à préférence de toute autre étude. Plus le nombre de ces personnes est grand, plus augmente leur empressement à déviner les réponses.

L'autre exercice que je propose, est de tracer sur une feuille de papier les dégrés de longitude et de latitude, tels qu'ils se trouvent sur les tableaux, et d'y classer à mémoire les lieux qu'on a mnémonisés. Cet exercice me paroit un des plus propres à nous familiariser avec les petits discours, et avec les mots géographiques auxquels sont rapportés les mots représenratifs que nous leur avons substitués. Qu'on en fasse des essais même avec des enfans, et j'ose assurer que, dans peu de tems, ils seront capables de tracer une Mappemonde ; et, dans la suite, des cartes très-détaillées des autres pays qui ont été resserrés dans la géographie particulière.

L'application de la méthode à la chronologie et à l'histoire n'exige qu'une seule observation, et c'est que, l'histoire étant divisée par décades, on suppose toujours les zéro et les chiffres des milliers, lorsqu'il sera question de ces derniers ; et que les consonnes des figures nous donnent les deux chiffres de centaine et de dixaine, excepté les 9 premières figures qui marquent, par leur unique consonne, les chiffres de dixaine. Par exemple, je trouve la prise de Troie classée sous la figure de Pandore, dont les deux premières consonnes me donnent 8 et 2 ; en y ajoutant un zéro, cela fait 820. Maintenant si l'on a observé que l'an 2000, depuis la création est l'époque de la naissance d'Abraham, et qu'avant cette époque il n'y a que peu de faits historiques, on n'hésitera point d'ajouter le chiffre 2 pour compléter l'époque de 2820 ; car il est incroyable que l'on n'y ajoute qu'un millier, ce qui approcheroit de l'époque du déluge, et encore moins pourroit-on y ajouter le chiffre 3, ce qui transplanteroit la prise de Troie près de la naissance de Jésus-Christ ; il faudroit en un mot franchir mille ans ; ce qui est impossible dans l'histoire ancienne, et encore moins dans l'histoire moderne.

Maintenant pour se rappeler les faits historiques enclavés dans chaque décade, on les rapporte à la figure placée à côté de la date de cette décade. On suppose, en lisant l'histoire, que cette figure accompagne les hommes et les faits dont on parle dans cette époque. On parcourt, par exemple, un siècle ; on s'arrête sur la dixième figure, et l'on passe en revue ce qu'on a lu à côté de chaque figure, pour nous rendre compte des faits dont nous voulons nous rappeler, et de leurs époques.

On répète le même procédé pour les autres siècles, jusqu'à ce qu'on soit parvenu à l'an 3010 où recommencent les figures. Ces faits ajoutés aux premiers éveillent dans notre imagination ceux que nous avions déja classés sur cette figure, et les gravent de plus en plus dans notre mémoire. Ainsi lorsque nous voyons sous la figure du *Thé* que Salomon équipe une flotte à frais communs avec le roi Hiram, nous nous souviendrons que sous la même figure le roi Sophis bâtissoit la plus grande des pyramides ; la troisième fois que nous répéterons cette même figure, nous y verrons placé à son côté le sombre et cruel Tibère, et nous y appercevrons la quatrième fois deux princes saints , Henri , empereur d'Allemagne , et Canut , roi de Danemarck ; et l'établissement des Normands en Italie. Nous voilà donc en état d'embrasser, par la simple répétition des figures , tous les tems et tous les hommes qui ont mérité de transmettre à la postérité la plus reculée le souvenir de leurs exploits. Cette nouvelle perspective doit fixer toute l'attention de ceux qui aimeroient d'embrasser sous un seul point de vue les différens faits historiques éloignés les uns des autres de mille ans.

Pour apprendre ce qui regarde la chronologie des princes , il suffit de savoir que chacun d'eux est placé à côté d'une figure dont les consonnes , comme dans l'histoire , indiquent les chiffres de centaine et de dixaine; et que le chiffre d'unité est désigné par la dernière consonne du petit discours que je fais faire à la figure : ainsi lorsque le *Renard* dit *qu'il ne sauroit reconnoître Pharamond pour chef de la race Mérovingienne , quoiqu'il eût été chef des Francs* (p. 244); les consonnes de cette figure me donnent 4 et 2 , et ajoutant à ce nombre le zéro indiqué par le mot *Francs* dont la dernière consonne est *s* , j'aurai 420 , époque où l'on fait commencer les rois des Français. J'ai eu soin que ce discours fût toujours un trait caractéristique de la vie du monarque auquel il est rapporté ; et qui ne se trouvât point , autant que possible , dans l'abrégé de l'histoire , afin qu'on pût être intéressé à l'apprendre ; et comme il y a des décades où l'on trouve plusieurs princes à la fois , j'ai rapporté leur époque à la même figure , et le chiffre d'unité est indiqué par la dernière consonne de chaque petit discours qui se trouve séparé par un trait , comme on peut le voir dans l'exemple cité ci-dessus , même page.

En connoissant l'époque où un prince monta sur le trône , si l'on veut savoir combien de tems il a régné , on n'a qu'à faire attention en quelle année saisit le sceptre son successeur ; alors , ajoutant à l'époque du premier ce qui manque pour parvenir à celle du second , cette addition formera le nombre des années que l'on cherche. Par exemple, Charlemagne monta sur le trône l'an 768, et son successeur, Louis-le Débonnaire, en 814; le tems écoulé entre ces deux princes est de 46 ans; je dirai donc que telle a été la durée du règne de Charlemagne.

ERRATA.

Page XVI *ligne* 14. Gouts,	*lisez* goût.
Page 1 *ligne* 8. Verd,	*lisez* vert.
33 —— 21. De la Loire,	—— du Loiret.
35 —— 1. Maux,	—— Meaux.
50 —— 1. Située,	—— situé.
61 —— 10. Perverses,	—— pervers.
63 —— 29. Soisit,	—— choisit.
86 —— 34. a,	—— la.
88 —— 27. Est monté,	—— monte.
94 —— 32. Luterus,	—— Lutteurs.
140 —— 1. Soulèvé,	—— soulève.
144 —— 23. Cet,	—— ce.
—— 27. S'éloignent,	—— l'éloignent.
167 —— 28. Monarquie,	—— monarchie.
185 —— 36. Rolebecq,	—— Rosebecq.
191 —— 12. Arlechin,	—— Arlequin.
193 —— 32. Moisonna,	—— moissonna.
195 —— 1. Oubliéed,	—— oublié de.
200 —— 18. Cuverture,	—— ouverture.
204 —— 22. Flattueuses,	—— flatteuses.
224 —— 26. Repousser,	—— repasser.
254 —— 25. Armées,	—— armée.

(1)
APPLICATION
DE LA
MÉTHODE MNÉMONIQUE
A
LA GÉOGRAPHIE GÉNÉRALE.

LATITUDE SEPTENTRIONALE.

long. lat.

10. 10   la Serra-Léona, le Sanguin, Mésurada,

TETE. Judith *serra une lionne sanguinaire et mesura*

côte de Poivre, les Foulhas, Téembou.

des graines *de poivre*, en *foulant*, un *tambour.*

20   Gambie,

TANTALE est condamné, dans les enfers, à *gambiller* sous

cap Verd   Rio-Grande, Sénégal

un arbre *verd*, dans une *rivière grande sans égal*, parce

les Feloups   Jalophes,

qu'étant en vie avoit *fait le loup*, avoit été *jaloux, et*

Medina,   Bambouk,   Portendik.

ne dinoit qu'assis sur du *bambou*, dans la ville de *Portendik.*

30   Désert, île de Fer,

LE TAMBOUR porte, dans un *désert*, des cages de *fer*

cap Blanc, les Canaries, Ténériffe.

blanc, avec des *canaris qui hérissent* leurs plumes.

40   Porto-Santo, Lisbonne,

LE TROMPETTE *porte, sans la lire, une bonne* nouvelle,

Evora,   Tage,   Portugal, Saffié,

et *devora*, sans le *partager*, mon *portugal safrané*, ce

Madéra.

qui *m'a dérangé.*

A

long. lat.

Porto,

10. 50

LES TAILLEURS, placés dans un recoin du *port* , jetten

Brague cap Finis-terrae , Minho

avec leurs *bras génés* de la *fine terre* dans un *minot*

Compostelle , Corogne, Douro

et en *composent , telle qu'elle est* , une couronne bien *dure.*

20. 10

Dahomey , Guinée, côte d'Or

Le NOTAIRE *dit au meilleur* offrant d*es guinées* *d'or*

cap des Palmes , côte d'yvoir

qu'il lui vendra des *palmes* et des *couteaux d'yvoir*

20

Grand Désert, Kong , Bam

ANNIBAL alla se nicher dans un *désert* , afin qu'on s'em

bara , Tombuctou , Béerou , Niger

para , contre ton *but* , de ton *pérouquet*, près du *Niger*

30

Désert de Sahara , Bilédul

LA NYMPHE , parcequ'on la nomma *Sahara* , *de bile du*

gerid.

géler.

40 Atlas , Maroc, Ceuta , Me

Je *vois* là sur le *mat roc de Ceuta* LA NOURRICE, *ma*

quines, Fez , Seville, Plazen

qui ne fait rien : à présent *elle s'éveille*, *et a la compla*

tia , detroit de Gibraltar , Cadix

sance de passer le *detroit de Gibraltar* , disant *qu'en di*

Guadiana , Grénade , Malaga,

jours elle *gagnera des grénades* , du vin de *Malaga* et d

Cordoue , Valence, côte de Barbarie

cors doux : ensuite elle *va s'élancer* , avec *barbarie*

Murcie , Guadalquivir , Badajos

sur un *mur ci*-après , en *gardant qui viendroit badin*

Mérida.

ses os qui se cassèrent , comm'elle le *mérita.*

50

Orléans, Tarragone ,

NELTSON , déja faible *pour les ans* , *terrassa un gra*

long. lat.

Léon, les Pyrénées, Tolède, Bayonnes,
lion, sur les Pyrénées, tout à l'aide de sa bayonette,

Segovie,
et, pour le tuer, le *secoua* vivement dans une décotion

la Seine, Salamanque, Bilbao,
de *sené; celà manque;* la *bile bat* le cœur du lion,

Boulogne, Toulouse, Burgos,
l'eau qui *bouillone, le hausse.* Neltson court du *bourg* de

Madrid, Bordeau, la Loire;
Madrid, borde l'eau, et le tue au nom de la *loi* près

Oviédo, Paris.
d'*Oviédo,* et l'envoit à *Paris.*

20. 60   Chausée des
ANDROMÈDE attachée à un rocher de la *chaussée des*

géants, Dublin, la Tamise, canal S.
géants, jette *du blé* tamisé dans le *canal de sa*

Georges, la Manche, l'Ecosse,
gorge, en le faisant passer par une *manche d'écorse;* et

l'Irlande, Londres, An-
fait une *ghirlande* comme celles que *l'on dresse* en *An-*

gleterre, Edimbourg.
gleterre, pour l'envoyer à *Edimbourg.*

30. 10   Bénin, isles du
LES MOUTONS vont se placer *benignement* à côté du

Prince et de S. Thomas. Calbari,
prince Thomas, et ne veulent boire *qu'à un baril*

cap Formoso.
fort mauvais.

20   Le Soudan, Kassina,
LE MOINE va *soudain* se cacher dans une *cassine*

Désert, Nigritie.
déserte de la *Nigritie.*

30. 40   Grand-Désert.
LE MAMELUC s'enfonce dans le *grand désert.*

30. 40　　　　　　îles Majorque et Minorque,

Les Maréchaux, majeur et mineur, courent, sans

Sassari,　　　　Constantine.　pays des dattes.

s'assassiner, avec Constantine, pour prendre des dattes

Cagliari, Sardaigne ;　　　Tunis, Alger.

des cailles, des Sardines, et des tuniques légères.

50　　　　　　Corse, Gènes,　　Mantoue, Milan,

Les Mulets corses, génés par les manteaux, les milans,

Suisse,　　　　　　　　Munich,

et le suif dont ils étoient chargés, quoique munis de

Ferrare,　　　　　　　Turin,

fer rare, furent épouvantés, près de Turin, par un

Lyon, Wurtemberg,　　　Savoie,

lion vêtu en berger qui, par sa voix terrible, les

Rhin,　　　Strasbourg.

poursuivoit aux reins jusqu'à Strasbourg.

60　　　　　　Hambourg, Cassel,

Le Médecin d'Hambourg cache dans le marquisat

Altona, Elbe,　Coppenague,　Sund,

d'Altona les herbes qu'il coupoit, et nage, la sonde à la

Christiania, Frédérikshal,

main pour marcher contre Christine et Frédéric, dès

Sleswich, Aarhus, Albourg, Amsterdam.

qu'il les vit ruser là au bourg d'Amsterdam.

70　　　　　　Drontheim,　　Berghen,

Le Magicien rompt du thim sur une verge, parce qu'il

Norwège.

le croit un nouveau végétal.

40. 10　　　　　　　　la Guinée, Calbonga,

Le Rotisseur, pour gagner une guinée, calme un bon chat,

Darkulla.

et darde ses culottes.

20　　　　　　Nigritie, Medra, Bornou, Désert,

Le Renard de la Nigritie mettra des bornes au désert

Dar-Baghermi.
par des bagues remises.

40. 30　　　　Fezzan, Kavar,　　　　Berdoa,
LE RAMONEUR, *faisant* une *cave arrondie, perd une oie*
　　　　Désert, Morzouch.
qui va dans un *désert　mou et sucré.*

40　　　　Tripoli, Mèsurate, Malthe, Palérme,
L'ARROSEUR *très-poli, en mesurant mal tes palmes et*
Sicile,　　　　　　la Syrthe.
mon cilice, sert très-bien son *sire ténace.*

50　　　　Vénise,　　　　Florence, Dalmatie,
ARLEQUIN de *Vénise,* habillé de *florence damassée,*
　　　　　　Naples, Ratisbonne, Hon-
mange des macarons de *Naples,* et des *rôtis bons qu'on*
grie, Presbourg, Pô,　　　　　Bologne,
grille près un bourg du *Pô;* mais la tête lui *bouillonant,*
　　　　　　Vienne, Rome,
il craint que l'on ne *vienne de Rome* l'arrêter comm'un
Esclavonie,　　　　　Adriatique,　morts
esclave, et va se jeter dans *l'Adriatique,* où il fait
　　　Krapacs,
un *gras pact* à celui qui le délivrera, de lui donner du
Trieste, Albanie.
tabac trié d'Albanie.

60　　　　　　　　Suède, Bohême,
RHADAMANTE ordonne à des *Suédois, Bohémiens,*
Prusse, Pologne,　　　mer Baltique,
Prussiens et *Polonais* de traverser la *Baltique,* chargés
　　　Silésie, Gothebourg, Rava, Sto-
de toiles de *Silésie,* de cottes bourgeoises, *raves, socques,*
kolm, Prague, Vistule,　　　　Francfort,
ormes, bragues, vis et tuls; et quoique *francs et forts*
Warsavie,　　　　　　- Colmar,
par leur vie, on les a vu liés jusqu'au *col marcher* à la

Berlin, Dresde, Cracovie.
berline dressée à Cracovie.

40. 70   Huméa,   Upsal,   Kangis
L'Architecte *humecta* des *houpes sáles* et des *gant*
Laponie.
gris de *lapin.*

80   Spitzberg.
Robinson *se pique et se berce.*

50. 10   Donga,   Mujaco,
Les Lutteurs *donnent*, galopant, du *museau contr*
monts de la Lune, Ethiopie.
les *monts de la Lune, et s'estropient.*

20   Nigritie,   Kordofan,
Le Lion de la *Nigritie* dévore le *cor d'un faon*
Dar-Bergou,   Darfour,   Ibbé.
dans la bergerie, ou dans le four où *il bêche.*

30   Egypte,
La Lampe éclaire un *Egyptien*, qui dit à son père
Assouan,   Cataractes du Nil
en *assouissant* ton appetit près des *cataractes du Nil*
Nubie,   désert de Lybie,   Syène,
n'oublie pas dans le *désert de Lybie* ton *chien*, ton
Eléphantine, Memphis,   Girgès,
éléphant, ton *même fils*; tu devrois *rougir, génant* ainsi
Thèbes,   lac Moeris
.tes bêtes; elles ne *méritent* pas d'être traitées comme les
Pyramides.
momïes dans les *Pyramides.*

40   Rosette, Smyrne,
Le Lorgneur frère de *Rose de Smyrne*, n'ayant pu
Candie,   désert de Barca,
traverser qu'en dix jours le *désert de Barca* à cause d'une
Bubaste,   Tentah,   Héliopolis,
bourrasque, fut *tenté* de s'arrêter près de la *ville du Soleil*

ong. lat.

Pelusium ,   Say ,   Rhodes,

sur de la *pélouse* ; il ne *sait* à quoi s'occuper , il *rode*

Phare ,   Troie ,

autour du *Phare* , et y lit *trois* fois cette inscription.

Alexandrie ,   Aboukir ,

Alexandre-le-Grand a *bouquiné* dans les livres du *temple*

Morhée,

de *Jupiter Ammon*, sa généalogie, et croyant qu'il ne *mourroit*

Damiette , · Milet , Caire.

pas , il se fit adorer par *des amis* et par *mille précaires.*

50. 50   Constantinople ,

Le Lilas est entre les mains de *Constantin* qui , assis

Sophie ,   Belgrade , Archipel,

sur un *sofa* , fait embarquer sa *belle-garde* sur l'*Archipel,*

detroit des Dardanelles,

pour l'envoyer par le *detroit des Dardanelles* sur les

Danube.

bords du Danube.

60   Petersbourg.   Vilna,

Lady Charlotte de *Petersbourg*, fille d'un *vil naturel,*

lac Peipus , Grodno, Rével, Niémen ,

ne *prie plus* ; elle *gronde* , *rêve et nie maint* fois le jour

Riga ,

ce qu'elle a fait de mal. Un jour elle *risqua* de gâter le

Lithuanie ,   Mirtau ,   Duina ,

livre de *litanies* .. parcequ'elle le *mit au* cou *d'une amie*

Kiof ,

qui pourtant se plaisoit à cacher ses défauts, et *qui lui offroit*

Galicie ,   Neva , Mohilow ,

un *calice* plein d'eau de la *Neva* pour *mouiller* son

Nowogorod ,   lac Ilmen.

nouveau corridor , le jour de son *hyménée.*

70   Vibourg ,   Finlande,

Le Laquai de *Vibourg* ayant souillé des *fins langes*

long. lat.

Ladoga,   Christianstadt,
près de la Douane, poussa des cris stantés, et s'en
Tornéa, Abo,   Vasa.
tourna à boire dans un vase.

60. 10   Kaffa,
LE DATTIER laisse tomber ses dattes sur des arbrisseaux de *café*
Gingiro,   Galles.
et de ginginvre, et sur des galles.

20   Sennahar,   Nubie,
DIANE *déceint l'arc,* et *n'oublie* pas d'ordonner
Gondar,   Abyssinie,   Dongola, Axum.
qu'on darde ses habits finis qu'on colla sans azur.

30   Mer Rouge,
DÉMOCRITE, ayant traversé la *mer rouge,* et se trou-
Suez,   Mêque,   Médine,
vant tout sué, ne fit qu'une maigre quête, et ne dînq
Madian,   Arabie, Pétrée.
qu'en mâchant de la gomme *arabique pétrifiée* du
mont Sinaï.
mont Sinaï.

40   Césarée, Siwas,
LE DARDEUR de - *César, si valide* à tirer de l'arc,
Jérusalem,   Damas, Alep,
gerce sâlement les plumes *damassées à l'épervier* qui
Diarbekir,   Syrie,   Cypres,
tire à bêqueter sa *cire sous un cyprès ou sous un*
Palmyre, mont Taurus,   Turquie.
palmier du *mont Taurus* dans la *Turquie* d'Asie.

50   Petite Tartarie,
LA DILIGENCE traverse la *petite Tartarie,* condui-
Catherinoslaw,   Circassie,
sant Catherine ou une dame *circassienne,* qui chante
Odessa,   Kaffa, Kerson, Mer Noire,
des odes sacrées, prend le café, et cherche son miroir,

Percop,   Crimée, Tauride,   Pultava,

pour couper sa *crinière dorique* qu'elle *porta vainement*,

Bourse,   le Don, Asow.

la mettre dans une *bourse*, et en faire un *don à son voiturin*.

60. 60   Kaluga,   Wologda,

DÉDALE croyoit *qu'allongeant* ses ailes *il voleroit gaie-*

Koursck, Toula,

ment, et pourroit faire des *courses tout* en l'air ; il s'y

Kostroma,   Orel, Jarolaf,

accoutuma. Se sentant un jour *l'oreille jercée* ou *affaiblie*

Moscou, Tambof,   Baturia,

par le son d'un *mosqueton, tombe alors*, et *bat tout en riant*

Ukranie,   Karkof,   Biélozero,

de *son crâne* contre un *sarcophage* entouré de *bien d'osiers*,

Wolodimer,

auxquels il s'attacha, et dit que pour *vouloir se mériter*

Woronés,   Twer, Smolensk.

une *vraie couronne*, il faut se *tuer* et *s'immoler en sceptique*.

60. 70   Mer Blanche, Dwina,

LE DECROTEUR, pour faire ses *mains blanches*, *devina*

Lac Onega,

qu'en les layant avec de l'eau d'un *lac, on égale* en blan-

Archangel.

cheur celles d'un *Archange*.

70. 10   Brava, Adel,

La *brave Adèle* sort de son CHATEAU, et se denoue

côte d'Ajam.

la *cotte enjambée*.

20   Tor, Babel-mandel,

LE CHINOIS plus ancien que la *tour de Babel*, *mande*

Sanaa,   Saba,

d'envoyer, sans navires, à la reine de *Saba* du café de

Moka,   Arabie Heureuse,

la *Moka* et de l'encens de l'*Arabie heureuse*, pour

Ymen.

le jour de son hyménée.

70. 30   golfe Persique, Arabie

LE CHAMEAU se repaît de *persil* dans l'*Arabie*
Déserte.
déserte.

40   Sultanie, Bagdad, le Tigre,

CHARON insulta, *n'y badant* pas, un *tigre* près de
Babylone, Casbin,
Babylone. Ce *cas bien* horrible l'effraya tellement qu'il

Erzeroum,   Bassora,   Resth,
brisa la *herse*, *rompit jusqu'au bas son rabot*, et *resta*

Tauris,   Haran,
à demi-mort à côté d'un *taureau* qui l'*arrangea* près de
Euphrate.
l'Euphrate.

50   Wolga,   Géorgie,

COLONNE. Trajan, *volant gaiment* aux fêtes *des Orgies*,
Telavie,   mer Caspienne, Arménie,
risqua d'*oter la vie* à son *cher capitaine*; il le fit *emmener*
Caucase, Ural,   Astracan,
à sa *haute case rurale*, en le *strapassant*; d'où il se
Kalmouqs,   Teflis.
cala et se moqua de lui, sans en être *flétri.*

60   Kasan,   Samara,

CADUCÉE. Mercure *cassant* les jambes à *sa maratre*,
Penza,   Saratow,   Wiatka,
pensa qu'elle *seroit tôt ou tard* une *viande calcinée* et
Neigorod.
bien corrose.

70   Tolma, Kewrol, Jarensk.
LE COQ se *tourna*, *chevrotant* sur *des arènes.*

80. 20   Dafar, Socotora.
PANDORE se tirera d'*affaire*, si elle *s'occultera.*

long. lat.

80. 30   Ormus,   Shiras,

POMONE avala tout l'or musqué si rapidement que l'on

Kerman, Laristan.

maudit clairement l'astisan de cette gourmandise.

40   Perse,   Zarang,   Ispahan,

LES BERGERS se perchent, s'arrangent, et ils pansent

Hérat,   Désert salé.

leur râte dans un désert salé.

50   lac Aral,   Turcman,

PALLAS va rallier des turcs menteurs sous un arbre

Derbent.

de térébinthe.

60   Orenbourg, monts Urals,   Sera-

LE BEDEAU rembourre mon turban qu'il serra

pul.

poliment.

70   Permia, detroit de Waygatz,

LE PÊCHEUR donne la permission que l'on vienne gâter

monts Puyas.

mon puits acquis.

80   Nouvelle Zemble.

LES PAPILLONS voltigent dans une nouvelle assemblée.

90. 20   îles Laquedives.

LA FONTAINE ne remplit pas le lac en hiver.

30   Indus, Tatta,

LE FUMEUR se trouvant sur les bords de l'Indus, tâta de

Kidgé,   Kandabil.

l'eau qu'il jetoit seulement quand la bile le faisoit déborder.

40   Ségistan,   Kabul,   Lahor,

LA FURIE, saisissant son capuce, alla hors de la mai-

Samarcand,   Moulthan,   mont Bélur,

son de sa marchande, et ne monta sur le mont Bélur

Kandahar.

qu'en dardant.

long. lat.

90. 50   Turkstan,

LA FILEUSE mit en désordre des *Turcs stantés*, et en grande Bukarie.

fit une *grande bucherie.*

60   Tobolsk, Ecathérinbourg, l'Oby.

LA FOUDRE brûla *ton bosquet et Cathérine opiniâtre.*

100. 10   les Maldives,

THÉ croît en abondance aux *Maldives*, dans l'île de Ceylan, Madura,   cap Comorin.

Ceylan, à *Madura* et au *cap Comorin.*

20   Madras,

NOÉ porte dans son arche des chals de *Madras*, des Indostan,   Hidrabad,   Coromandel,

indiennes et des *draps bariolés*; il *corrode et mache des* Tranquébar,   Calicut,

tranches et des barres qu'il allie utilement, et en fait Golconde,   Visapour, Bombay,

une gale ronde; mais tandis qu'il *visoit pour bomber* montagnes des Gattes,   .   Goa,

les *montagnes de Gattes*, il fut pris par le *goître*, et Misore,   Malabar,   Pondicheri.

mis aux arrêts avec sa *mâle et baraque* dans *Pondicheri.*

30   Aurungabad,

HAMEAU; le paysan *Laurent Gambade* de toutes ses Cambaie,   Dehli, Agra,

jambes pour aller se coucher sur *des lits agrandis* et Berilli.

ornés de *berils.*

40   Cachemire,

ROUE. La fortune protège *Cachemire* qui frappe le petit Tibet, Hyarcand,   Lat c,

petit Tibère qui, *arcant* ses bras, *l'attaquoit* avec un Sirhind.

cilindre.

long. lat.

00. 50   Kalmaquie,   Tartarie in-

ÉLIE avec un *calmant aquatique* guérit un *tartare in-*

dépendante.

dépendant.

110. 30   Faizabad,   Amedabad,

LE TAMBOUR se *faisoit badiner* parcequ'il *mettoit à bas*

Gange,   Patna,   Bengale, Calcutta,

dans le *Gange* les *panaches*, et la *belle galle* qu'il *calcula*

Dacca,   Bénarés.

d'accaparer à un prix *bien arriéré.*

40   Lassa, Désert de Cobi, Tibet,

LE TROMPETTE, *lassé de servir* le *copiste Tibère* qui

Chaparangue.

ne fait que lui *échapper, l'arangue.*

50   petite Bukarie, Tartares

LES TAILLEURS font une *petite bucherie* de *Tartares*

indépendans,   chaine Altaïque.

indépendans sur la *chaine Altaïque.*

60   Kolivan.

L'ÉTUDE est placée sur une *colline vantée.*

70   Samoïédes,

LE TIGRE, s'il *s'ammolit*, est dévoré par l'ours de

Sibérie.

Sibérie.

120. 10   Malacha, Achem,

LE NOTAIRE, ayant bu du vin de *Malaca à quinze*

Nicobar,

francs la pinte, sous une *niche du cabaret*, fit éclater

Sumatra.

son atrabile.

20   Syam, empire   du Birman,

ANNIBAL, en *sciant* les diamans du *Birman,*

Pégou.

peut goûter un vrai plaisir.

long. lat.

120. 30   Ava,   Arachan,   Promé,

La Nymphe *avare*, en *arrachant* des arbres, *promet*

Umerapura.

au maire appuré de les remplacer.

40   Grand Thibet.

La Nourrice va dans le *Thibet*.

50   Hamil,   Tartarie Chinoise.

Neltson est *amiral* de la flotte de la *Tartarie Chinoise*.

130. 20   Camboge,   rivière Japo-

Le Moine *campe et bouge* près de la *rivière Japo-*

naise,   Siampa,   Cochinchine, île Hainam.

naise, et s'y empare de la *coche de chine*, et en emporte.

30   Junan-fou, Keskoa, Tonquin.

Le Mameluc, *jeûnant en fou*, encaissa ton quintal.

40   Singan-fou, Hoang-ho,

Les Maréchaux, depuis *cinq ans fous*, ont engoisse

Tching-tou,   Chine.

de *chinquer ton thé* de la Chine.

50   Tartarie,   muraille de la

Les Mulets *tartares* traversent la *muraille de la*

Chine, les Mongous.

Chine, selon *mon goût*.

60   la Baïkal,

Le Médecin sonde une *baye*, calculant d'aller prendre

la Lena.   Irkousk.

un peu d'*haleine* près d'*Irkoursk*.

140. 10   Sambas, île Palewan,

Le Rotisseur *est embarassé par le vent* qui le pousse

Bornéo, îles des Nègres.

au delà des *bornes* des *îles des Nègres*.

20   Mindoro,   Luçon,

Le Renard *m'endort* avec son *luth sonore*, tandis que

Manille, les Philippines.

je fais *manille* avec *Philippine*.

ng. lat.

40. 30   Macao,   Kanton,
LE RAMONEUR avec un *macaco* dans un *canton*, mange
Kantcheou.
cinquante choux.

40   Nankin,
L'ARROSEUR, avec ses caleçons de *nankin*, n'arrose
Kiang-fou,   Pekin.
qu'en fou son jardin du *Pekin.*

60   Muraille du Mongol,
RHADAMANTE passe la *muraille du Mongol* avec
Tungusi,   Tartarie indépendante,
ton cousin, pour aller dans la *Tartarie indépendante* et
Sibérie.
———en *Sibérie.*

150. 50   les Mantchous,   la Corée,
LILAS ; la jardinière *mange des choux* et de la *chicorée*
île Tciticar,   Kinkitar.
———en compagnie d'un *Scythe carnacier qui la quittera* bientôt.

160. 40   Japon, Jédo,
LE DARDEUR porte de la porcellaine du *Japon, qui étonne*
Nyphon.
par sa transparence, si *on y enfonce* une lumière au dedans.

50   île Sagalien,   manche
LA DILIGENCE chargée de *sacs liés*, traverse la *manche*
de Tartarie,   l'Amour.
———*de Tartarie*, et la rivière de *l'Amour.*

170. 20   îles Mariannes ou des Larrons.
LE CHINOIS livra *Marianne à des Larrons.*

50   île Tcoka, îles de la Compagnie
COLONNE. Trajan *choqua* la *Compagnie des*
et des Etats,   détroit de la Pérouse,
Etats, passant le *détroit de la Pérouse* pour aller
Terre de Jesso.
à la *terre de Jesso.*

long. lat.

170. 60   mer de Lama ou

CADUCÉE. Mercure analyse un *Lama* par le moyen

       d'Okotsk.

——— d'une *eau caustique.*

180. 10   Les Carolines.

LE BOTTIER fait des bottes à *Caroline.*

       60   île de Béhéring , Kamtchaka.

LE BEDEAU n'aime *Bérénice qu'en chat caressant.*

210. 60   îles Eleuthiennes.

ETUDE. Il faut chercher tout à *l'heure Etienne* pour l'étude

       70   île de Klark, détroit de Béhéring.

LE TIGRE, dévorant un *clerc* , glaça d'effroi *Bérénice.*

220. 30   île Sandwich.

LA NYMPHE est *sans tunique.*

       60   Baye de Bristol.

ANDROMÈDE alla se cacher chez *Cristophe.*

240. 60   île de la reine Charlotte, l'ar-

LADY CHARLOTTE longe avec la *reine Charlotte l'ar-*

chipel du Prince de Galles , et du Roi Georges.

——— *chipel du Prince de Galles et* celui du *Roi Georges.*

260. 40   Nouvelle Albion , port S. François.

LE DARDEUR blessa *le pionnier François.*

       50   île Wakash.

LA DILIGENCE *va te casser* les jambes.

       60   Cornouailles,

DEDALE se repose en l'air afin que son *corps n'aille*

                     Montagnes pierreuses.

——— se briser contre des *montagnes pierreuses.*

270. 30   Californie ,   mer

LE CHAMEAU avec du *calafogne* souille tes lèvres

Vermeille.

vermeilles.

       40   Indiens cuivre

CHARON rejette de sa barque les *Indiens cuivrés* et les

nouvelle Navarre.

habitans de la *nouvelle Navarre.*

280. 20   Acapulco , la Purification.

PANDORE *accapare un coq purifié.*

30   Guadalaxara , riv. du Nord, Durango,

POMONE *regarda la Czara du Nord , d'un rang haut*

Cinaloa,   rio-Bravo ,   Mexico.

et signalé, qui *crioit bravo* dans le *Mexique.*

40   Santa-Fé, rivière aux Cannes,

LES BERGERS d'une *sainte foi* se nourissent des *cannes*

Misouri.

à sucre qu'ils avoient *mis au riz.*

50   Nation du Serpent.

PALLAS protège la *Nation du Serpent.*

60   lac Winipi.

LE BEDEAU , dans sa route, *vit le nid d'une pie.*

70   lac du Nord, les Esqui-

LE PÊCHEUR pêcha dans le *lac du Nord* un *exquis*

maux.

mome.

290. 20   Campê-

Avec de l'eau de la Fontaine et du bois de *campê-*

che , Vera-Crux , Guatimala , Cuaxaca,

che de la *Vera Crux ,* on *catit la male* et la *casaque*

golfe Honduras , Yucatan ,   S. Salvador,

qu'on devra porter , en *chantant ,* le jour de *S. Salvador,*

nouvelle Espagne.

dans la *nouvelle Espagne.*

40   Louisianne ,

LA FURIE pour gagner *un louis piqua un âne* qui fut

Mississipi,   nouvelle Orléans.

mis , si piqué , dans une étable de la *nouvelle Orléans.*

50   lac des Bois.

LA FILEUSE file sur les bords du *lac des bois.*

long. lat.

290. 60   Rivière de Neltson , baye d'Hudson.
LA FOUDRE frappe *Neltson* qui *dût sonder* une baye.

70   Baye
LES VACHES , en se précipitant dans une *baye* , *se*
Wager.

————*vengèrent* d'une façon bien étrange.

300. 10   Porto-Bello , Panama ,
THÉ. La Japonaise *porte un beau pan à ma* chère
Barbacoa ,   nouvelle Carthago ,   ile
Barberine dans la *nouvelle Carthago* , et lui dit *qu'on*
Coiba ,   S. Lorenzo.
y bannit aussi son cher *Lorenzo.*

20   Truxillo ,   lac Nicaragua ,
NOÉ faisant un *trou silonné* dans son arche, *n'y garda guère*
S. Léon.
et blessa un *lion.*

30   S. Augustin, S. Yago, Havanne,
HAMEAU. Le paysan *Augustin* dit à *Jaques* qu'il *avale*
îles des Caraïbes, îles Lucaies ,   Cuba ,
les *carabes* de *Lucque* qu'il *coupa* dans la
Floride.
Floride.

40   Alexandrie, Wasington,
ROUE. La fortune se moque d'*Alexandre* , de *Wasington* ,
Charlestown ,   James-Louis ,   Louisville ,
de *Charlestown* , de *James-Louis* , de *Louisville* , de
Géorgie , Caroline , Virginie , Mariland ,
Georges , de *Caroline* , de *Virginie* , de *Marianne* , de
Colombia , États-Unis , monts Apalaches ,
Colombia , qui *étalent uniquement* leurs *panaches* , et
Savanne, Cherakis , rivière de l'Ohio.
sa vanité , *chère à qui* que ce soit des *oiseaux.*

50   Les Iroquois, lac. Huron , Canada ,
ELIE blâme un *Iroquois dur et rond* , du *Canada* , qui

lacs Michigan, Erié, et Supérieur,
se mit à chicaner, et rioit de son supérieur qui
Nyagara, cascade.
n'y garda pas.

300. 60   James-baye,
Un Aide de Camp ne doit *jamais bayer*, ni prendre
Albany.
du tabac d'*Albanie.*

310. 10   rivière de la Magdaleine,
Tête. Judith dit à la *Magdaleine* que, avec une
Santa Fé, Popoyan, Mérida,
foi sainte et populaire, elle *mérita* de trancher la tête au
Maracaybo,   golfe Darien.
maraud caporal Olopherne *Darien.*

20   Carthagène,
Tantale écrivit sur une *carte générale* qu'il vaut
S. Domingo,   Jamaïque.
mieux imiter *S. Domingo* qui fut *à jamais* soumis à la
volonté de Dieu.

30   îles Caïque
Le Tambour ne va chez son capitaine *qu'à y quêter*
et de la Providence.
les bienfaits *de sa providence.*

40   Chesapéak, baye de
Le Trompette, assis sur une *chaise, paya* la dette
Delaware.
de l'avare caporal.

50   Pensilvanie,
Les Tailleurs, l'un desquels *peint un sylvain* qui
lac Hontario,   Portsmut,
a honte de rioter; et l'autre *porte un mouton* qui ne fait
Québec,   Boston, riv: de S. Laurent,
que béquéter dans son *poste ton* ami *Laurent,* tan-
Philadelphie,
dis que celui-ci fait *filer et défiler* les troupes dans une

île Longue , nouvelle York.

long. lat. *île longue* de la *nouvelle York.*

310. 60

Labrador, Esquimaux,

ÉTUDE. L'enfant avec ses *lèvres d'or et exquis maudit*

lac M\xtissini.

la *mixtion cynique* qu'il doit avaler.

70 Détroit d'Hudson.

LE TIGRE se *plut de son carnage.*

80 Baye de Batfin.

LE TABOURET est dans un *bassin.*

320. 10

Nouveau Canada, lac Orenoço,

LE NOTAIRE du *nouveau Canada n'auroit au cou que*

Cumana, lac Parime.

ma *nacelle* , s'il ne faisoit *pas des rimes.*

20

îles Antilles,

ANNIBAL s'amuse à regarder les *filles gentiles et or-*

la Grénaxde, Porto-rico, la Marguérite, S. Lucie,

nées de *grenates fort riches* , *Marguerite* , *Lucie ,*

la Martinique, la Guadeloupe , Tabago,

Martine , qui *galoppent* en fumant du *tabac de la*

la Trinité , S. Vincent.

Trinité et de *S. Vincent.*

40 îles Bermudes.

LA NOURRICE aime son *père muet.*

50 Cap. Breton , Brunswich,

ANDROMÈDE *braye ton* capitaine de *bronce et victorieux*

Halifax , nouvelle Ecosse,

afin qu'il *n'aille et fasse* passer dans la *nouvelle Ecosse*

îles Royale , et S. Jean.

l'armée *royale de S. Jean.*

80 Mer de Dawis.

NEPTUNE promit à sa mère de suivre son *avis.*

330. 10

Surinam, Paramaribo,

LES MOUTONS , *souriant , parent Marie bossue, qu'a*

long. lat.

Cayenne.
taqua l'hyenne.

330. 50   Terreneuve, le grand
LES MULETS portent de la *terre neuve* sur un *grand*
Banc.
banc.

340. 70   Nouveau Groënland.
Le *nouveau* Architecte est *gros et lent.*

350. 70   Vieux Groënland.
Le *vieux* Laquai est *gros et lent.*

360. 20   îles du Cap Verd.
DIANE va à la chasse dans les *îles du Cap Verd.*

70   Islande, Sckaolt,   Volcan,
LE DÉCROTEUR *s'élance* et *escalade un haut volcan,*
mont Hecla.
et s'écrase.

LATITUDE MÉRIDIONALE.

long. lat.

40. 10   Anzico,   S. Salvador,
LE ROTISSEUR, *ancien* comme *S. Salvador,* fait éclater
la Zaïre,   Congo,   Loango, Angola.
sn ire parce *qu'on gomma l'eau encore engoulée.*

20   Caffrerie,   Bengué a,
LE RENARD de la *Caffrerie* fait *bien la guerre* aux
Bimbe.
bimbeloticrs.

30   Côte déserte,   pays des
LE RAMONEUR va sur la *côte déserte* à la chasse des
Gyraffes,   rivière d'Oranges.
giraffes, en mangeant des *oranges.*

long. lat.

40. 40   **Cap Bonne Espérance,**

L'Arroseur a une *bonne espérance* de se sauver des

les **Hottentots.**

————— *Hottentots* qui le poursuivent.

50. 20   **Mont Fura,**   **Caffrerie,**

Le Lion cacha *mon fourreau* dans la *Caffrerie,* parceque

Teté, Zemboë.

je *tetois sans boire.*

30   **Manica,**   **port Natal.**

————— La Lampe brûle la *manche* dans le *port Natal.*

60. 10   **Mombaza,**   **Quiloa,**

Mon bazané Dattier rougit les *dattes qu'il a,*

Zanguébar,   **Mélinde.**

sans que *Barberine* le couvre de *mes linges.*

20   **Côte Mozambique, Quili-**

Diane renvoya son chien *fameux en Arabie, parceque*

mane, Monomotapa,   **Mocaranga,**

limant *mon omoplate,* il se *moqua d'elle et rangea la*

Épine du monde ou mont Lupata,

plus belle *épine du monde sur le mont du loup,* comme

Sofala.

sur un soffa.

30   **Mambone,**   **Sabia.**

————— Démocrite rit de ta *maman bonne* qui crible du *sable.*

70. 20   **Comore, Mada-**

Le Chinois présenta une belle *commode à Madame*

gascar.

—————*Gaspar.*

80. 30   **îles de France et de Bourbon.**

—————Pomone protège les *îles de France et de Bourbon.*

130. 10   **Java, îles de la Sonde, Batavia.**

—————Les Moutons *avalent,* sans *la sonder,* une *batavie.*

140. 10   **Bornéo, îles Célèbes.**

Le Rotisseur met des *bornes au célèbre* gâteau.

ong. lat.

50. 10 îles Moluques.

LES LUTTEURS *moulent un couteau.*

60. 10 Terre des Papous, ou

LE DATTIER prospère dans la *terre des papes* ou

nouvelle Guinée.

à la *nouvelle Guinée.*

30 Nouvelle Hollande.

DÉMOCRITE se retira dans la *nouvelle Hollande.*

40 Terre de Diémen.

LE DARDEUR *dit et mène* son chien à la chasse.

190. 20 îles Hébrides,

LA FONTAINE est trop élevée, et mon cheval *bridé* ne

peut y boire.

30 Nouvelle Caledonie.

LE FUMEUR est assis sur une *nouvelle calcédoine.*

50 Nouvelle Zélande.

LA FILEUSE *gèle en découpant* son fil.

210. 20 îles des Navigateurs.

. TANTALE appelle des *navigateurs* à son secours.

30 îles des Amis.

LE TAMBOUR est mon *ami.*

300. 10 Truxillo,

THÉ. La Japonaise fit un *trou sillonné* dans sa caban-

Guayaquil,

ne, et dit que les remords ne tiennent près *qu'à qui*

Quito, Cuenza.

quitte d'obéir à la voix de la *conscience.*

310. 10 Fleuve Maragnon, les Andes,

TÊTE. Judith *marche en agneau,* et jette la tête *dans*

Volcan, Cotopasi.

un volcan ou sur un *côteau pacifique.*

20 Cusco, Lima, Potosi,

TANTALE, parcequ'un *scorpion lima* un *poteau* ciselé,

lac Titicaca, Pérou.

titille et caquette comme un *pérouquet.*

310. 30   Coquimbo,   Copiapo.

LE TAMBOUR *coquin* porta une *copie apocryphe* de son congé.

40   Chili, S. Yago, les Moluches,

LE TROMPETTE *affranchi, lie Jacques mol et louche,*

Val-Parayso,   la Conception,

dans la *val du Paradis*, le jour de la *Conception*, et

les Cordelières,   Volcan   d'Aracau-

avec des *cordes légères*, ne le *voulant* pas, lui *arracha*

nos.

un os.

50   Terre Ma-

LES TAILLEURS, élevant une pierre de la *terre Ma-*

gellanique, les Cordelières,

gellanique avec des *cordes légères*, près de la fontaine

île Chiloë,   les Patagons,   les Tehuels.

de *Siloë*, gagnent un *patagon* et du *thé velouté.*

60   Terre de feu,

L'ETUDE est placée dans la *terre de feu*, près du

détroit de Magellan.

détroit de Magellan.

320. 10   Pays des Amazones, territoire

LE NOTAIRE va au *pays des Amazones* avec un

des Missions.

missionnaire.

20   la Paz

ANNIBAL est étonné que la Réligion ait allié la *paix*

Santa Cruz,   pays des Incas,

à la croix, dans le *pays des Incas*, comme on lie en-

la Plata.

semble deux *platanes.*

30   Tucuman,

LA NYMPHE *tout écumante* de rage, passant sur un

les Abipons,   Paraguay.

pont, dit à *l'habile pontonnier* qu'elle alloit au *Paraguay.*

20. 40   Santa Fé , rio de la Plata ,
LA NOURRICE d'une *sainte foi* , s'endort sur la *plate-*
. Cordoue.
forme de *Cordoue.*

50   Golfe S. Georges ,
NELTSON arrive au *golfe de S. Georges* , comme à un
Port désiré.
port désiré.

60   Cap Horn, les Malouines.
ANDROMÈDE envie la *cape ornée* de *Malvine.*

330. 10   Para ,   rio
LES MOUTONS font leur *parade* sur les bord du *rio*
des Amazones.
des Amazones.

20   Mato-Grosso , Paraguay ,
UN MOINE *mat et gros* va au *Paraguay* , passant par
Brésil ,   mines d'or.
le *Brésil* , pour y trouver des *mines d'or.*

30   Paraguay ,   l'As-
LE MAMELUC arriva au *Paraguay* le jour de l'*As-*
somption.
somption.

40   Montevideo , Buenos aires,
LES MARÉCHAUX du *Mont-Viso* jouissent du   bon   air
rio-Grande.
qu'on respire près du *rio-Grande.*

340. 10   Seara ,   S. Louis,
LE ROTISSEUR *s'arracha* des bras de son ami *Louis* ,
rivière de S. Francisco.
près de la rivière de *S. Francisco.*

20   Porto Seguro ,   baye de
LE RENARD *porta en sécurité* , le jour de la
tous les Saints ,   Brésil ,   S. Vincent.
Toussaint , du tabac du *Brésil* et de *S. Vincent.*

long. lat.

340. 30   Vila-rica ,

Le Ramoneur veut paroître un *villageois riche* , le

S. Sebastien ,   S. Paul.

————— jour de **S.** *Sebastien* et de **S.** *Paul.*

350. 10   Phernamboouc,

L'un des ·Lutteurs *ferma la bouche* à son rival , et

Paraïba.

le jeta dans une fosse qu'il *prépara*, et y bâtit un tom-

beau.

Arabie H
Saba.
Sanaa.
Moka.
Ymen.
Tor.
Détroit de

Empire des Birmans.
Siam.
Pégou,

Royaume
Côte d'Aj
Brava.

Malaca.
Nicobar.
Sumatra,
Achem.

10

60   110   120

Premier Tableau de la Géographie générale.

Lat \ Long	0–10	10–20	20–30	30–40	40–50	50–60	60–70	70–80	80–90	90–100	100–110	110–120
80–70				Spitzberg.				Nouvelle Zemble.				
70–60			Dromtheim. Norwège. Berghen.	Laponie. Kangis. Umea. Upsal.	Tornéa - Finlande. Wilbourg - Vasa. Christianstadt - Abo. Lac Ladoga.	Mer Blanche. Archangel. Dwina. Lac Onéga.	Kewrol. Talma. Jacensk.	Détroit de Waygatz. Permia. Monts Puyas.			Saunojedes. Sibérie.	
60–50		Edimbourg. Ecosse. Irlande - Dublin. Canal S. Georges. Tamise. Londres. Angleterre. La Manche.	Frédérikaal. Christiania - Alborg. Aarhus - Le Sund. Coppenhague. Sleswich - Altona. Hambourg - L'Elbe. Amsterdam. Cassel.	Suède - Mer Baltique. Stokolm - Gothebourg. Prusse - Berlin. Rava - Francfort. Colmar - Pologne. Cracovie - Warsavie. La Vistule - Dresde. Silésie - Bohème. Prague.	Pétersbourg. La Newa - Riga. Lac Peipus - Mittau. Lac Ilmen - Revel. Vilna - Grodna. La Duina. Nowogorod - Kiof. Le Niemen - Mohilow. Lithuanie - Galicie.	Biélozero - Wologda. Kostroma - Jacolaf. Twer - Wolodimer. Moscou - Toula. Kalouga - Orel. Koursk - Smolensk. Ukranie - Tambof. Woronez. Karkof.	Wiatka. Neigorod. Kasan. Penza. Samara. Saratow.	Serapol. Monts Ourals. Orenbourgs.	L'Oby. Tobolks. Acathérinbourg.		Kulivan.	
50–40	Cap Finistère. Corogne. Compostelle. Brague. Le Minho. Porto. Le Douro.	La Seine - Paris. La Loire - Boulogne. Orléans - Bayonne. Bordeaux - Pyrénées. Oviedo - Bilbao. Toulouse - Léon. Tarragone - Burgos. Miranda - Ségovie. Salamanque - Tolède. Madrid.	Strasbourg. Wurtemberg - Rhin. Munich - Suisse. Lyon - Savoie. Milan - Turin. Ferrare - Mantoue. Gênes. Corse.	Monts Krapacs. Vienne - Presbourg. Hongrie - Ratisbonne. Esclavonie - Dalmatie. Trieste - Vénise. Adriatique - Pu. Albanie - Ferrare. Bologne - Florence. Rume - Naples.	Danube. Belgrade. Constantinople. Sophie. Détroit des Dardanelles. Archipel.	Le Don - Pultava. Cathérinoslaw. Précup - Cherson. Tauride ou Crimée. Kaffa - Asow. Odessa. Petite Tartarie. Bursa. Mer Noire. Circassie.	Kalmouks. L'Ural. Le Wolga. Arménie. Géorgie. Astracan. Téflis. Caocase. Mer Caspienne.	Lac Aral. Derbent. Turcoman.	Torkestan. Grande Bukarie.	Kalmaquie. Tartarie indépendante.	Chaine Altaïque. Tartares indépendans. Petite Bukarie.	Hamil. Tartarie Chinoise.
40–30	Tage. Lisbonne. Evora. Portugal. Santé. Madera. Porto-Santo.	Valence - Plasencia. Guadalquivir - Guadiana. Badajos - Mérida. Cordoue - Murcie. Séville - Grenade. Malaga - Cadix. Détroit de Gibraltar. Ceuta. Côte de Barbarie. Maroc - Fez. Mequines. Mont Atlas.	Cagliari. Sardaigne. Sassari. Isle Minorque. Isle Majorque. Tunis. Alger. Constantine. Pays des Dattes.	Palerme. Seile. Malthe. La Syrtie. Tripoli. Nésurate.	Morée - Troie. Smyrne - Milet. Rhodes - Phare. Candie - Alexandrie. Abonkir - Rosette. Pélusium. Désert de Barca. Damiette - Caire. Bubaste - Héliopolis. Sais - Tentha.	Césarée - Siwas. Diarbekir. Syrie. Mont Taurus. Damas. Alep. Jérusalem. Palmyre. Cyprès.	Erzeroum. Haran. Taneis. Resht. Euphrata. Casbin. Babylone. Tigre. Bagdad. Sultanie. Bassora.	Désert salé. Hérat. Ispahan. Perse. Zarang.	Samarkand. Mont Bélut. Kaboul. Ségistan. Lahor. Kandahar. Moultan.	Koten. Hyacstad. Lhoc. Cachemire. Petit Thibet. Sirhind.	Lassa. Chepurnagoe. Désert de Cobi. Thibet.	Grand Thibet.
30–20	Désert. Cap Blanc. Isle Ténériffe. Isle de Fer. Isles Canaries.	Biledulgerid. Désert de Salara.	Grand Désert.	Mourzouch. Désert. Fezzan. Kavat.	Pyramides - Memphis. Lac Mœris - Gorgès. Thèbes - Syène. Eléphantine. Cataractes du Nil. Assuan - Egypte. Lybie - Nubie.	Arabie Pétrée. Suez. Mer Rouge. Mont Sinaï. Madian. Médine. Mèque.	Arabie Déserte. Golfe Persique.	Shiras. Ormus. Kerman. Laristan.	Kandabl. Kelgé. Tatta. L'Indus.	Delhi. Berlli. Agra. Cambaïe. Aurungabad.	Hénarés. Gange. Patna. Dacca. Calcuta. Bengale.	Umerapoura. Arracan. Ava. Prome.
20–10	Porcudik. Le Sénégal. Les Féloups. Les Jalophes. Cap Verd. La Gambie. Nialmia. Bambouk. Rio Grande.	Grand Désert. Le Niger. Tombuctou. Bambara. Bétrou. Kung.	Désert. Kassina. Le Soudan. Nigritie.	Bornou. I. Désert. Dar-Baghermi. Nigritie. Medra.	Kordofan. Dar-Bergou. Darfour. Bébé. Nigritie.	Nubie. Dongola. Sennaïea. Gondar. Axum. Abyssigie.	Arabie Heureuse. Saba. Sanaa. Moka. Ymca. Tor. Détroit de Babelmandel.	Dofar. Socotora.	Isles Laquedives.	Bombay - Golconde. Hyderabad - Visapour. Goa. Judestan - Mysore. Malvas - Pondichery. Calient - Tranquebar. C. Malabar. Coromandel. Montagnes des Gattes.		Empire des Birmans. Siam. Pégou.
10–0	Tembou. Les Foulias. La Sera-Léona. La Mésurada. Le Sang-in. Côte de Poivre.	Dahomey. Guinée. Côte d'Yvoire. Côte d'Or. Cap des Palmes.	Benin. Cap Formosa. Calabar. Isles du Prince et de Guinée. S. Thomas.	Darkula. Calbongas.	Ethiopie. Monts de la Lune. Donga. Majaca.	Kaffa. Gingiro. Gallas.	Royaume d'Adel. Côte d'Ajan. Brava.			Madura. Cap Comorin. Ceylan. Les Maldives.		Malaca. Nicobar. Sumatra. Achem.

Ligne Equinoxiale.

Ta

	0	31
	Baie de Baffin.	
	Détroit d'Hud-son.	

II.ᵉ Tableau de la Géographie générale.

Longitudes en haut et en bas de 130 à 360 ; latitudes de 0 (Ligne Équinoxiale) à 80.

Partie occidentale (longitudes 130 à 260)

Lat.	130	140	150	160	170	180	190	200	210	220	230	240	250	260
70						Détroit de Béhéring. Isle de Klark.								
60	La Léna. Lac Baïkal.	Sibérie. Tongusi. Tartarie indépendante. Muraille du Mogol.		Mer de Lama ou d'Okotsk.	Kamtchaka. Isle de Béhéring.				Baie de Bristol.	Isle de la Reine Charlotte. Archipel du Prince de Galles et du Roi Georges.		Montagnes pierreuses. Cornouailles.		
50	Muraille de la Chine. Tartarie. Les Mungous.	Les Mandcheoux. La Corée. Isle Teitcae. Kinkiar.	L'Amour. Isle Sagalien. Mancle de Tartarie.	Isle Teoka. Isles de la Compagnie et des Etats. Détroit de la Pérouse. Terre de Jesso.								Isle Wukash.		
40	Chine. Hoang-ho. Sou-tcheou. Tching-ton.	Pekin. Kiang fou. Nankin.		Japon. Yedo. Nyphon.								NouvelleAlbion. Port S. François.		Indiens cuivrés. Nouvelle Navarre.
20	Juen fou. Kiu-kiou. Tunquin.	Nout chang-tcheou. Kan-tcheou. Canton. Macau.								Isle Sandwick.				Mer vermeille.
10	Isle Hainan. Rivière Japonnaise. Cochinchine. Cambage. Siampa.	Isle de Luçon. Manille. Mindoro. Les Philippines.			Isles Mariannes ou des Larrons.									
0		Isles des Nègres. Isle Palewan. Sanlos. Isle Bornéo.					Les Carolines.	Isles Eleuthiennes.						

Partie orientale (longitudes 270 à 360)

Lat.	270	280	290	300	310	320	330	340	350	360
80				Baie de Baffin.	Mer de Davis.					
70	Les Esquimaux. Lac du Nord.	Baie Wager.		Détroit d'Hudson.			Nouveau Groënland.	Vieux Groënland.	Islande. Sékruit. Volcan de Montliceln.	
60	Lac Winipi.	Baie d'Hudson. Rivière de Nelson.	Albany. James baie.	Lac Mixtissini. Les Esquimaux. Labrador.						
50	Nation du Serpent.	Lac des Bois.	Les Iroquois. Canada. Lacs Supérieur. Huron. Erié. Michigan. Nyagara cascade.	Riv. S. Laurent. Québec. Portsmouth. Boston. Lac Ontario. Pensilvanie. Philadelphie. Nouvelle York. Isle Longue.	Cap Bréton. Brunswich. Halifax. NouvelleEcosse. Isle Royale. Isle S. Jean.	Terre Neuve. Grand Banc.				
40	Le Missouri. Rivière aux cannes. Santa-Fé.	Louisianne. Nouvelle Orléans. Le Mississipi.	Washington. Etats unis. Chérakie. Louisville. Caroline. Jamestown. Géorgie. Alexandrie. Colombia. Mariland. Savanne. Virginie. Charletown. Riv. de l'Ohia. Monts Apalaches.	Chesupéak. Baie de Delaware.	Isles Bermudes.					
30		Rivière du Nord. Rio-Bravo. Durango. Guadalaxara. Mexico.	S. Augustin. Floride. La Havane. Cuba. Isles Lucaies. Isles des Caraïbes.	Isle de la Providence. Les Cayques.						
20	Acapulco. La Purification.	Nouvelle Espagne. S. Salvador. Vera-Cruz. Campêche. Guatimala. Oaxaca. Yucatan. Golfe Honduras.	Truxillo. S. Léon. Lac Nicaragua.	S. Domingo. La Jamaïque. Cartagène.	Isles Antilles. Porto rico. S. Lucie. La Guadeloupe. La Marguerite. La Martinique. La Grénade. La Trinité. Tabago. S. Vincent.				Isles du Cap Vord.	
10		Nouvelle Carthago. S. Lorenzo. Porto-belo. Barbacoa. Panama. Isle Cuiba.	Rivière de la Magdaleine. Maracaïbo. Merida. Popoyan. Santa-Fé. Golfe Darien.	Cumana. L'Orénoque. Lac Parima. Nouveau Canada.	Paramaribo. Surinam. Cayenne.					

Ligne Équinoxiale.

bl

0   330   340   350

S. Louis.
Islara.   Seara.   Paraïba.
io desAmazones.   Rivière de S.Fran-   Phernambouc.
                   cisco.

10   10

résil.   Baie de tous les
traguay   Saints.
ato-Grosso.   Porto-Séguro.
ines d'or.   S. Vincent.
                    Brésil.

20   20

                    S. Sébastien.
raguay.   S. Paul.
Assomption.   Vila-rica.

30   30

ontevideo.
enosaires.
o-Grande.

40   40

50   50

60
40   330   340   350 60

III.e Tableau de la Géographie générale.

40	50	60 *Ligne*	70 *Equino*	80 *xiale.*	130	140	150	160	190	210	300	310	320	330	340	350	
Anzico. Loango. Congo. S.t Salvador. Angola. La Zaïre.		Mombaza. Melinde. Zanguébar. Quiloa.			Isles de la Sonde. Java. Batavia.	Bornéo. Isles Célèbes.	Isles Moluques.	Terre des Papous ou Nouv. Guinée.			Quito. Guajaquil. Cuença. Truxillo.	Les Andes. Fleuve Maragnon. Volcan de Cotopasi.	Pays des Amazones. Territoire des Missions.	Para. Rio des Amazones.	S. Louis. Seara. Rivière de S. Francisco.	Paraïba. Phernambouc.	10
Benguela. Bombé. Cafrerie.	Tetú. Zenbor. Mont Jura. Cafrerie.	Epine du Monde ou Mont Lupata. Monomotapa. Cote Mozambique. Mocaranga. Quilimane. Sofala.	Comore. Madagascar.						Isles Hébrides.	Isles des Navigateurs.		Lima. Cusco. Potosi. Pérou. Lac Titicaca.	Santa Cruz. La Paz. Pays des Incas. La Plata,	Brésil. Paraguay Mato-Grosso. Mines d'or.	Baie de tous les Saints. Porto-Séguro. S. Vincent. Brésil.		20
Côte déserte. Pays des Giraffes. Rivière des Oranges.	Manica. Port Natal.	Sabia. Inhambane.		Isles de France et de Bourbon.				Nouvelle Hollande.	Nouvelle Calédonie.	Isles des Amis.		Copiapo. Coquimbo.	Tucuman. Paraguay. Les Abipons.	Paraguay. L'Assomption.	S. Sébastien. S. Paul. Vila-rica.		30
Cap de Bonne Espérance. Les Hottentots.								Terre de Diémen.				Valparaïso. Les Cordelières. Sa Yago. - Chili. La Conception. Volcan d'Aroucanos. Les Moluches.	Cordoue. Santa Fé. Rio de la Plata.	Montevideo. Buenosaires. Rio-Grande.			40
									Nouvelle Zélande.			Terre Magellaniq. Les Cordelières. Les Patagons. Isle Chiloë. Les Tehuels.	Golfe S. Georges. Port désiré.				50
												Terre de feu. Détroit de Magellan.	Cap Horn. Les Malouines.				60
40	50	60	70	80	130	140	150	160	190	210	300	310	320	330	340	350	

APPLICATION

DE LA

MÉTHODE MNÉMONIQUE

A LA

GÉOGRAPHIE PARTICULIÈRE.

long. lat.

13. 48   Brest, Bretagne,

Je place la MAPPEMONDE à *Brest* en *Bretagne* afin

    Quimper,   Orient,

que *quelque impertinent* ne vienne de l'*Orient* se placer

       cap Finisterre.

sur les derniers *confins de la terre.*

50   Falmouth,   Plimouth.

LE MUSICIEN *fait le moût* et *plie le mouchoir.*

51   Carmarthen.

LES MOUTONS s'endorment, *car Martin* s'en alla.

53   Caernarven.

LE MAMELUC ne pense *qu'à énerver* ses forces.

55   Sterling, Dumbarton,

LES MULETS, chargés de *sterlings*, *d'un bâton* et de

    Glasgow,   la Clyde, l'Air,

glaces *couvertes*, traversent *la Clyde* et *l'Ayr*, mal-

Gréenock.

gré *nous.*

56   In-

LE MÉDECIN fait tant d'interrogations au malade, mais il n'*y*

verrary.

verra rien.

long. lat.

14. 47   B lle.

L'ARCHITECTE forme le plan d'un palais pour une *belle*

Isle, Vannes.

fille qui *vanne* du blé dans le département du *Morbihan.*

48   Brieux,

ROBINSON fait un *nombreuse* récolte de pommes de terre

dép. du Nord.

du *côté du Nord.*

50   Exéter.

LES ROSES *exercent* terriblement l'attention de la démoiselle.

52   Shrewsbury.

LE RENARD saisit à *revers le burin.*

53   Liverpool . la Mersey,

LE RAMONEUR *livre Paul à la merci* de son rival qui

Chester.

cherche à l'exterminer.

54   Kendal, Lancastre,

L'ARROSEUR porte un *quintal*, et *l'encastre* bien,

Carlisle.

car l'isle où il doit aller, est bien éloignée.

55   Dumfries, Dumfermlines, l'Ecosse,

ARLEQUIN, *tout frisé* et *d'un ton ferme*, lime l'écorse

Edimbourg.

que je *tiens au bourg.*

56   Dundée,

RHADAMANTE, assis sous *d'un dais*, condamne les

Forfar, Perth, la Tay.

forfans à la *perte* de *la tête.*

15. 48   Rennes, ch. l. d'isles et Vilaine,

LE LOUP poursuit des *rennes* dans une *île vilaine* et

S. Malo.

malheureuse.

50   Weymouth, Pool, Dorchester.

LAZARE *vient mouiller Paul* qui *dort chez Thérèse.*

long. lat.

15. 51

Bath , Salisburg ,

LE LUTTEUR avec un *bâton sali et pourri* maltraite

la Severn ,   B istol ,   Gloce-

sévérement son rival *Christophe* , et se fait une *gloire à*

ster.

l'exterminer.

52

Worcester ,

LE LION , par un prodigieux *effort* , *extirpa* dans son

Litchfield ,   Stafford.

lit , le fiel à un Nègre , et il en *resta fort* surpris.

53

Manchester ,

LA LAMPE éclaire ma *manche ternie* , afin que

Halifax.

j'aille en effacer les taches.

16. 43

Le Béarn ,   Gascogne,

DÉMOCRITE avec sa gueule *béante* rit comme un *gascon,*

l'Adour , Bayonne.

et *adore* une *bayonette,*

46

Rochelle , Montaigu ,

DÉDALE va se reposer sur une *roche* d'un *mont aigu,*

Fontenay ,   Napoléon

près d'une *fontaine* , pour admirer la ville de *Napoléon*

ch. l. de la Vendée.

dans la *Vendée.*

47

Châteaubriant ,

LE DÉCROTEUR lave , près d'un *château brillant* , ses

Nantes,ch. l. de la Loire inférieure.

mains *fulminantes* dans la *Loire inférieure.*

48

Fougères, Laval ch.l.de la Mayenne,

LE DEPAVEUR *fou, g*ère dans *la val*   ma *hyenne ,*

Granville.

et s'en va franchir les murs d'une *grande ville.*

49

S.t Lo ch.l.de la Manche ,

DAVID fait sortir de *l'eau* de sa *manche* pour em-

Bayeux,   Cherbourg.

pêcher les *bayeurs* d'approcher *du bourg.*

16. 50   Portsmouth,   Newport,

LE DESTIN *porte ses moustaches* près d'un *nouveau port,*

Chichester.

et s'y *niche extré*mement.

51   Oxford,

LE DATTIER me fit casser mes *os fort* durs de façon

Buchingam, Win-

que je ne puis, qu'en gambadant bien *et chinquant* du *vin*

chester.

chez Thérèse, me remettre en bon état.

52   Derby, Leycester,

DIANE, à force de rega*rder bien* la *lice du ceste,*

Werwich,   Conventry,

trou*va et vit* que c'étoit un jeu inhumain ; elle se *convertit*

Notthingam.

à Dieu et *obtint grâce.*

17. 43   Bagnières, Pau ch. l. des Basses-

LE CHAMEAU, ayant *baigné* sa *peau* dans les *basses-*

Pyrenées,   Tarbés ch. l. des Hautes

Pyrenées, parce qu'il avoit *tardé* trop sur les *hautes*

Pyrénées,   Mont-de-Marsan

Pyrénées, fut obligé de se retirer sur le *mont de Marsan*

ch. l. des Landes.

dans les *Landes.*

44   Bordeaux ch. l. de la Gironde.

CARON *borde l'eau*   de la *Gironde.*

45   S. Jean d'Angely, Angoulème ch. l. de la

COLONNE. *Jean d'Angely* a *engoulé une*

Charante, Saintes ch. l. de la Charante infé-

charmante jacinthe sur les rives de la *Charante infé-*

rieure.

rieure.

long. lat.

17. 46   Nyort ch. l. des   deux

CADUCÉE. Mercure ban*nit hors* de sa compagnie *deux*

Sèvres.

chêvres qui lui gâtoient le Caducée.

47   Saumur , Angers ch. l. de Maine et Loire,

Le COQ s'amuse, sans *danger* , à *mener* à. *boire*

    , la Flêche.

des poulets attachés à une *flèche.*

48   Falaise ,

LE CHAPEAU est placé au sommet d'une *falaise ,* sur

Le-Mans ch. l. de la Sarthe ,

des *manches* faites *sans art ,* et sur des dentelles

Alençon ch. l. de l'Orne.

d'*Alençon* qui les *orne* it.

49   Normandie ,   Lisieux ,

LE CAVALIER *Normand ,* quoique bien *lissé , ne peut*

   le Havre-de-Grace , ch. l. des

passer au delà du *Havre de Grace* qu'en faisant des gran-

Calvados.

des *cavalcades.*

51   Windsor , . Arundel, Guilford ,

CHATEAU de *Windsor ,* où l'on *arrondit* des *quilles fort*

   la Tamise ,   Londres.

belles , sur *la Tamise ,* pour les transporter à *Londres.*

52   Cambdrige , Boston.

LE CHINOIS , en le rac*lant , brise* ton *bâton.*

18. 43 Auch ch. l. du Gers.

POMONE *hoche* légérement sa tête.

44   Agen ch. l. de Lot

LES BERGERS , parce qu'ils font les *agens* de la *loterie ,*

et Garonne.

sont *galonnés.*

18. 45   Perigueux, ch. l. de la

PALLAS dit que l'on *périt gueux*, si l'on vit de la pê

Dordogne, Limoges ch.l. de la haute Vienn

de la *Dordogne* et des *limons*   de la *haute Vienne*

46.   Montmorillon, Poitiers

LE BEDEAU laisse *mon orillon* chez le *potier*, jusqu

ch. l. de Vienne.

à ce que je *vienne* le prendre.

47   Vendôme, Tour

Le PÊCHEUR dit que, quand le *vent domine* en *Tour*

raine,   Tours ch.l.de l'Indre et Loire

raine, il se retire dans une *tour*   de   l'*Indre et Loire*

49   Louiers,

LE BOUVIER, pour gagner des draps de *Louiers*, d

Quilebœuf, Elbœuf,   Rouen, ch. l. du dép

Quilebœuf, d'*Elbœuf* et de *Rouen*, travaille dans l

de la Seine inférieure, Dieppe,   Euvreux

Seine inférieure, fait *diète*, et peint deux *levrauts*

ch. l. d'Eure.

dans une *heure*.

51   Douvre,   Roche-

LE BOTTIER *s'ouvre* un passage à travers d'une *roch*

ster,   Cantorbery.

exterminée, pour s'y cacher *quand l'or périt* dans sa poche

52   Norwich,   Yarmouth.

PANDORE *n'ouvrit* la boite, parce qu'elle *y a tout* les

maux renfermés.

19. 42   Foix ch.l.du dép.d'Arriège.

LA FONTAINE jette, ma *fois* l'eau bien en *arrière*.

43   Pamiers, Montauban,

LE FUMEUR porte des *palmiers*, des *montaubans*, des

Carcassonne,   Lavaux,   Toulouse

carcasses sonores et des *laves* au bourg de *Toulouse*,

ch. l. de la haute Garonne,
près de la *haute Garonne*, et se plait à regarder les
Alby, ch. l. du dép. de Tarn.
harpies qui voltigent sur la *Tarn.*

19. 44   Cahors ch. l. du département
LA FURIE *n'alla hors* de la ville que lorsqu'elle gagna
du Lot,   Guienne.
un bon *lot*, et beaucoup de *guinées.*

45   Tulle ch. l. du département
LA FILEUSE rend le *tull* qu'elle avoit volé, et se
de Corrèze.
corrige.

46   Guéret ch. l. de la Creuse, la Mar-
LA FOUDRE tue un *guerrier* qui *creusoit* le *mar-*
che,   Châteauroux ch. l. de l'Indre.
chepied d'un *château rouge* près de *l'Indre.*

47   Romorentin,
LES VACHES font de la *rumeur et du tint*amarre dans
Blois ch. l. de Loire et Cher,
un *bois* près de la *Loire*; et *cherchent* à prendre la route
Orléans ch. l. du dép. de la Loire.
d'*Orléans* sur les bords de la *Loire.*

48   S. Cloud,   S. Germain,
PHOEBUS éclaire M.e *Claude* et M. *S. Germain* qui, se
Versailles ch. l. de
promenant dans les jardins de *Versailles* sur les rives de
Seine et   Oise,   Chartres ch. l.
la *Seine* et de l'*Oise* lisent leurs *chartres*, de bonne
d'Eures et   Loire.
heure, et à leur *loisir.*

49   Amiens, ch. l. de la Somme,
LA VEUVE se précipita, à *Amiens*, de la sommité
Pontoise,   Beauvais ch. l. d'Oise,
d'un *pont sur un toit* qui étoit bien mauvais, et se *noya*

Picardie.

dans une rivière de la *Picardie.*

19. 50　　　　Abbeville,　　Calais,　　Montreu[

VASE. Un Abbé vilain veut *qu'à l'aide* de *mon tre[*

　　　　　S. Omer,　Dunquerke,　　　　Gr[

j'élève un vase du *maire* de *Dunquerke,* que j'y gr[

　　velline ,　　　　　　　Boulogn[

━━━━━━━━ve *une ligne* , et que je le remplisse d'eau *bouillonnan[*

20. 43　　　　Perpignan ch. l. des Pyrénées Orie[

NOÉ grimpe *peignant* sur les *Pyrénées orie[*

tales, le Roussillon,　　Roses.

tales, des *rossignols* , et des *roses.*

'44　　　　　Rhodez ch. l. d'Aveiron ,

ROUE. La fortune *rode*　aux　*environs* , où l'on do[

Aurillac ch. l. de Cantal.

ouvrir　la　*cantate.*

'45　　　　　　S.t Flour, Clermont ch. [

ELIE fait un bouquet de *fleurs claires et monte* a[

de Puy de Dôme , Auvergne.

puits　du　*dôme* en *Auvergne.*

'46　　　　　　　　Moulins ch. [

L'AIDE DE CAMP ordonne de porter au *moulin* u[

de l'Allier, S. Amand,　　　　Nevers ch. [

sac lié d'amandes , et défend de le *niveller* , o[

de Nievre , Bourbon.

d'y *verser* de la *bourbe.*

'47　　　　　Bourges ch. l. du Cher,　[

QUAI. J'y vois les *bourgeois* qui y *cherchent* de[

Berry ,　　　Montargis.

bérils , pour en orner *mon tapis.*

48　　　S. Denis, Fontainebleau, Briez,

HIBOU que M.r *Denis* de *Fontainebleau* m'a *prié* de lu[

　Paris ch. l. de la Seine ,　Melun dép. de[

porter à *Paris* sur la *Seine,* avec des *melons* et de l[

Seine et Marne ,   Maux.
marne bien *mauvaise.*

20. 49   Noyon ,   S. Quintin,
Eve *noya* le serpent dans une décotion de *quinquina*,
        Péronne, Mont Didier ,   Compiègne,
sans que le *Baron*   *Didier*, et toute la *compagnie*
            Chantilly.
aient pu en avoir un *échantillon.*

    50   Arras dép. de
    Sisyphe, doué de prévoyance, *s'arracha* du pays de
    Calais ,   Cambray, Courtray ,
    Calais ; et sortant de sa *chambre*, *courut et traîna* des
    Ypres ,   Bethume, Lille dép. du Nord , Flandre.
    cyprès et du *bitume   lillé* vers le *nord* de la *Flandre.*

    51   Bruges dép. de la Lys ,
    Thé. Je le *brûle* avec de la *lie*, parce qu'il faisoit
        Ostende.
trop *d'ostentation* de ses feuilles.

21. 43   Montpellier dép. de Hérault.
    Le Tambour de *Montpellier* marche en *héros.*

    44   Mendes d. de Lozères,
    Le Trompette *mande*   *loger* les soldats dans
    les Cevennes.
    les *Cevennes.*

    45   Montbrisson dép. de la   Loire,
    Les Tailleurs *m'ont brisé* sur les rives de la *Loire*
            le Puy département de la
    les pierres de mon *puits* pour les transporter dans la
    Haute Loire.
        haute   Loire.

    47   Auxerres département
    Le tigre rugit comme le *tonnère*, et ose serrer une
    d'Yonne , Joigny ,   Bourgogne.
        lionne qu'il *joignit* dans la *Bourgogne.*

long. lat.

21. 48 Troye dép. de l'Aube,

TABOURET. Je le porte *trois fois*, à l'*aube* du jo[ur]

Noyent.

hors de la maison, *n'osant* l'y laisser à la merci des enfa[ns]

49 Château-Tierry, Guise, Soisson[s]

LE TAVERNIER de *Château-Tierry*, à *guise* d'un *polisso*[n]

Laon dép. d'Aisne, Rheims.

perd *la honte*, et ne *daigne* pas même de *rincer* les verr[es]

50 Tournai, Mons dép. des Jemappe[s]

LE TISONNEUR *tourne et amoncelle* du sel *gemme ap*[é]

Valencienne.

ritif, dan son four de *Valencienne*.

51 Gand dép. de l'Escaut,

TÊTE. Judith se mit les *gants*, et prit d'*assaut*, par [le]

Flessingue,

moyen d'échelles *flexibles*, une belle forteresse, et y f[it]

Mildebourg.

prisonniers *mille bourgeois*.

22. 43 Avignon dép. de Vauclus[e]

LA NYMPHE d'*Avignon* court à la fontaine de *Vauclus*[e]

Nismes d. de Gard, Arles.

et *y met* des *gardes* sous les ordres de *Charles*.

44 Viviers, Valence dép[.]

LA NOURRICE retourne au *vivier* de *Valence*, e[t]

de la Drôme, Orange, Tournon,

promet des *oranges* à son *nourisson*, puisqu'ell[e]

Privas dép. de l'Ardèche.

le *priva* du lait avec *adresse*.

45 Trévoux, Lyon dép. du Rhône.

NELTSON tue un *très-vorace lion* près du *Rhône*,

Vienne, Villefranche.

afin qu'il ne *vienne* à *Villefranche*.

46 Autun,

ANDROMÈDE, dans une belle soirée d'*automne*, sort d[u]

Bourg-en-Bresse d. de l'Ain ,   Macon d. de Saone.
bourg , et presse   l'ainée des maçons à   sonner
et   Loire ,   Chalons.
sur la *Loire ,* sur un *échellon.*

2. 47   Dijon dép. de
La Neige nous cause du froid , *disons* - nous , et nous
Côte d'or ,
nous dépouillons des *cottes dorées ,* parce qu'elles nous
Chatillon.
chatouillent.

48   Bar-le-Duc d. de la Meuse ,
Neptune *barre le duc* ; et s'amuse à lui faire man-
Chaumont d. de la haute Marne ,   Joinville,
ger du *saumon* de la   *haute Marne* ; et lui *enjoint vi-*
Vitry ,   Chaalons d. de Marne.
lainement de *vitrifier ,* sans *chaleur ,* de la *marne.*

49   Mezières d. des Ardennes,
La Navire transporte un *messière*   des   *Ardennes*
Charleville ,   Champagne ,
pour qu'il *garde les vignes* de *Champagne* ; et revient ,
Sedan.
chargé de draps de *Sedan.*

50   Charleroi ,
L'Enseigne du *roi Charles* se retire à la ville de
Philippeville ,   Bruxelles d. de
Philippe , parce que l'on vint de *Bruxelles*   lu
Dyle ,   Namur dép. de   Sambre et Meuse.
dire qu'on *a muré* tous les chemins de *Sambre et Meuse.*

51   Dordect , Malines ,   Bréda,
Le Notaire *dort très-mal inégal ,* parce qu'il *prêta*
Anvers d. des deux Nethes,   Roterdam,
son lit, et se *renverse* tout   *nettement* sur une *route dans*
Brabant.
le *Brabant.*

long. lat.

22. 52   Amsterdam,   Zuiderzée,

ANNIBAL, tandis qu'*en étendant* de la *suie*, dressoit

Hoorn,   Delft,

ornoit les tombeaux des Romains qu'il *défit*, reçut

Utrecht,   Haie,

une contraction qui le jeta dans une *haie*, avec une im-
pétuosité aussi forte que celle que donne la bouteille d

Leyden, Hollande.
Leyden en *Hollande.*

23. 43   Iles d'Hières,

LE MAMELUC, faisant des *hiéroglyphes* auxquels il n'est

Apt,   Toulon,   Aix, Rietz

pas *apte*, versoit *toute l'onde* dans un *marai*, et *riou*

Provence,   Marseille d. des bouches do

de sa *providence* dans *Marseille* près les *bouches* d
Rhône.
Rhône.

44   Gap. dép. des

LES MARÉCHAUX portent des *grappes* de raisin sur le

hautes Alpes,   Dignes dép. des

hautes Alpes, qui étoient bien *dignes* de rester sur le

basses Alpes.
basses Alpes.

45   Grenoble dép. de

LES MULETS chargés de *grenouilles* qu'on avait pêchée

l'Isère, Belley, Anecy,   Dauphiné,

dans *l'Isère*, de *bellettes*, d'*anis* et de *dauphins*, con-

Savoie, Chambery d. du mont Blanc

tinuent leur *voie* depuis *Chambery* jusqu'au *mont Blanc*

46   Lons-le-   Saunier

LE MÉDECIN veut que nous *allions* chez le *Saunier*

d. de Jura, Poligny,

et *jura poliment* que pour guérir il nous faut re-

                    Genève dép. de

tourner depuis quelques jours à *Genève*, et nous baigner

            Léman.

dans le lac du *Léman.*

3. 47   Vezoul

LE MAGICIEN n'ayant retrouvé à son gré le *vezou* qu'il

dép. de   la haute Saone , Langres ,

avoit extrait dans la *haute Saone*, *engraissa* de plus les

                    Besançon dép. du Doubs,

cannes à sucre ; et *pesant son vezou*, il en eut le *double*,

            Franche-Comtée.

et en resta *franchement content.*

48   Lorraine ,   Toul ,

MAPPEMONDE. *La reine*, fesant un *tour* sur la mappe-

            Mirecourt ,   Nancy dép. de

monde l'*admire*, *et court* à la ville de *Nancy* où ne

            Meurthe ,

voyant que des *meurtres* et des carnages , se retira à

Neuchâteau.

Neuchâteau.

49   Thionville ,   Luxembourg

LE MUFTI dit que, *si on vouloit introduire* un *luxe impor-*

        dép. des   Forêts , Metz d. de la Moselle.

tun dans les pays des *forêts,* on se *met* en danger de *morceler*

l'industrie de ses habitans.

50   Maestrict dép. de

LE MUSICIEN cal*ma l'esprit* des spectateurs , et marchant

    la   Meuse inférieure ,   Spa ,

vers la *Meuse inférieure*, avec une *spatule* se mit à scier

    Liège dép. d'Ourthe, Aix-la-Chapelle dép.

un *liège* sous la *courte haie de la chapelle*, pour en

de la Roër.

faire un *rouet.*

23. 51   Rur

LES MOUTONS, ne mettant que de la terre imp*ure*

monde,   Bois-le-Du

immonde sur les blessures qu'ils reçurent dans le *bois du du*

Arnheim,   Clèves, Nimègue.

restèrent *inanimés, et crevèrent à Nimègue.*

24. 43   Grasse, Frejus, Draguignan

LE RAMONEUR *gras* et *frais jure tragiquement,* s

dép. du Var,   Antibe.

les rives du *Var,* une *antipatie* aux femmes.

44   Alpes Cotiennes,

L'ARROSEUR passe les *Alpes Cotiennes,* et porte s

Barcelonette, Embrun,

le mont Dauphin des *barcellonettes* qu'il *emprunta*

Briançon.

Briançon près de Fenestrelles.

45 ARLEQUIN passe, tout mortifié à Suse, sur le mo

Cenis, le petit et le grand S. Bernard,   sur l

Alpes Graïennes, parce qu'il a été exilé (Exi

les) à S. Jean de Maurienne.

46   Bonneville, Thono

RHADAMANTE décréta que la *bonne ville* de *Thono*

Cluse, Lausanne,   Fribourg,   pay

eroit *récluse* à *losange* comme *Fribourg* et le *pay*

de Vaud.

de Vaud.

47   Montbelliard,   Bienne,

L'ARCHITECTE *monte au billard* de son *bien aimé*

Neuchâtel.

bien fort *Neuchâtel.*

48   S. Diez,   Remiremont

ROBINSON fait *diète,* car après avoir *remiré et monte*

long. lat.

Luneville,

ça et là dans le territoire de *Luneville*, il se trouva dans

Bruyeres, **Epinal dép. des Vosges.**

des *bruyères* et dans des *épines allongées* des *Vosges*.

24. 49 **Trèves dép. de la Sarte.**

Les Rivaux font une *trève* entr'eux près de la *Sarte*.

50 **Juliers,** **Bonn,**

Les Roses parent la tête de *Julie*, parfumée de *bonne*

Cologne.

eau de *Cologne*.

51 **Dewenter,** **Wesel,**

Le Rotisseur *devient terrible*, et rompt la *vaisselle*

Dusseldorf.

sur le *dos de son garçon* de cuisine.

25. 43 **Monaco,** **Vingtmille,**

La Lampe éclaire un *moine* qui fait *vingt milles* pour

S. Remo

aller de *S. Remo* à **Portomorizio**, ou à **Oneille;**

et qui en fait le double pour se porter à **Nice** dans

une forêt des **Alpes** maritimes près de **Villefran-**

che.

44 Le Lorgneur passe le col de **Tenda** pour aller à

Coni sur la **Stura**, et lorgner de là les belles villes

du *Piémont*, **Ceva, Mondovi, Saluces, Fos-**

sano, Saviliano, Cherasco, Bra, Carignan,

Pinérol, Asti, Alba, Turin.

45 Le Lilas orne les campagnes d'**Ivrée**, d'**Aoste**, de

Bielle, de la **Sésia** et de la **Doire.**

46 **Grimpsel, Lucerne.**

Lady Charlotte *grimpe*, une *lucerne* à la main,

Sion

comme *si on* la poursuivoit, sur les monts Gemmi,
Simplon, Fourche et Rose.

47   Bâden,   Soleure,   Forêt-Noire,
LE LAQUAI *badin* fait des *souillures* dans la *forêt Noire*,
l'Aar,   Bâle,   Araw.
et *arrange* une *balle* pour la *ravaler*.

48   Fort-Louis, Brisac, Strasbourg
LE LOUP arrêta le *fort Louis*, *brisa* ses *strasses* pour
ch. l. du Bas-Rhin,   Colmar   ch. l. du
le saisir au *bas des reins*, et au *col*, et *le martyrisa* sur
Haut-Rhin.
les rives du *Haut-Rhin*.

49   Deux-Ponts,
LA LAVANDIÈRE, lavant ma lingerie sous *deux ponts*,
Landau
*l'endom*magea, et la porta à Mayence   ch. l. du
Mont-Tonnerre.

50   Nassaut, Neustadt, Coblentz
LAZARE ne peut prendre *d'assaut Neustadt* qu'au *plein*
ch. l. de   Rhin et
jour, parce que cette ville est située entre le *Rhin* et la
Moselle.
Moselle.

51   Osnabruck,   Munster,
LES LUTTEURS *n'osent*, *ex abrupto*, *montrer* leur
Westphalie.
adresse en *Westphalie*.

26.44   Tortone, Gènes,   Marengo,
LE DARDEUR de *Tortone gêne*, près de *Marengo* et
Tanaro,   Alexandrie,
sur le *Tanaro*, le nouveau *Alexandre*, à qui il vola du

Savone,　　　　　Montenotte,

savon aux pieds de *Montenotte*, et l'enclava sur les

Apennins.

Apennins.

26. 45　LA DILIGENCE part pour Casal, Novara, Monza, Milan, Lecco, Lugano, Como, Lac-Majeur, les îles Borromées.

46　　　　　　　　　　　　　Schewitz,

DEDALE ayant attaché des ailes à ses bras avec des *chevilles*

Glaris,

de *clarinette*, voltige sur les Alpes - Retiennes, sur le mont S. Gothard, sur la val de Magia, sur Altorf, sur le Pont du Diable, et Belinzona.

47　　　　　　　　　　　　Zurich,

LE DÉCROTEUR, entrant dans un *Juri Turc*, ouit dire

Eglisseau, Constance, Zug, S. Gall,

qu'*en glissant* avec *constance* des *sucs* et des *galles* sur

Schaffouse.

le feu, on *s'échauffe.*

48　　　　　　　　Wurtemberg, Stutgard,

LE DÉPAVEUR, se voyant *vêtu en berger*, *se tut*, car

Tubingen,　　　　Souabe.

il étoit *tout bien géné* comme *son abbé.*

49　　　　　　　　　　　　　　　Dar-

DAVID prédit, que si les troupes ne s'armeront pas *d'ar*mstadt,　　　Manheim,　　　Spire,　　Philis-

mes stables et *permanentes*, elles *expireront* à *Philis*bourg,　　Worms.

bourg, sous *vos ormes.*

26. 50   Giessen,   Hannau,

LE DESTIN veut que *Jacinthe* donne *l'anneau nuptial*

Wetzlar,   le Mein,   Francfort.

à une *Vestale*, et qu'il la promène dans *Francfort*.

51   Paderborn.

LE DATTIER ne met *pas de bornes* à son accroîssement.

52   Minden, Lubeck, Verden.

DIANE *m'indemnise du bec verd* qu'elle gâta.

53   Stade, le Weser,

DÉMOCRITE, après avoir parcouru un *stade,*   verse

Glukstadt,   Bremen.

————— une *glu stagnante* qui le corrode *âprement.*

27. 44   CARON laisse sa barque dans le golfe de la Spezia, près de la fontaine d'eau douce qui jaillit au milieu de ce golfe; parcourt la belle rivière de Lévant de Gènes; il s'arrête peu à Porto Venere, à Zarzana, et dans la val de Taro, pour arriver plutôt à Massa, et Carrara, y visiter les belles carrières de marbre blanc, et passer à Parme, y admirer le superbe théâtre, et le magnifique palais ducal de Colorno.

45   LA COLONNE est placée à Plaisance, d'où l'on découvre Crémone, Crema, Lodi, Bergamo, Brescia, Castiglione, Pizzighetone, le lac Iseo, l'Adda.

46   LE CADUCÉE. Mercure protège la ligue des Grisons, de Coire, et de la Valtellina.

47   Vallenstadt,   Ap-

· LE COQ vole dans la *val instantanèment,* et va s'ap-

penzel,   Lindau,   Kempten.

pendre sur des fleurs de *lin dont* il pompe la *quintessence.*

27. 48 Biberach, Hulm,

LE CHAPEAU laisse entrevoir ma *pipe raclée et fulmi-*

l'Iller,

nante qu'*hier* j'y avois placée au dessous avec soin et

Memingen.

même ingénieusement.

49 LE CAVALIER parcourt les pays de Rotenbourg,

et de Wurtsbourg.

50 Saxe, Schweinfurt, Fulde.

LE CHASSEUR *Saxon achève furtivement et en foule sa*

belle chasse.

51 Allerdorf,

CHÂTEAU. Un prisonnier, pour *aller au déhors* de ce

Gottingen, la Leine, Cassel.

château *gothique,* perd l'*haleine,* et se *casse la* tête.

52 Hamelin, Hildeseim,

CHINOIS. Si son *âme l'incite, il déceint* son habit et

Hanovre, Zell.

en *ouvre* toutes les boutonnières avec un *zèle* extraordinaire.

28. 42 PANDORE promène sa boîte, et laisse échapper quelqu'un

des maux qu'elle y tient renfermés, dans les Etats des

Présides, à Orbitello, Piombino, Portolon-

gone, dans l'île de l'Elba, et à Portoferrajo.

43 POMONE, voyageant dans la Toscane, passa par

Prato, Colle, traversa l'Arno, s'arrêta à Flo-

rence, patrie d'Améric Vespuse, de Gallilée, du Dante,

de Bocaccio; y visita la galerie de-Médicis, le salon octo-

gone, la Cathédrale; elle y admira les délicieuses mai-

sons de plaisance, situées le long de l'Arno; visita le ma-

gnifique palais et les superbes jardins des ducs à Prato-

lino; passa à Volterra, à Livourne et à Luques,

et alla se réposer à Pise, pour admirer les édifices p
blics de cette ville, tous en marbre, et y prendre l
bains.

28. 44 LES BERGERS laissent leurs troupeaux dans les plai
entre Guastala, Mirandola, Modène et P
stoia; et traversant le Panaro et la Secchia,
pénètrent dans Reggio; ils sont étonnés de sa s
perbe cathédrale, ornée de tableaux des meilleurs pei
tres, et du château de Canosa, séjour de la comtes
Matilde; et vinrent aussi à Bologne, patrie des pei
tres, Procaccini, Grimaldi, Carrache, Guide, Albani
le Dominicain.

45 PALLAS visita le beau lac de Garda et le fort
Peschiera, s'avança à Vérone sur l'Adige
et admira son superbe amphitéatre, et sa magnifique ma
son de ville; elle ne garda pas même Arcoli, ni l
fortifications de Mantoue, située au milieu d'
lac, formé par le Mincio, et alla s'établir au vi
lage d'Andes, berceau de Virgile.

46   Tirol, Trente, Bolze
LE BEDEAU ne trouva dans son *tiroir* que *trente bols*
bon état.

48 LES PAPILLONS voltigent autour de moi tandis que
Donnawert, Minaeiheim,
donne le verd, même intelligemment, à Augsbourg.

49   Bamberg,
LE BOUVIER, avec une *bande de bergers,* devast
Anspach,   Nuremberg
*en spada*ssin, le pays de *Nuremberg,* en Franconie.

28. 50   Gotha,   Weimar,

LE BOSQUET *couta* bien cher à l'a*vide marchand* de Cobourg.
Cobourg,

51   Thuringe, Erfort,   Goslar.

LE BOTTIER *Thuringien* est très-fort, et a la *gorge large.*

29. 42 LA FONTAINE de Viterbe jette l'eau dans le lac de Bolséna, dans les pays d'Orviéte, d'Acquapendente, de Civita-vecchia, de Braciano, et dans tout le Patrimoine de S. Pierre.

43 LE FUMEUR de Cortone part des rives du lac de Trasimène pour aller à Perugia, et à Sienne y visiter sa belle cathédrale, toute en marbre blanc et noir, et son pavet à la mosaïque; il passe à Poggio superbe maison de plaisance des ducs de Toscane, et à Arezzo, patrie de Mecène, de Pierre Arétin, du Petrarca et de Gui Arétin, Bénédictin, auteur des notes de musique; et se retire dans les forêts de Vallombrosa.

44 LA FURIE porte l'épouvante à Forli, Imola, Comachio, mais elle laisse en paix Ferrare, patrie de l'Ariosto, Faenza, où l'on inventa l'art de travailler la fayance, Césène, patrie du régnant Pape Pie VII, et Ravenne où se trouve le tombeau de Dante.

45 LA FILEUSE, après avoir parcouru les villes d'Adria, d'Este, de Vicence, Tiene, Trevise, Bassano, Chiozza, va danser sur les ruines du très-grand amphitéatre de Padoue, patrie de Tite-Live, sur la Brenta.

long. lat.

46   Belluno, Cado

LA FOUDRE renversa la statue de *Bellone qu'adoroie*

Brixen   Feltr

les *Brixiens* sur les bords de la Piava qui va *filt*
dans l'Adriatique.

47   Hall,   Insprück.

LES VACHES *allèrent* dans l'étable sans mon *instructio*

48   Frayssing,

PHOEBUS échauffe mes *fraises singulières* que je culti

l'Inn,   Landsut,   Muni

innocemment, dans une *lande superbe* que j'ai *mu*

Ingolstadt,   Bavière.

d'un *golfe stable* qui lui sert de *barrière*.

49   Bareuth, Ratisbonne, Amberg

LA VEUVE s'empare *d'un rôti bon*, et en le *berça*
un peu entre ses mains, le croque.

50   Egra,

LE VASE, parce que je l'ai *égratigné*, il en sor

l'Exler,   la Saale, Jéna.

———————— *extérieurement* de l'eau *salée* qui me *géna* beaucoup.

30. 41 THÉ. La Japonaise, ayant débarqué a Terracine

alla tout de suite voir les très-beaux jardins de Caste

Gandolfo, maison de plaisance des Papes, et l

charmantes campagnes de Frascati, bâtie sur les ru

nes de l'ancien Tusculum, délices de Cicéron et d'autr

personnages illustres : elle s'empressa d'aller à Rom

sur le Tibre, capitale du monde chrétien, où elle fu

étonnée du grand nombre d'obélisques, de statues, de pa

lais superbes, de mausolées, d'arcs de triomphe, de fon

taines, d'églises, et de tant d'autres monumens antiques

et sur-tout de l'église de S. Pierre, le plus beau édific

du monde. Elle se fit ensuite conduire sur la délicieus

colline de Tivoli où le Teverone forme une superbe cascade de 500 pieds, et d'où elle découvroit la superbe maison de la famille d'Este, celle d'Adrien, les décombres d'un amphithéâtre, et d'autres beaux restes d'anciens édifices, et les belles villes d'Albano, Veletri, Anagni, Palestrina et d'Ostia.

o. 42 Noé parcourut les villes de Spolète, Todi, Foligno, Magliano, Riéti, pour parvenir à Terni où le Vellino fait une des plus belles cascades de l'univers, réflexissant les couleurs de l'Iris, et d'où l'on découvre, près de Narni, les ruines d'un pont extraordinaire de marbre construit sous Auguste.

43 HAMEAU. Le paysan quitte son hameau pour aller à Macerata, Nocera, Sinigaglia ; dans la république de S. Marin, à Assisi, patrie de S. François, à Urbin, patrie de Raphaël, à Fossombrone sur le Metaure, fameuse par la bataille entre Néron et Livius, consuls romains, et Asdrubal qui y fut tué, et à Fano, pour y voir l'arc de triomphe en honneur d'Auguste.

44 LA ROUE. La fortune favorise César qui traverse le Rubicon avec son armée ; et les restes précieux des antiquités de Rimini.

45 ELIE est adoré dans l'église de S. Marc à Venise, ville très-peuplée, et bâtie sur 60 petites îles.

46 L'AIDE-DE-CAMP traverse le Tagliamento, et porte à Udine, dans le Friuli, le traité de paix entre la France et l'Empéreur, conclu à Campo-Formio.

30. 47 LE QUAI est située sur les rives de la **Saltza** près
Saltzbourg.

31. 40 LE TISONNEUR partit de la délicieuse île d'Ischia,
arriva à Naples parmi 320 mille habitans; il alla ensui
voir le mont Vésuve, et but, sur la route, des vins pr
cieux de cette montagne; il déscendit à Pozzuol, f
meuse par ses beaux restes d'antiquités; il visita dans l
voisinages de cette ville les ruines de Baye, de Cu
me, l'Averne, recommandable par sa célébrité cla
sique; l'Achéron, les Champs-Elisées, les la
d'Agnano et Lucrin, les étues de S. German
le Montenovo, la Solfatara, la grotte du Chien
celle de Pausilippe où est le tombeau de Virgile.
passa ensuite à Portici, dépôt de toutes les chos
précieuses tirées des ruines d'Herculanum, qui f
abimée par les éruptions du Vésuve, sous Titus;
Pompeïa et a Possidonie, l'Athénes de la Grand
Gréce; à Acerra, et se reposa à Sorento, patrie
Tasso.

31. 41 TÊTE. Judith voyageant dans la terre de Labour
visita Gaéte et la tombe de la nourrice d'Enée, C
poue si fatale à l'Armée d'Annibal, Caserta où e
admira le magnifique château du roi de Naples, A
pino, patrie de Cicéron, de Marius, et du fameu
peintre Arpino, Monte-Cassino, berceau de l'ord
célèbre de S. Bénoit, Aquino et Calvi ou l'ancien
Cales, et Celano, et se retira enfin dans l'Abruzz

1. 42 TANTALE voulant aller à Pescara, passa le Tron-
to, à Ascoli, à Aquila, et Solmone, patrie
d'Ovide.

43 LE TAMBOUR alla prier dans le Sanctuaire de la Sainte
Vierge de Loretto, d'où l'on découvre Fermo,
et l'arc de triomphe de Trajan à Ancône.

45 LES TAILLEURS de Pola taillent des pierres entre
Aquilée et Trieste pour construire le pont de
Capo d'Istria, et un autre à Cittanova.

46   Goritz,
ETUDE. Les enfans sont *corrigés* à proportion qu'ils
Gradisca.
grandissent.

47   Radstadt.
LE TIGRE traverse la *rade et le stade.*

48   Passau, Lintz.
LE TABOURET ne laisse *passer outre l'inondation.*

32. 40 L'ENSEIGNE, pour porter son drapeau à Amalfi,
patrie de Flavio Gioja, inventeur de la bussole, passe à
Salerne et Conza.

41 LE NOTAIRE de Molise va voir les beaux restes de
sculptures antiques de Bénévent près de laquelle se
trouvent les fourches Caudines où l'armée romaine, assiégée par les Sannites, fut obligée de passer sous le joug.

46   Clagenfurt,   Carniole,
ANDROMÈDE *claque fort* dans la *Carniole,* comme
Laybach, Carinthie,
les bacchantes Corinthiennes qui ne se nourrissoient que
la Drave.
de raves.

MAPPEMONDE. Ayant été épouvanté par les abboyeme

33. 38 de Scilla et de Carybde, je m'habille de la fameuse lai

de poisson de Reggio, je quitte le Faro et Me

sina, et je me retire dans Lipari une des îles Eolie

nes où étoient, le royaume d'Eole, les forges de Vu

cain, et la spatieuse caverne du bœuf marin.

40　LE MUSICIEN chante les odes d'Horace à Vénose

patrie de ce poëte, et à Policastro dans la Basilicat

41　LES MOUTONS paissent tranquillement dans la Pouille

sur les territoires de Manfredonia et de Canne

lieu renommé par la défaite des Romains, et dans cel

d'Ascoli, où Fabricius remporta une victoire s

Pyrrhus.

44　　　　　　　Dalmatie, Zara,　　　　Sé-

LE MARÉCHAL de la *Dalmatie sera* heureux *si Di*

benico.

le bénit.

45　　　　　　　Croatie, Carlestad

LES MULETS s'arrêtent dans la *Croatie, car les stad*

qu'il leur faut parcourir sont trop longs.

46　　　　　　　Cilley,　　　la Save,

LE MÉDECIN dit que, *si les infirmiers ne savent* p

Zagrab.

soigner le malade, la maladie va *s'aggraver.*

47　　　　　　　Raab,

LE MAGICIEN, parce qu'il s'est *rabaissé*, ne peut plu

la Muer.

se remuer.

34. 39 LES RIVAUX, dont l'un étoit de Catanzaro, et l'autr

de Squillace dans la Calabre, s'entretient à Co

senza, comme des Sibarites, ou comme l'athlète Milo

de Crotone , ville où Pythagore avait fondé une école, sous le nom de secte Italique.

34. 41　Le Rotisseur de Bitonto fait rôtir un dindon à côté du fameux clocher de la cathédrale de Bari , et près de son cimétière où l'on trouve quantité de vases étrusques, et va le manger à Trani où le Général Espagnol Montémar défit les Impériaux , et assura à l'Espagne le royaume de Naples.

45　　　　　　　　Petrinia, Sisek.
Arlequin ne peut ni *pétrir ni oxigéner* sa farine.

46　　　　　　　　Waradin , Peteau.
Rhadamante *va ratteindre* le *bedeau* qui s'étoit échappé.

47　　　　　　　　　　Neustadt.
L'Architecte fit le chemin de *neuf stades.*

48　　　　　Touln, Pruck, .　　　Danube,
Robinson *retourne brusquement* vers le *Danube* afin

Vienne,　　　　Autriche.
que l'on ne *vienne* l'arrêter en *Autriche.*

35. 40　Lazare mourut à Brindes comme Virgile , parce

Otrante,　　Tarente

qu'il fût *outragé* par des *tarentules* près de Lecce.

45　　　　　　　　Esclavonie,　　Bania-
Le Lilas fait les délices d'un *esclavon* qui fut *banni à*
luka,　　　Possega,　　　　Gradisca.
Luca , parce qu'il *poussa* trop loin son *agrandissement.*

47　　　　　Javarin,　　　la Raab.
Le Laquai , *déja avare infortuné ,* sera *abandon*né de tous ses maîtres.

48　　　　　Presbourg, Hongrie ,
Le Loup fut tué *près un bourg d'Hongrie* au nom de Léopoldstadt.
Léopold.

35. 49   Olmutz,

LA LAVANDIÈRE, ayant bu de l'*or musqué*, comme

Kremsid,

çoit à *grincer* les dents; mais heureusement elle passa

Moravie,   Austerlit

la *mort à la vie*, et alla finir ses jours dans l'*austérit*

Troppau.

en gardant les *troupeaux*.

———

36. 42   Raguse, Dulcigno,

DIANE a besoin de *ragoûts dulcifians* pour guérir

Cataro.

son *catarre*.

43   Bosnie,

DÉMOCRITE, couvert d'une *peau*, nie d'avoir l

Mostar, Bosnaserai.

moustaches bornés et serrés.

47   Albe royale,   Vesprin.

LE DÉCROTEUR d'*Albe-Royale* va aux *vêpres*.

———

37. 39   LE CAVALIER, étant parti de l'île de Corfou

Corcyre, après y avoir visité les jardins d'Alcinoüs

débarqua dans l'île de Calypso, et refusa, comm

Ulisse, l'offre de l'immortalité.

40   Valona, mor

LE CHASSEUR alla à la chasse dans un *vallon* du mo

Acroceraunium,   Apollonie,

Acroceraunium pour offrir un sacrifice à *Apollon* dans s

Illyrie.

temple d'*Illyrie*.

41   Durazzo, Scutari,

CHATEAU. Les généraux, *durant* leur *scrutin* dans

Albanie.

château, prennent du tabac d'*Albanie*.

long. lat.

37. 47 Bude, Pest.

LE COQ *boude* à cause de la *peste.*

48 Cremnitz,

CHAPEAU ; je ne le porte jamais, car je ne *crains ni*

Schemnitz.

le froid, dans le *chemin, ni* le chaud.

38. 38 LES PAPILLONS voltigent sur le temple d'Apollon près du promontoire de Leucade, et dans les îles de Théaki, ou *Itaque,* où étoit le royaume d'Ulisse, de Cephalonie et de Zante où les anciens avoient placé les harpies.

39 LE BOUVIER, voyageant en Epire, visita le champ de bataille près la ville d'Actiun où Auguste défit Antoine et Cléopatre ; Butrinto, où Enée aborda allant en Italie, Ambracie, où Pyrrhus faisoit sa résidence ; les fleuves des enfers Achéron et Cocytus, le lac d'Achéruse d'où Hercule avoit tiré le Cerbère des enfers ; et alla s'arrêter dans la forêt de Dodone, où étoient, le fameux et très-ancien temple de Jupiter, entouré d'une épaisse forêt, dont tous les arbres avoient le don de prophétie, et une fontaine qui avoit la vertu d'embraser une torche qu'on approchoit de sa surface.

45 Peter-Waradin,

PALLAS protège *Pierre badin* qui commande une

Belgrade

belle garde dans Temeswár.

39. 37 LES VACHES paissent sur les bords de l'Erimanthe dans l'Arcadie où Hercule prit vivant le fameux sanglier qui ravageoit cette contrée ; et dans les prairies de Modon, Coron, e Longanico, anciennement

Olympie, fameuse par les ieux qu'on y célèbroit,
par le temple de Jupiter, dont la statue, ouvrage d
Phidias, avoit 50 coudées de haut, et près de Mes
sène célèbre par ses sanglantes guerres contre les Spa
tiates.

39. 38 PHŒBUS éclaire les villes qui formoient la fameuse li
gue d'Achaïe, celles de l'Étolie, le golfe de Le
pante, et Belvedere.

43 Nissa, Passarowitz
LE FUMEUR prit, dans une *niche*, un *passereau vîte*
Servi.
═══════ et s'en *servit* pour s'amuser.

40. 36 L'AIDE-DE-CAMP fit devaster plusieurs villes de l
Morée, Epidaurus, qui étoit consacrée à Esculap
qui y avoit un temple célèbre, et l'île de Cerigo o
Cytère, sur les bords de laquelle naquit Venus d
l'écume de la mer.

37 QUAI. En me promenant sur les quais des fleuves re
només de l'Eurotas et du Pamisus, je me souvier
d'Epaminondas qui, après avoir apporté la terreur de se
armes dans Sparte ou Misistra, séjour de la libert
et du patriotisme, expira au sein de la victoire, rempo
tée à Martinée ou Tripolizza. De là je promèn
mes regards sur les plaines riantes du Péloponnès
sur Mycène, capitale d'un ancien royaume; sur Ar
gos où régna Agamemnon; sur la forêt de Némée o
Hercule à l'âge de 16 ans tua le fameux lion; sur le la
de Lerne où les Danaïdes jetèrent les têtes de leur
maris qu'elles avoient égorgés, et où Hercule tua l'hy

dre ; sur Ténare , célèbre par les carrières de marbre vert , et par la victoire d'Hercule contre un énorme serpent qui faisoit sa demeure dans la profonde caverne auprès du temple de Neptune , d'où il arracha Cerbère des regions infernales ; et enfin sur Napoli dans le territoire de laquelle croît l'excellent vin de Malvoisie.

40. 38 Les Hibous désolent les pays les plus vantés de l'antiquité , les agréables vallées , et les bois solitaires du Parnasse d'où jalissoit la fontaine de Castalie , dont les eaux inspiroient le génie de la poésie à ceux qui en buvoient, et qui étoit consacrée aux Muses ; et où se trouvoit Delphes, célèbre par son temple d'Apollon , l'un des plus riches du monde , dont Constantin transporta les ornemens dans sa nouvelle capitale : l'Hélicon, consacré aux Muses qui y avoient un temple orné de statues des artistes les plus célèbres, où se trouvoient, la fontaine d'Hippocrène , que le Pegase fit jaillir , en frappant la terre de son pied, et le tombeau d'Orphée ; le Cithéron , sur lequel Actéon fut tué par ses chiens , et où Hercule tua un énorme lion ; le haut Oeta où se brûla ce héros ; les bords du Permesse , du Céphise et de l'Asopus. Ils voltigent sur les ruines de Corinthe, ville jadis très-florissante, détruite par Mumius , renommée par le temple de Venus , et par ses artistes ; sur Platée où Pausanias défit Mardonius ; sur Coronée où Agésilas vainquit l'armée combinée des Grecs ; sur Aulis , vantée par le séjour qu'y firent les Grecs avant d'aller à Troie , et par le sacrifice d'Iphigenie ; sur Gnide , célèbre par le temple de Venus et sa statue , ouvrage de Praxitèle.

40. 39 EVE, chassée du Paradis terrestre à cause de son orgueil, me fait souvenir de la guerre que les Géans firen[t]
à Jupiter, en entassant le Pelion sur l'Ossa, pou[r]
chasser ce Dieu de l'Olympe: de la vallée de Tempé[e]
arrosée par le fleuve Penée, que les immortels se plai-
soient à habiter, à cause de l'ombre de ses bois, d[u]
chant des oiseaux, et du murmure des eaux qui en faisoient un séjour très-délicieux; des Thermopiles e[t]
Thessalie, célèbres par la résistance héroïque que 30[0]
Spartiates opposèrent à l'armée des Perses; de Phar-
salle, fameuse par la victoire que César remporta su[r]
Pompée; et de Larisse où régna Achille, et près d[e]
laquelle Persée tua involontairement son aïeul Acrisius.

40 SYSIPHE traversa le golfe de Salonique et la vill[e]
de Contessa, pour parcourir la Macedoine, e[t]
se reposa à Pella patrie d'Alexandre le grand.

42 Thrace,
Noé *trace* le plan de son arche avec une grande phil[o-]
Sophie
sophie dans la Bulgarie.

43 Widin, Vala-
HAMEAU, où je *vis un dindon*, que je pris et j'*avala[i]*
chie.
chez-moi.

41. 38 TABOURET. Je m'y place pour admirer les antiquité[s]
d'Athènes, métropole des beaux arts, et patrie des
hommes les plus illustres qui aient jamais existé; et pou[r]
jeter un coup d'oeil sur Salamine où les Grecs mirent
en deroute la flotte des Perses, Marathon où Miltiade

avec dix mille hommes défit l'armée de Datis, composée de cent mille; Eleusis où on célébroit les fameux mystères de Cérés. Tanagra, renommée par les combats des coqs; Thèbes, patrie d'Ogyges, d'Amphion, de Laïus, d'Oedipe, de Polynice, d'Etéocle, d'Epaminondas, capitale de la Béotie; Eleutère où Mardonius fut défait avec une armée de trois cents mille hommes; Mégare, Orope et l'île d'Eubée ou Negropont, et sa capitale Chalcis.

39   Olinthe,   Potidée.

Le Tavernier boit de l'*eau limp*ide dans un *pot tiède*.

42. 37   La Neige fond en peu de temps dans les Cyclades, et principalement à Céos, patrie d'Apelle, à Antiparos, renommée par sa grotte; à Paros, fameuse par ses carrières de marbre et le temple d'Apollon et Diane; à Délos, île que Neptune fit sortir tout à coup du fond de la mer; à Sériphe et à Tine.

43   Ternova,

La Nymphe transporte de la *terre neuve* de la fameuse chaine du mont Hoemus pour en bâtir la ville de Ni-

Philippoli.

copoli en honneur de *Philippe*.

TABLEAUX SYNCRONIQUES
D E
L'HISTOIRE ANCIENNE.

Depuis la création du Monde 0.

L'Univers sort des mains du Créateur ; la lumière chasse les ténèbres qui couvroient la face de l'abyme : les eaux se séparent, les montagnes se couvrent de verdure, les astres ornent les cieux, la nature est animée. L'homme, ce chef d'œuvre de la création, est fait à l'image de son Créateur : doué d'une ame spirituelle et immortelle, il est destiné à présider à tout ce qui avoit été crée, à connoître son Créateur, l'aimer, et fait pour en jouir. Dieu le place dans un jardin de délices, pour qu'il donne à tous les animaux le nom qui leur convenoit ; il le fait endormir, et d'une de ses cotes il en forme la première femme, et se repose le septième jour et le sanctifie. Dieu avoit défendu à Adam et à Eve de manger du fruit de l'arbre *de la science du bien et du mal*, sous peine de mort ; le démon prit la forme du serpent, séduisit la femme qui en mangea, et en donna à Adam qui en mangea de même. Dès ce moment leurs yeux sont ouverts, leur innocence s'évanouit, et toute leur postérité est comprise dans la condamnation. Un Rédempteur leur est promis : ils sont chassés du jardin d'Eden, et un Chérubin leur en interdit l'entrée.

130.

Dieu ayant agréé le sacrifice d'Abel et rejeté celui de Caïn, le dernier en conçut la plus noire jalousie, et souilla la terre du sang de son frère ; maudit par le Seigneur, il bâtit la ville d'Enochia. —— Commencement du règne patriarchal qui dure jusqu'à Moïse.

930.

Les déscendans de Caïn, sont appelés fils de la chair, et la postérité de Sem mérita, par sa fidélité, le nom de fils de Dieu, dont le culte est altéré par les uns, et conservé par les autres. Adam termine sa vie pleine d'amertumes et de tristesses.

984.

Dieu, pour recompenser les mérites d'Hénoch, l'enleva de dessus la terre.

1650.

Mathusalem meurt agé de 969 ans. Les déscendans d'Adam devenant de plus en plus perverses, et toutes leurs pensées étant tournées vers le mal, Dieu se répentit d'avoir fait l'homme, et resolut d'en exterminer toute la génération de dessus la terre, avec tous les animaux. Des torrens d'eaux s'échappent des cataractes du ciel, le globe n'est qu'une mer dans laquelle tous les vivans périssent ; Noé seul, avec sa famille, est sauvé dans l'arche (1656) qui se reposa sur les montagnes d'Arménie ; il en sort un an après qu'il y étoit entré ; il offre un sacrifice à Dieu qui lui promet de ne plus faire périr les hommes par un déluge universel. Noé s'applique à cultiver la vigne. Malédiction de Cham. Ici la vie des hommes commence à décroître sensiblement.

1800.

Les hommes, à cette époque, habitoient encore les plaines immenses entre le Tigre et l'Euphrate, et parloient la même langue : obligés de se séparer, avant d'en venir à bout, ils se mirent à bâtir une ville et une tour qui devoit s'élever jusqu'au ciel, pour rendre leur nom célèbre. Dieu confond leur langage ; ils sont obligés d'abandonner leur entreprise et de se disperser dans tous les pays du monde. Japhet avec sa famille peupla la partie occidentale où son nom est demeuré célèbre sous celui de Japet ; il est le père des Gomerrites, d'où sont venus les Cimbres, les Scythes et les Celtes. Chanaan et sa postérité peuplèrent la Syrie et la Palestine ; les Phéniciens étoient de ses déscendans : la postérité de Cham s'établit en Arabie et, sous la conduite de Misraïm son fils, en Egypte : les déscendans de Sem, tige du peuple de Dieu, habitèrent dans la Médie, en Perse, et dans une partie de la Syrie.

1900.

Yao est le premier fondateur de l'empire Chinois. —— Nembrod, grand chasseur, bâtit la ville de Babylone ; ce fut le premier conquérant ; les Assyriens l'adorèrent dans la suite sous le nom de Bélus. Vers le même temps les ro's pasteurs, venus de l'Arabie, s'emparent de presque toute l'Egypte, et s'établissent à Memphis. —— Ægialéus fonde le royaume de Sicyone.

1950.

Ninus, successeur de Nembrod, jeta les fondemens de Ninive ; il marcha contre les Bactriens, et soumit presque tout l'Orient : il épousa Sémiramis, fille d'un de ses officiers.—— Mœris s'immortalise par la construction du fameux lac qui porta son nom.

2000. (*Sisyphe.*)

Mort de Noé, âgé de 950 ans, et naissance d'Abraham (2008). Sémiramis, prenant les habits de Ninias, son fils, règne sous son nom. Cette reine poussa ses conquêtes jusqu'aux Indes, embellit Babylone, l'orna de jardins suspendus, de quais, d'un pont sur l'Euphrate, et du fameux temple de Bélus.

2010. (*Thé.*)

Sophis, roi de Memphis, fait bâtir la plus grande des pyramides.

2020. (*Noé.*)

L'origine des loix des Egyptiens se perd dans la nuit des temps. A cette époque ce pays étoit déja civilisé ; ces vénérables restes de la grandeur égyptienne, qui semblent braver les ouvrages de la nature, attestent jusqu'à quel point de population et d'industrie ce peuple étoit parvenu. La superstition la plus bizarre défiguroit pourtant les Egyptiens si rénommés, qui alloient chercher les dieux dans toute la nature, et parmi les légumes mêmes de leurs jardins.

2030. (*Hameau.*)

Les Phéniciens, par leur navigation, leur activité et leur industrie, remplissent l'univers de leur nom.

2040. (*Roue.*)

Ninias succède à Sémiramis qu'il avoit empoisonnée, et qui fut adorée sous la forme d'une colombe. Le royaume d'Assyrie reste dans l'oubli jusqu'au temps de Sardanapale.

2060. (*Aide-de-camp.*)

Quelque faible lueur du vrai Dieu, qui s'étoit conservée parmi les peuples, est remplacée à cette époque par une grossière idolatrie qui dégrade l'espèce humaine : les brigands qui domptoient les bêtes féroces qui dévastoient la plupart des contrées, deviennent des dieux pour leur compatriotes. —— Commencement des temps fabuleux.

2070. (*Quai.*)

Aménophis s'empare de toute l'Egypte.

2080. (*Hibou.*)

Dieu ordonne à Abraham de quitter la Mésopotamie pour aller habiter dans la terre de Chanaan qu'il lui promet de donner à ses déscendans. La famine oblige ce patriarche de déscendre en Egypte, où Sara est enlevée ; il revient à Chanaan ; des quérelles s'étant suscitées entre les serviteurs d'Abraham et ceux de Lot, ils se séparent ; Lot alla habiter dans la vallée de Sodome, et son oncle dans celle de Mambre.

2090. (*Eve.*)

Lot est fait prisonnier ; Abraham soisit 318 de ses serviteurs, fonde sur les ennemis, délivre Lot ; chargé de butin, il revient sur ses pas et offre à Melchisedec, roi de Salem et prêtre du Seigneur, la dîme de son butin qu'il refuse, se contentant des prisonniers. Abraham épouse Agar qui, ayant méprisé Sara, est obligée de s'enfuir dans le désert ; un Ange la fait retourner ; elle donna le jour à Ismaël. Dieu renouvelle la promesse d'une prodigieuse déscendence à Abraham, et lui ordonne, pour marque de son alliance, de faire circoncire tous les mâles.

2100. *Tisonneur.*

Sara et Abraham étant déja vieux, trois Anges leur promettent que, dans un an, ils auroient un fils. Ces Anges prirent la route de Sodome, entrèrent chez Lot et lui ordonnèrent de sortir de la ville, car Dieu alloit la détruire. Une pluie de feu et de soufre tombe sur Sodome et Gomorrhe, et sur les pays d'alentour qu'elle convertit en un grand lac, laissant dans cette contrée ce monument éternel de la vengeance céleste. Sara, femme de Lot, est punie de sa curiosité, elle est changée en une statue de sel. Abraham passe à Gérare ; Sara est enlevée par Abimelec, Dieu le menace ; ce roi les renvoie chargés de présens. Sara âgée de 90 ans enfanta Isaac, (2108).

2110. (*Tête.*)

La jalousie de Sara oblige Abraham de chasser de chez-lui Agar et Ismaël. Ces deux exilés se trouvant dans le désert, Agar accablée de douleur avoit pris la résolution de se laisser mourir ; un Ange la console, lui promettant que son fils seroit le chef d'un grand peuple, et lui montra un puits plein d'eau qui servit à les désaltérer. Ismaël demeura dans ce désert où il devint très-adroit à tirer de l'arc.

2130. (*Tambour.*)

Dieu voulant éprouver la foi d'Abraham, lui ordonne de sacrifier Isaac ; il obéit. L'enfant, chargé du bois qui devoit servir à l'holocauste, le père, entre les mains le feu et le couteau, parviennent au sommet du Moria ; l'autel est dressé, Isaac apprend que lui même doit être la victime ; le père le lie, le place sur le bois, le glaive est élevé, une voix du Seigneur se fait entendre, qu'il se contentoit de son obéissance ; Abraham, appercevant un belier, le saisit et l'offre en holocauste au lieu de son fils. Dieu lui promet de multiplier ses déscendans comme les étoiles du ciel et comme le sable qui est sur le rivage de la mer. Sara meurt peu de temps après, âgée de 127 ans.

2140. (*Trompette.*)

Abraham envoie son serviteur en Mésopotamie demander à

Bathuel, une de ses filles, en mariage pour Isaac. Bathuel ayant obtenu Rebecca, la conduisit à son maître, et Isaac l'épousa.

2150. (*Tailleurs.*)

Inachus fonde le royaume d'Argos.

2160. (*Etude.*)

Isaac et Rebecca furent vingt ans ensemble sans avoir d'enfans ; enfin Dieu exauce leurs prières, et leur prédit que l'ainé des enfans qu'elle portoit dans le sein, seroit assujéti au plus jeune : naissance d'Esaü et de Jacob (2168). —— Les Egyptiens commencent à adorer le Dieu Apis sous la forme d'un bœuf.

2170. (*Tigre.*)

Ogygés commence à régner en Attique ou en Béotie.

2180. (*Tabouret.*)

Hébèr meurt âgé de 464 ans, et Abraham de 175. Esaü vend à son frère son droit d'ainesse pour un peu de lentilles.

2190. (*Tavernier.*)

Themosis chasse de l'Egypte les rois pasteurs, et s'assied sur le trône de ses ancêtres. —— Phoronée, père de Niobé, règne à Argos.

2220. (*Annibal.*)

Déluge d'Ogygés (2225.)

2240. (*Nourrice.*)

Isaac, devenu vieux, dit à Esaü qu'il veut le bénir : tandisque celui-ci étoit à la chasse, Rebecca lui présente Jacob à qui, par disposition de Dieu, Isaac donne sa bénédiction, et le constitue seigneur de ses frères. Jacob, fuyant la colère d'Esaü, va chez Laban ; s'étant endormi en un lieu appelé Béthel, il vit l'échelle mystérieuse.

2250. (*Neltson.*)

Jacob qui s'étoit mis au service de Laban, pour obtenir en mariage sa fille Rachel, est trompé et obligé de le servir d'autres sept années, au bout desquelles il reçut la main de Rachel, dont il eut un fils qu'il nomma Joseph (2259.)

E

2260. (*Andromède.*)

Jacob, par ordre de Dieu, quitte la maison de Laban, et Rachel en emporte les idoles de son père qui mêloit leur culte avec celui du vrai Dieu. Laban le poursuit, lui fait des reproches, et s'en retourne, après avoir juré à son gendre une amitié sincère.

2270. (*Neige.*)

Pendant que Jacob habitoit à Salem dans là Mésopotamie, Dina, curieuse de voir les fêtes de cette nation, est enlevée par Sichem, fils du roi. Les enfans de Jacob, dissimulant leur ressentiment, acceptèrent les offres du roi, et approuvèrent le mariage de Dina, à condition que les Sichimites se fairoient circoncire. Tous y consentirent, et au moment que là douleur de leurs playes étoit la plus violente, Siméon et Levi les massacrent tous. Jacob, outré de cette conduite, fit une sévère réprimande à ses enfans, partit de là et s'en alla à Béthel ; il se réconcilia avec Esaü ; Rachel et Isaac moururent peu de temps après. Joseph étant devenu odieux à ses frères à cause de ses songes mystérieux, ceux-ci le vendirent aux Ismaëlites, qui le conduisirent en Egypte, et le vendirent à Putifar ; il étoit alors à l'âge de seize ans.

2280. (*Neptune.*)

Joseph est fait surintendant de la maison de ce ministre ; obligé de s'enfuir à cause de la méchanceté de la femme de Putifar, il est mis en prison, devient gouverneur des autres prisonniers, leur explique divers songes qu'ils avoient eus, passe à expliquer ceux de Pharaon, prédit les sept années d'abondance et les sept de stérilité ; il est fait Gouverneur de toute l'Egypte, et nommé *Sauveur du monde.* —— Prométhée tire les Grecs de l'état de barbarie, ce qui a fait dire qu'il vola le feu du ciel pour en former des hommes. A cette époque les chênes de la forêt de Dodone deviennent les objets de la superstition des Grecs ; des vapeurs sorties du sein de la terre sont regardées comme sacrées ; des oracles sont rendus au nom des dieux sur un trépied placé aux lieux d'où elles s'exhaloient : chez eux les premières étincelles de l'in-

dustrie commencent à faire évanouir les épaisses ténèbres dom
ils étoient enveloppés ; les bienfaiteurs de l'humanité deviennent autant de divinités.

2290. (*Navire.*)

Les sept années d'abondance s'étant écoulées, la famine désoloit la terre : les fils de Jacob vont en Egypte y chercher
du blé ; Joseph les reconnoit, les traite comme des espions,
les fait mettre en prison pendant trois jours, et leur permet
de s'en retourner : revenant en Egypte, conduisant avec eux
Benjamin, ils présentent à Joseph l'argent qu'ils avoient trouvé
à l'entrée de leurs sacs, et lui offrent les meilleurs fruits de
leur pays. Joseph les revoyant, ne put retenir ses larmes,
les fait manger avec lui, et fait cacher de nouveau l'argent
et sa coupe dans leurs sacs : à peine sortis de la ville, ils
sont arrêtés et conduits à la présence de Joseph qui veut retenir Benjamin pour esclave. Juda lui ayant représenté que
cela fairoit mourir leur père de chagrin, à ces paroles les
larmes tombent des yeux de Joseph, et se nomme leur frère,
les interroge si son père vivoit encore, personne ne peut lui
répondre ; il les rassure et les fait partir avec ordre de ramener toute leur famille en Egypte.

2300. (*Musicien.*)

Jacob arrive en Egypte; Joseph qui étoit allé à sa rencontre, l'embrassa et le présenta à Pharaon qui l'établit avec sa
famille dans la terre de Gessen, la plus fertile de l'Egypte.

2310. (*Maréchaux.*)

Jacob sentant sa fin approcher, assembla tous ses enfans,
prédit que le sceptre ne sortiroit point de la maison de Juda,
et meurt paisiblement au milieu d'eux, âgé de 147 ans.

2360. (*Médecin.*)

Joseph mourut (2369) après avoir gouverné l'Egypte qua-
tre-vingts-ans. —— Vers ce temps vivoit Job, un des déscendans d'Esaü.

2420. (*Renard.*)

Il paroît que c'est à cette époque que vivoit Sesostris qui
rendit tributaires les Ethiopiens, fit la conquête de l'Asie

mineure, porta ses armes jusqu'au Gange, dans la Scythie et jusqu'au Tanaïs ; revint en Egypte chargé de dèpouilles et de captifs, bâtit des temples et des villes, creusa des canaux, enfin devenu aveugle se donna la mort.

2430. (*Ramoneur.*)

Les rois d'Egypte effrayés de la rapide multiplication des Israëlites, après les avoir impitoyablement persécutés, resolurent enfin d'arrêter les progrès de cette population. Ils condamnent à mort tous les enfans mâles du peuple de Dieu. Moïse est sauvé des eaux du Nil par la fille du roi, élevé dans la Cour même, et instruit dans toutes les sciences des Egyptiens (2433.)

2440. (*Arroseur.*)

Cécrops amène d'Egypte une colonie dans l'Attique, y fonde douze bourgs, dont il compose le royaume d'Athènes; il y établit, avec les loix de son pays, les dieux qu'on y adoroit ; et rassemble dans ce royaume naissant les Grecs dispersés dans les forêts.

2450. (*Arlequin.*)

Vers ce temps Scamander vint de Crète en Phrygie avec une colonie ; et Lycaon régnoit en Arcadie.

2470. (*Architecte.*)

Déluge de Deucalion dans la Thessalie ; Hellen son fils régna en Phtie, et donna son nom à la Grèce, institua le conseil des Amphyctions qui se tenoit aux Thermopyles, et qui fit de tous les Grecs dispersés un seul et même peuple.

—— Moïse, allant trouver ses frères, tue un Egyptien ; Pharaon le fait chercher pour le faire mourir, Moïse s'enfuit dans la terre de Madian.

2480. (*Robinson.*)

Lélex fonde le royaume de Lacédémone. —— Les Athéniens établissent les jeux et les fêtes Panathénéennes en honneur de Minerve. —— Dardanus règne à Troie. Sous Tros, son fils, Tantale lui enlève Ganimède.

Premier Tableau de la Géographie particulière.

Lat.	13	14	15	16	17	18	19	20	21	22	Lat.
56	Inverary.	Forfar. Perth. Dundée. La Tay.									56
55	Greenvik. La Clyde. L'Air. Glascow. - Sterling. Dumbarton.	Edimbourg. Ecosse. Dumfermlines. Dumfries.									55
54		Carlisle. Kendal. Lancastre.									54
53	Caernarvon.	Liverpool. Chester. La Mersey.	Halifax. Manchester.								53
52		Shrewsbury.	Stafford. Litchfield. Worcester.	Nottingham. Derby. Leycester. Conventry. Warwik.	Boston. Cambridge.	Norwick. Yarmouth.				Zuiderzée. Amsterdam. Leyden. - Hooen. Utrecht. La Haye. - Delft. Hollande.	52
51	Carmarthen.	Exeter.	Glocester. Bristol. Bath. La Severne. Salisbury.	Buckingham. Oxford. Winchester.	Londres. La Tamise. Windsor. Arundel.	Rochester. Cantorbery. Douvre.		Bruger, Dép. de la Lys. Ostende.	Mildebourg. Flessingue. Gand, Dép. de l'Escaut.	Roterdam. Dordrect. Bréda. Anvers, Dép. des deux Nèthes. Malines. Brabant.	51
50	Falmouth. Plimouth.		Dorchester. Weymouth. Pool.	Chichester. Newport. Portsmouth.			Dunkerque. Calais. Graveline. S.t Omer. Boulogne. Montreuil. Abbeville.	Lille, Dép. du Nord. Arras, Dép. de Calais. Béthune. Ypres. Courtrais. Flandre. Cambray.	Tournay. Mons, Dép. des Jemmapes. Valencienne.	Bruxelles, Dép. de Dyle. Namur, Dép. de Saumbre et Meuse. Charleroi. Philippeville.	50
49				Bayeux. S.t Lo, Dép. de la Manche. Cherbourg.	Le Havre de Grace, Dép. des Calvados. Lixieux. Normandie.	Dieppe. Rouen, Dép. de la Seine inférieure. Quilebœuf. Elbœuf. Louiers. Evreux, Dép. de l'Eure.	Amiens, Dép. de la Somme. Picardie. Beauvais, Dép. d'Oise. Pontoise.	S.t Quintin. Peronne. Montdidier. Noyon. Chantilly. Compiègne.	Guise. Laon, Dép. de l'Aisne. Soissons. Rheims. Château Tierry.	Charleville. Sédan. Mezières, Dép. des Ardennes. Champagne.	49
48	Brest. Cap Finisterre. Bretagne. L'Orient. Quimper.	Brieux, Dép. du Nord.	S.t Malo. Rennes, Dép. de l'Isle et Vilaine.	Granville. Fougères. Laval, Dép. de le Mayenne.	Falaise, Alençon, Dép. de l'Orne. Le Mans, Dép. de la Sarthe.	Tours, Dép. d'Indre et Loire. Tourraine. Vendôme.	S.t Cloud. Versailles, Dép. de Seine et Oise. S.t Germain. Chartres, Dép. d'Eure et Loire.	Meaux. S.t Dénis. Paris, Dép. de la Seine. Melun, Dép. de Seine et Marne. Fontainebleau. Briez.	Nogent. Troyes, Dép. de l'Aube.	Châlon, Dép. de Marne. Bar-le-Duc, Dép. de la Meuse. Vitry. Joinville. Chaumont, Dép. de la Haute Marne.	48
47		Belle-Isle. Vannes, chef-lieu du Dép. de Morbihan.		Châteaubriand. Nantes, Dép. de la Loire inférieure.	La Flèche. Angers, Dép. de Maine et Loire. Saumur.		Orléans, Dép. de la Loire. Blois, Dép. de Loire et Cher. Romorentin.	Montargis. Bourges, Dép. du Cher. Le Berry.	Auxerre, Dép. d'Yonne. Joigny. Bourgogne.	Châtillon. Dijon, Dép. de Côte d'or.	47
46				Montaign. Napoléon, Dép. de la Vendée. Fontenay. Rochelle.	Nyort, Dép. des deux Sèvres.	Poitiers, Dép. de la Vienne. Montmorillon.	Gueret, Dép. de la Creuse. La Marche. Châteauroux, Dép. de l'Indre.	Nevers, Dép. de Nièvre. S.t Amand. Moulins, Dép. de l'Allier. Bourbon.		Autun. Châlons. Macon, Dép. de Saône et Loire. Bourg en-Bresse, Dép. de l'Ain.	46
45					S.t Jean d'Angely. Angoulême, Dép. de la Charente. Saintes, Dép. de la Charente inférieure.	Limoges, Dép. de la Haute-Vienne. Périgueux, Dép. de la Dordogne.	Tulle, Dép. de Corrèze.	Clermont, Dép. de Puy de Dôme. S.t Flour. Auvergne.	Montbrisson, Dép. de la Loire. Le Puy, Dép. de la Haute Loire.	Villefranche. Lyon, Dép. du Rhône. Vienne.	45
44					Bordeaux, Dép. des Landes.	Agen, Dép. de Lot et Garonne.	Cahors, Dép. du Lot.	Aurillac, Dép. de Cantal. Rhodez, Dép. d'Aveiron.	Mendes, Dép. de Lozéros. Les Cevennes.	Avignon, Dép. de Vaucluse. Nismes, Dép. de Gard. Aries.	44
43				Bayonne. Béarn. L'Adour. Gascogne.	Mont-de-Marsan, Dép. des Landes. Pau, Dép. des Basses-Pyrénées. Tarbes, Dép. des Hautes Pyrénées. Bagnières.	Auch, Dép. du Gers.	Alby, Dép. de Turn. Toulouse, Dép. de la Haute Garonne. Carcassonne. Montauban. Lavaux. Paniers.	Beziers. Narbonne.	Montpellier, Dép. de Hérault.		43
42							Foix, Dép. d'Arriège.	Perpignan, Dép. des Pyrénées Orientales. Roussillon. Roses.			42

2490. (*Rivaux.*)

Danaüs, chassé de l'Egypte, s'empare du trône d'Argos au préjudice des descendans d'Inachus. La fable dit que ce roi maria cinquante de ses filles avec cinquante fils de son frère, et leur persuada de tuer tous leurs maris ; ce qu'elles firent, excepté Hypermnestre. —— Cérés vient à Athènes, et enseigne aux Grecs l'usage du blé ; et Triptolème parcourt la Grèce, instruisant ses habitans à cultiver la terre ; il institua les fêtes et les mystères d'Eleusis en honneur de Cérés. —— Cranaüs établit l'aréopage.

2500. (*Lazare.*)

Hercule, le Phénicien, érige un temple à Jupiter dans l'île de Thase ; c'est l'Hercule qui fila auprès d'Omphale. —— Institution des jeux et des mystères de Cibèle, de Bacchus et d'Apollon. —— Hyagnis Phrygien, père de l'infortuné Marsyas, inventa la flûte et le cistre à trois cordes. —— Oenotrius, fils de Lycaon conduit une colonie en Italie.

2510. (*Lutteurs.*)

Moïse qui s'étoit attaché au service de Jétro, prêtre de Madian, dont il avoit épousé la fille Débora, averti miraculeusement par le Ciel, quitte sa retraite et reparoît à la Cour de Pharaon ; il fait connoître, par des prodiges sans nombre, la mission divine dont il étoit chargé. Pharaon donne et révoque aussitôt l'ordre du départ des Israélites. Enfin Dieu, irrité de tant de résistance, ordonne à son peuple de faire la Pâque ; l'Ange exterminateur devoue à la mort tous les premier-nés des Egyptiens : le monarque, craignant alors pour lui même, enjoint aux Israélites de se retirer promptement ; une colonne de feu dirige leur marche pendant la nuit, et se change en une nuée bienfaisante pendant le jour ; à la voix de Moïse les eaux de l'Erytrée se divisent, et les Israélites marchent à pieds secs au milieu d'elles, Pharaon qui les poursuivoit à la tête d'une grande armée, s'y précipite, les eaux retombent et ensèvelissent toute l'armée. Les Hébreux entrent dans le désert de Sur ; à Amaraca les eaux s'adoucissent, à Horeb jaillissent du rocher ; la manne mira-

culeuse tombe du Ciel , les Amalécites sont défaits ; Dieu
même descend visiblement sur le Sinaï , et tandis qu'à la
lueur des éclairs et au bruit du tonnère Moïse reçoit de ses
mains le Décalogue , les Israëlites incostans adorent le veau
d'or. —— Cadmus avec une colonie de Phéniciens fonde la
ville de Thébes , et apprend aux Grecs 16 lettres alphabétiques.

2520. (*Lion.*)

Le tabernacle et l'Arche du Seigneur sont bientôt construits.
Les fils d'Israël murmurent contre le Seigneur , déja dégoutés de la manne , ils désirent les oignons de l'Egypte ; des
cailles tombent en abondance du Ciel. Aaron et Marie se révoltent contre Moïse , ils sont punis.

2530. (*Lampe.*)

Les Israëlites parviennent aux frontières de la Palestine ;
Moïse y envoie douze hommes pour reconnoître le pays ; ils
rapportent des fruits délicieux , mais ils décrient contre les
habitans , et les villes fortifiées ; le peuple en murmure ; et
Dieu jure que tous ceux qui étoient sortis de l'Egypte mour-
roient dans le désert , excepté Caleb et Josué. Core et Da-
than prétendent à la sacrificature , ils sont engloutis tout-vi-
vans dans le sein de la terre.

2540. (*Lorgneur.*)

Moïse dit à Aaron de frapper deux fois avec sa verge un
rocher , l'eau jaillit ; mais Dieu , offensé de leur désobéis-
sance , les assure qu'ils ne conduiroient point le peuple dans
la Terre promise. Le roi des Iduméens réfuse aux Israëlites
le passage sur ses terres , ils sont obligés de prendre un grand
détour ; ils murmurent ; Dieu leur envoie des serpens qui les
tuoient par leurs morsures brûlantes comme le feu ; ils sont
guéris en regardant le serpent d'airain que Moïse fit élever.

2550. (*Lilas.*)

Les Amorrhéens s'opposent au passage des Juifs ; il sont
tous passés au fil de l'épée ; ceux de Basan sont traités de
la même manière. Balaam envoyé par le roi des Moabites
contre eux , au lieu de malédictions , ne prononce que des

II.ᵉ Tableau de la Géographie particulière.

	23	24	25	26	27	28	29	30	31	32
53				Le Weser. - Glukstadt. Stade. - Brémen.	Hambourg. L'Elbe.					
52				Verden. Lubeck. Minden.	Hanovre. - Zell. Hildesheim. Hamelin.					
51	Arnheim. - Nimègue. Bois-le-Duc. Clèves. Ruremonde.	Dewenter. Wesel. Dusseldorf.	Westphalie. Osnabruk. Munster.	Paderborn.	Gotingen. Cassel. Allerdorf. La Leine.	Goslar. Thuringe. Erfort.				
50	Maestrict, Dép. de la Meuse inférieure. Aix-la-Chapelle, Dép. de la Roër. Spa. - Liège.	Juliers. Cologne. Bonn.	Coblentz, Dép. de Rhin et Moselle. Nassau.	Giessen. Wetzlar. Hauau. Francfort. Le Mein.	Fulde. Saxe. Schweinfurt.	Weimar. Gotha. Cobourg.	Jéna. Egra. L'Exter. La Saale.			
49	Luxembourg, Dép. des Forêts. Thionville. Metz, Dép. de la Meuse.	Tréves, Dép. de la Sarthe.	Mayence, Dép. de Mont-Tonnerre. Deux-Ponts. Landan.	Darmstadt. Worms. Spire. Manheim. Philisbourg.	Wurtzbourg. Rotenbourg.	Bamberg. Nuremberg. Anspach. Franconie.	Bareuth. Amberg. Ratisbonne.			
48	Nancy, Dép. de Meurthe. Toul. Neufchâteau. Mirecourt. Lorraine.	Luneville. St Diez. Bruière. Epinal, Dép. des Vosges. Remiremont.	Strasbourg, Dép. du Bas-Rhin. Brisac. Fortlouis. Colmar, Dép. du Haut-Rhin.	Wurtemberg. Tubingen. Stutgard. Souabe.	Ulm. Biberach. L'Iller. Meiningen.	Donawert. Mindelheim. Ausbourg.	Ingolstadt. Landshut. Freysing. Munich. Bavière. L'Inn.		Passau. Lintz.	
47	Langres. Vezoul, Dép. de la Haute-Saône. Besançon, Départ. du Doubs. Franche-Comté.	Montbelliard. Bienne. Neuchâtel.	Forêt-Noire. Basle. Baden. Araw. Soleure. L'Aar.	Schaffouse. Constance. Eglisseau. St Gal. Zurig. Zug.	Kempten. Lindau. Appenzel. Vallenstadt.		Hall. Inspruk.	Salzbourg. La Salza.	Radstadt.	
46	Poligny. Lons-le-Saunier, Dép. de Jura. Génève, Dép. de Léman.	Fribourg. Lausanne. Thonon. Bonneville. Cluse. Pays de Vaud.	Lucerne. Monts Grimpsel. Gemmi. Simplon. Fourche. Rose. Sion.	Schewitz. Glaris. Altorf. Pout-du-Diable. Val de Maggia. Belinzona. Mont St Gothard. Alpes Rétiennes.	Coire. Grisons. Valtulina.	Bolzen. Trente. Tirol.	Brixen. Bellune. Cadore. Feltre. La Piave.	Udine. Campo-Formio. Friuli. Le Tagliamento.	Goritz. Gradisca.	Clagenfourt. Laybach. Carniole. Carinthie. La Drave.
45	Anecy. Belley. Chambery, Dép. du Mont-Blanc. Grenoble, Dép. d'Isère. Savoie. Dauphiné.	Grand et petit St Bernard. Moutiers. St Jean de Maurienne. Exilles. Suse. Mont-Cenis. Alpes Graïennes.	Aoste. Ivrée. Biella. La Sésia. Vercell.	Lugano. Como. Isles Boromées. Lacs Majeur et Lecco. Monza. Milan. - Pavie. Novara. Casal.	Lac Iseo. Bergame. Brescia. - Crema. L'Adda. - Lodi. Pizzighetone. Castiglione. Crémone. Plaisance.	Lac de Garda. Peschiera. Vérone. L'Adige. Arcoli. Mantoue. Andes. Le Mincio.	Tréviso. Bassano. Vicence. La Brenta. Padoue. - Tione. Este. Chiozza. Adria.	Vénise.	Aquilée. Trieste. Capo d'Istria. Citta-Nova. Pola.	
44	Gap, Dép. des Hautes-Alpes. Digne, Dép. des Basses-Alpes.	Fenestrelles. Briançon. Mont-Dauphin. Embrun. Barcelonette. Alpes Cotiennes.	Turin. - Rivoli. Carignan. - Chieri. Asti. - Pignerol. Alba. - Bra. Saluces. - Fossano. Sevigliano. - Mondovi. Cherasco. - Ceva. Tenda. Coni, Dép. de la Stura.	Tortone. Marengo. Alexandrie. Le Tanaro. Aqui. Gênes. Savone, Dép. de Montenotte. Les Apennins.	Parme. Culorno. Val di Taro. Sarzana. Massa. Carrara. Porto Venere. Golfo della Spezia.	Guastalla. Mirandole. Reggio. Bologne. Modène. La Secchia. Le Panaro. Pistoja.	Ferrare. Commachio. Ravenne. Imola. Fuenza. Forli. Césène.	Rimini. Le Rubicon.		
43	Apt. Riez. - Aix. Marseille, Dép. des Bouches-du-Rhône. Toulon. Provence. Isles d'Hières.	Grasse. Draguignan, Dép. du Var. Antibe. Fréjus.	Oneille. - Portomorizio. Vintimille. Villefranche. Nice, Dép. des Alpes Maritimes. Monaco.			Florence. - L'Agno. Toscane. Pratolino. Luques. - Prato. Pise. - Colle. Volterra. Livourne.	Vallombrosa. Arezzo. Poggio. Sienne. Cortone. Perugia. Lac Trasimène.	Urbin. - Fano. St Marin. Sinigaglia. Fossombrone. Le Métaure. Macerata. Nocera. - Assisi.	Ancone. Lorète. Fermo.	
42						Portolongone. L'Elba. Portoferrajo. Etats des Présides. Piombino. Orbitello.	Viterbe. - Orviete. Aquapendente. Civita-Vecchia. Braciano. Lac Bolsena. Patrimoine de St Pierre.	Foligno. Todi. Spolète. Terni. - Nirni. Rieti. - Magliano. Le Vellino.	Ascoli. Pescara. Aquila. Le Tronto. Solmone.	
41								Tivoli. - Le Tévérone. Rome. - Le Tibre. Palestrina. Albano. - Anagni. Frascati. Castel Gandolfo. Terracine. - Ostia.	Abruzze. Monte Cassino. Calvi. Capoue. Aquino. - Arpino. Celano. - Le Volturno. Gaète. - Caserta.	Molise. Bénévent.
40									Isle d'Ischia. - Naples. Le Vésuve. - Pozzuolo. Pompeja. - Portici. Herculanum. - Come. Pausilippe. - Baye. Montenovo. Lacs Agnano, Lucrin.	Cunza. Amalfi. Salerne.

bénédictions. Moïse après 40 ans de demeure dans le désert, choisit Josué pour son successeur , monte sur la montagne de Nébo , et après avoir considéré les fertiles contrées de Chanaan , s'endormit dans le sein de l'Eternel à l'âge de 120 ans . Josué fait marcher l'armée contre Jéricho , l'arche du Seigneur à la tête ; le Jourdain rébrauche chemin , les murailles de Jéricho s'écroulent au son des trompettes , la ville est prise , tous les habitans sont passés au fil de l'épée , excepté Rahab et sa famille.

2560. (*Lady-Charlotte.*)

Les Gabaonites et les Chananéens marchent. contre les Israëlites ; une grêle de pierres tombe sur eux , le soleil s'arrête aux ordres du ministre du Tout-Puissant, pour éclairer la défaite et le massacre de cinq rois Chananéens et de leur armée : les Juifs restent maîtres de leur pays , et Josué le divisa en douze tribus.

2570. (*Laquai.*)

Josué ayant exhorté le peuple à rester fidèle au Seigneur, finit sa carrière et mourut en paix. Après lui les Israëlites furent gouvernés par des juges choisis parmi le peuple jusqu'à Saül. —— A cette époque un grand nombre de Phéniciens et de Chananéens vont successivement s'établir en Asie , en Afrique et en d'autres pays de l'Europe. —— Bacchus est élevé au rang des Dieux.

2580. (*Loup.*)

Othoniel est le premier juge qui gouverna pendant 40 ans les Israëlites , et les délivra plusieurs fois de leur captivité. —— Minos , célèbre par ses loix et sa justice , règne en Crète. Sous lui les Dactiles, par l'embrasement du mont Ida, trouvèrent le fer.

2620. (*Diane.*)

Les Juifs retombent dans l'idolatrie ; ils sont reduits en captivité par les Moabites , et délivrés par le vaillant Aod , qui les gouverna durant l'espace de quatre-vingt-ans.

2630. (*Démocrite.*)

Vers ce temps Eumolpus fait paroître son poëme sur l'enlèvement de Proserpine. —— Sisyphe règne à Corinthe : il institua les jeux isthmiques. —— Apollon vient s'établir à Delphes.

2680. (*Dépaveur.*)

Pelops règne dans le Péloponnèse, et lui donne son nom.

2690. (*David.*)

Persée, fils de Danaë, tue les Gorgones, délivre Andromède ; à son retour, il tue par mégarde Acrisius roi d'Argos, lui succède, transporte le trône à Mycène, où ayant tué Electrion, son oncle, s'enfuit à Thèbes. —— Sous Pandion, roi d'Athènes furent institués les combats gymnastiques, et commencèrent les sacrifices humains dans la Grèce.

2700. (*Chasseur.*)

Janus et Saturne-Albain font fleurir l'âge d'or en Italie. Pic est le premier des rois latins qui aie régné dans le Latium. —— Linus, Musée et Orphée vivoient vers ce temps.

2710. (*Château.*)

Débora et Barac défont Sisara, général de Jabin, et délivrent les Juifs. Jaël enfonça un grand clou dans la tête de ce général, assoupi de lassitude. Noëmi, obligée par la famine de passer de Bethlem dans le pays des Madianites, fait épouser à ses deux fils deux filles de cette contrée : ces fils étant morts, Noëmi s'en retourne dans sa patrie ; Ruth, sa belle-fille, la suivit, résolue d'adorer le vrai Dieu. Ruth allant glaner dans le champ de Booz son parent, et s'en trouvant fort bien, y revint plusieurs fois, et enfin elle l'épousa.

2720. (*Chinois.*)

Sous Egée, roi d'Athènes, vivoit Hercule, le Grec, qui purgea la terre des brigands et des bêtes féroces qui la désoloient. —— Expédition des Argonautes sous la conduite de Jason. —— Pélops, par son mariage avec Hippodamie, étant devenu maître du royaume d'Argos, eut d'elle deux fils, Atrée et Thyeste, qui se rendirent si fameux par leur barbarie et leur haine mutuelle.

2730. (*Chameau.*)

Ninus, fils de Bel, fonde le second empire des Assyriens.

ropont.
bée.
cis.
usis.
Leucade.
Céphalonie.
Zante.
Théaki.
Les Cyclades.
Paros.
Antiparos.
Céos.
Délos.
Sériphe. - Tine.
37
36
41
42

III.ᵉ Tableau de la Géographie particulière.

	33	34	35	36	37	38	39	40	41	Lat.
		Troppau. - Austerlitz. Olmütz. - Kremsir. Moravie.								49
	Touln. - Vienne. Pruck. - Autriche. Danube.	Léopoldstadt. Presbourg. Hongrie.		Cremnitz. Schemnitz.						48
Raab. La Muer.	Neustadt.	Javarin. La Raab.	Vesprin. Albe-Royale.	Bude. Pest.						47
Zagrab. Cilley. La Save.	Peteau. Watasdin.									46
Carlestadt. Croatie.	Sissek. Pétrinia.	Esclavonie. Posséga. Gradisca - Banja Luka.			Peter-Waradin. Belgrade. Temeswar.					45
Zara. Schénico. Dalmatie.							Passarowitz.			44
			Bosnaserai. Busnie. Mostar.			Nissa. Servie.	Widin. Valachie.		Ternova. - Nicopoli. Philippoli. Mont Hoemus.	43
			Raguse. Cataro. Dulcigno.	Albanie. Scutari. Durazzo.			Thrace. Bulgarie. Sophie.			42
Manfrédonia. Ascoli. Cannes. - Pouille.	Trani. Bitonto. Bari.			Apollonie. Valona. - Illyrie. Mont Acroceraunium.						41
Venose. Policastro. Basilicate.		Brindes. Tarente. Lecce. - Otrante.					Pella. - Macédoine. Comtessa. Golfe de Salonique.			40
	Cosenza. Catanzaro. Crotone. Calabre.			Corfou. Isle de Calypso.	Butrinto. Ambracie. Actium. L'Achéron. Le Cocytus. Lac d'Achéruse. Forêt de Dudone.		Thessalie. - Pharsalle. Larisse. Thermopiles. Le Penée. Monts Pélion, Ossa, Olympe. Val de Tempée.	Olinthe. Putidée.		39
Reggio. Faro. Messina. Isle de Lipari.				Leucade. Céphalonie. Zante. Theaki.	Lépante. Belvedere. Achaïe. Etolie.	Delphes. - Parnasse. Aulis. - Castalie. Guide. - Helicon. Platée. - Hippocrène. Coronée. - Cithéron. Corinthe. - Oeta. L'Asopus. - Le Céphise. Le Permesse.	Thèbes. - Négropont. Eleuthère. - Eubée. Orope. - Chalcis. Mégare. - Eleusis. Tanagra. Marathon. Athènes. Salamine.		38
					Arcadie. Longanico. Olympie. L'Erimanthe. Messène. Coron. - Modon.	Argos. - Némée. Mantinée. - Tripolizza. Mycène. - Napoli. Sparte. - Misistra. Lerne. - Pamisus. Eurotas. - Ténare.		Les Cyclades. Paros. Antiparos. Céos. Délos. Sériphe. - Tine.	37
							Epidaurus. Morée. Cérigo ou Cithère.			36

—— Eurysthée roi d'Argos, jaloux de la réputation d'Hercule, l'obligea de tenter des dangéreux exploits ; le l'éros, étant sorti vainqueur de toutes ces épreuves, déclara la guerre à ses enfans, et les chassa du Péloponnèse. —— Laïus roi de Thèbes fait exposer Oedipe dans un désert, parceque l'oracle lui avoit prédit qu'il seroit mis à mort par cet enfant.

2740. (*Charon.*)

Laomédon bâtit les murailles de Troie des trésors de Neptune et d'Apollon, c'est-à-dire des trésors enlevés dans leurs temples ; Hercule le tua, et mit à sa place Priam. —— Thésée marchant sur les traces d'Hercule, dompte les brigands et les monstres qui ravageoient l'Attique, tue le taureau de Marathon ; affranchit les Athéniens du tribut des enfans qu'ils étoient obligés d'envoyer tous les ans à Crète ; établit le tribunal du Prytanée ; réunit les 12 cantons de l'Attique, et introduit dans Athènes le gouvernement populaire ; Lycomède le précipita d'un rocher. —— Evandre conduit une colonie d'Arcadiens en Italie. —— Atrée et Tieste règnent à Mycènes.

2750. (*Colonne.*)

Gédéon saisi de l'esprit de Dieu, avec trois cents hommes défait une armée de cent-trente-cinq mille Madianites par le seul bruit des trompettes et par l'éclat des lampes ; affermit le bonheur de sa nation pendant quarante ans qu'il la gouverna. —— Oedipe tue son père Laïus sans le connoître. Crèon s'empare du trône de Thèbes et offre la main de Jocaste, et le trône à celui qui délivreroit les Thébains du sphinx qui les affligeoit. Oedipe tue le monstre, et épouse Jocaste, sans savoir qu'elle étoit sa mère.

2760. (*Caducée.*)

Abimélec, à la mort de son père Gédéon, fait massacrer ses fréres au nombre de 70, exerce un pouvoir tyrannique sur Israël ; il est écrasé sous une pierre qu'une femme fit tomber sur lui.

2770. (*Coq.*)

Thola est établi chef de tout Israël. —— Polynice, fils d'Oedipe, s'échappe de la Cour et se retire à Argos ; à la

mort de son père il revient, et convient avec son frère Etéocle que chacun d'eux régneroit à son tour pendant un an.
Etéocle régna le premier, et ne voulut pas céder le trône.
Polynice indigné de cette perfidie, arme ses amis et marche
contre sa patrie ; les deux frères, après une guerre longue
et sanglante, convinrent de mettre fin aux hostilités par un
combat singulier, dans lequel ils s'entretuèrent. Dans cette
guerre, Capanée un des sept chefs qui marchèrent contre
Thèbes parvint à mésurer la hauteur des tours par le moyen
des ombres. Tous ces chefs périrent dans une bataille à l'exception d'Adraste roi d'Argos.

2780. (*Chapeau.*)

Jaïr gouverne les Israëlites, qui adorent les idoles de Baal
et d'Astharoth, et qui sont livrés entre les mains des Philistins et des Ammonites. —— Institution des jeux olympiques et des Néméens.

2790. (*Cavalier.*)

Pâris, fils de Priam, enlève Hélène, femme de Ménélaüs
roi de Lacédémone.

(2800. *Bosquet.*)

A la mort de Faunus, Latinus lui succeda dans le royaume du Latium.

2810. (*Bottier.*)

Jephte délivre les Juifs de leur captivité : le voeu indiscret
qu'il avoit formé d'offrir en holocauste au Seigreur le premier objet qu'il rencontreroit en rentrant chez lui, rendit
amers au vainqueur les fruits de sa victoire. Cet holocauste
fut sa propre fille, trop empressée à le féliciter. — Les
Grecs ayant demandé aux Troyens qu'on leur rendît Héléne;
sur le refus, toute la Grèce arme contre les Troyens. Agamemnon sacrifie en Aulide sa propre fille Iphigénie.

2820. (*Pandore.*)

Troje, après un siège de dix années, est prise et brûlée. Les
Troyens fugitifs vont s'établir ailleurs; Enée aborde en Italie, il épouse Lavinia fille de Latinus roi du Latium à qui
il succède. —— Palamède ajoute quatre lettres à l'alphabet

grec. —— Les princes grecs, de retour dans leur patrie, éprouvèrent une foule de désastres. Diomède roi d'Etolie fut forcé de se retirer en Italie. Agamemnon périt dans son palais par les embuches de Clytemnestre et du perfide Egiste à qui il avait confié sa femme et ses trois enfans, et qui s'étoit emparé de l'autorité souveraine.

2830. (*Pomone.*)

Abésan, et Abdon gouvernent successivement les Israélites qui, à la mort du dernier, furent livrés entre les mains des Philistins.

2840. (*Bergers.*)

Héli commence à gouverner les Israélites. Naissance de Samson et de Samuel (2848.)

2850. (*Pallas.*)

Oreste qu'Electre avoit sauvé à la cour de Strophius en Phocide, retourne à Mycène en compagnie du jeune Pylade avec qui il s'étoit lié d'une étroite amitié; il massacre Egiste et sa propre mère, et se met en possession des royaumes d'Argos et de Mycène, auxquels joignit encore celui de Sparte, après avoir épousé Hermione fille de Ménélas. Les Furies, qui agitoient son coeur; ses voyages, le combat généreux des deux amis qui veulent mourir l'un pour l'autre, ce sont des faits que la poësie a ornés de tous ses charmes. —— Ascagne, successeur d'Enée, fonde le royaume d'Albe. —— Erostrate brûle le superbe temple de Diane à Ephèse.

2860. (*Bedeau.*)

Samson agé de 19 ans déchire en pièces un lion; il prend par ordre de Dieu la défense des Israélites, ravage les vignes et les champs des Philistins, par le moyen de 300 renards qu'il lia deux à deux par la queue, en y attachant des flambeaux allumés. —— Les Thébains partagent l'administration entre plusieurs citoyens, et instituent la première république qu'on aie vue parmi les Grecs. —— Etablissement des jeux Licéens en Arcadie. —— Sylvius règne dans le Latium.

2870. (*Pêcheur.*)

Samson va se cacher dans une caverne, il est lié par les Juifs et remis entre les mains des Philistins ; il rompt, comme du fil, les grosses cordes dont on l'avoit lié, et avec une machoire d'âne qu'il trouva dans ce moment, il tue mille Philistins : Dieu fit couler de cette machoire de l'eau pour le désaltérer et lui rendre ses forces. Samson entre ensuite dans la ville de Gaza, les portes en sont fermées, s'étant lévé sur le minuit, il les charge sur ses épaules et les porte sur la montagne voisine.

2880. (*Papillons.*)

Samson épouse Dalila ; il se laisse séduire par les charmes de cette Philistienne qui lui coupe les cheveux ; il est arrêté ; chargé de chaînes, mis en prison, et condamné, après qu'on lui eut crevé les yeux, à faire tourner la meule d' un moulin. Samson est conduit dans une salle du Dieu Dagon, pour servir de jouet aux Philistins qui y célébroient une grande fête en honneur de ce grand Dieu ; il se fait approcher des colonnes qui soutenoient l' édifice ; les secoue de toutes ses forces, la salle tombe et écrase lui même avec trois mille Philistins. Héli est puni de sa négligence à réprendre les désordres de ses enfans : en apprenant leur mort, et la prise de l'Arche, il tombe de son siège, se casse la tête et perd la vie. —— Ænéas Sylvius succède à son père dans le royaume du Latium.

2890. (*Bouvier.*)

Les Philistins renvoient l'Arche pour éviter tous les maux qu'elle leur causoit tous les jours. Samuel gouverne les Israélites pendant 21 ans. —— Les Héraclides reviennent dans le Péloponnèse, chassent de Sparte Tisamène, dernier déscendant de Lélex, et placent sur son trône Aristodème, qui le légua à ses deux fils Eurysthène et Proclés. Les Pélopides vaincus vont fonder des colonies dans l'Asie mineure, en Sicile et en Italie. Téménus règne à Argos, Cresphonte à Méssène, et Oxilcs chef des Héraclides, a pour sa part l'Elide.

2900. (*Vase.*)

Les Juifs demandent à Samuel un roi ; Saül est consacré premier roi des Juifs. (2909.)

2910. (*Vautour.*)

Saül triomphe des Ammonites et des Philistins , il épargne Agag , roi des Amalécites , et la meilleure partie du butin , contre l'ordre de Dieu ; Samuel le lui réproche et tue Agag.

—— Les Héraclides font la guerre aux Athéniens ; Codrus leur Roi se devoue pour le salut de sa patrie. La royauté est abolie à Athènes , des archontes perpétuels sont établis ; Médon , fils de Codrus fut un des premiers.

2920. (*Fontaine.*)

Saül est réprouvé, et David sacré à Bethléem. —— Nélée , frère de Médon , pour se soustraire à sa domination , passe avec une colonie d'Ioniens dans l'Asie mineure , et s'etablit à Milet.

2930. (*Fumeur.*)

Un esprit d'aveuglement et de vertige s'étant emparé de Saül, David est mandé à la Cour pour jouer de la harpe en présence du roi , et le soulager. Goliath d'une taille gigantesque sort du camp des Philistins et vient défier les Israélites , le jeune David marche à lui , la fronde à la main , le frappe au milieu du front et le terrasse. Saül reste vainqueur par la main d'un berger : il retombe dans ses fureurs , et David voulant les calmer risque plus d'une fois d'en être la victime ; il est obligé de chercher ailleurs un asile

2940. (*Furie.*)

David , toujours poursuivi , respecte son souverain et dans le désert d'Engaddi et dans celui de Ziph. Saül fait tuer le Grand-Prêtre Achimelech qui avoit donné du secours à David ; fait massacrer 85 Prêtres , et passer au fil de l'épée tous les habitans de Nobé , jusqu'aux enfans qui étoient à la mammelle. Saül , superstitieux et indévot tout à la fois , va consulter une Pythonisse , et l'ombre de Samuel lui apparut en effet et lui annonça les vengeances célestes , lui prédisant que dès le lendemain il seroit avec lui : l'oracle s'accomplit. Saül est défait par les Philistins sur le mont de Gelboé ; ses trois fils périssent par leur fer ; Saül blessé dangereusement finit par se tuer lui-même.

2950. (*Fileuse.*)

David est sacré roi dans Hébron à l'âge de 30 ans, et reconnu par la Tribu de Juda. Abner, général de Saül, fait régner Isboseth sur dix tribus ; il est tué cinq ans après, et David est reconnu roi par tout Israël : il fait alliance avec Hiram roi de Tyr, il danse au devant de l'Arche qui est transportée dans Sion ; il est méprisé par sa femme Michol. Il s'applique à la construction d'un magnifique palais ; il forme le projet de construire un temple à la gloire du Tout-Puissant, il est prévenu que cet honneur étoit réservé à Salomon.

2960. (*Foudre.*)

David remporte des victoires sur les Philistins, assujetit les Moabites, défait les Syriens, met une garnison dans Damas, et dompte les Iduméens et les Ammonites. Devenu amoureux de Bethsabée, il fait mourir Urie son époux, et lui donne sa main.

2970. (*Vaches.*)

Natan reproche à David sa faute ; et le roi accepte tous les maux que le prophète lui prédit. Absalon fait mourir son frère Amnon, et David est forcé de se retirer de Jérusalem. —— Alba succède à son père Latinus.

2980. (*Phœbus.*)

Absalon fuyant du combat, est pris les cheveux à un chêne ; Joab lui perce le cœur : Seba, soulevé contre son souverain, a la tête coupée. David fait le dénombrement de son peuple par un mouvement de vanité ; Dieu afflige son royaume de la peste.

2990. (*Veuve.*)

David nomme pour son successeur Salomon qu'il eut de Bethsabée, et le fait proclamer roi d'Israël, pour rompre les projets d'Adonias qui aspiroit ouvertement à la couronne. Ce roi pénitent mourut, laissant des poésies qui s'éternisent d'âges en âges et qui retentissent journellement sous la voûte sacrée de nos temples ; sous lui et sous le règne de son fils, la poésie hébraïque a été portée à la plus haute perfection. Salomon lui succédant, hérita de sa puissance ainsi que de sa gloire. Il épouse Sulamite fille de Pharaon; il demande et obtient de Dieu la sagesse, dont il s'en servit pour faire le bonheur de son peuple; son jugement dans la cause difficile à éclaircir des deux mères, remplit d'admiration tout Israël. Tous les préparatifs étant faits, il commença à bâtir le temple du Seigneur.

3000. (*Sisyphe.*)

Après sept années de travaux, le temple fut achevé. Les peintures, les sculptures, les vases et les ornemens, tout étoit digne de la majesté du Dieu qu'on adoroit. Le monarque en célébra la dédicace avec une magnificence qui convenoit à une pareille solennité. La nuée éclatante qui se repandit autour de l'Arche dans le saint des saints manifestoit clairement la présence de l'Eternel. Il bâtit ensuite trois magnifiques palais, dont l'un étoit pour lui, l'autre pour Sulamite, et le troisième commun à l'un et à l'autre.

3010. (*Thé.*)

Salomon étend ses conquêtes jusqu'à l'Euphrate ; il équippe une flotte à frais communs avec le roi Hiram, pour aller ne-gocier à Tharsis et à Ophir. La reine de Saba attirée par tout ce qu'on lui avoit raconté de sa sagesse vint des extremités méridionales de l'Arabie pour l'écouter, et lui présenta une quantité prodigieuse de pierres précieuses, et de parfums les plus exquis.

3020. (*Noé.*)

Salomon, dans sa vieillesse, se laisse corrompre par l'amour des femmes qui finirent par l'entraîner à l'idolâtrie. Jéroboam lève contre son père l'étendard de la révolte, des princes puissans troublent son repos. Ce roi mourut à l'âge de 62 ans, sans qu'on puisse savoir s'il se convertit au Seigneur. Roboam son fils régna à sa place.

3030. (*Hameau.*)

Jéroboam, profitant du mécontentement des peuples, causé par l'avarice et les vices de Roboam son frère, fait révolter dix tribus ; deux seules, celles de Juda et de Lévi, restent fidèles à leur roi et à la religion de leurs pères ; Jérusalem en fut la capitale ; et Samarie devint dans la suite le siège du royaume d'Israël. Il y eut aussi deux temples·, celui de Samarie fuma du sang de victimes humaines, et de l'encens qu'on brûloit en l'honneur des faux dieux : les hauts lieux , les sacrilèges bosquets formèrent les délices du peuple d'Israël. Jésac, roi d'Egypte , se rendit maître de Jéruralem , et s'en retourna chargé de riches dépouilles.

3040. (*Roue.*)

Asa fils et successeur d'Abia dans le royaume de Juda, détruit les temples et les autels des faux dieux ; et le Seigneur lui donne un long règne et la paix avec ses voisins, après qu'il eut détruit l'armée de Zara roi d'Ethiopie.

3050. (*Elie.*)

Baasa fait assassiner son roi Nadab, se rend maître du trône d'Israël , et marche sur la voie de l'impie Jéroboam.

3060. (*Aide-de-camp.*)

Les Rhodiens commencent à devenir maîtres de la mer; ils font des règlemens sur le commerce maritime que dans la suite les Romains inscrivirent dans leurs Pandectes.

3070. (*Quai.*)

Zambri , général de la cavalerie de Baasa , se révolte contre son roi, en extermine toute la maison , et usurpe la couronné. Amri, autre général de l'armée des Israélites , se fait nommer roi , va assiéger Zambri qui se brûle dans son palais.

3080. (*Hibou.*)

Josaphat règne sur Juda , et fait fleurir dans ses états la justice et la religion. —— Tiberinus, roi des Latins , ayant été battu près de l'Albula, se noya dans le fleuve, que l'on appela depuis Tibre.

3090. (*Eve.*)

Achab succède à Amri ; il épouse Jézabel , princesse idolâtre, et bâtit dans Samarie un temple au dieu Baal. Elie vient lui prédire la sécheresse , et se retire sur le bord du torrent de Carith. Deux courbeaux lui apportent du pain et de la chair : le torrent étant devenu sec, il passe à Sarepta, multiplie la farine et l'huile de la veuve chez qui il logeoit, et résuscite son fils. —— Vers ce temps Hésiode et Homère tirent de la nature et de la fable les plus heureuses fictions poëtiques, et ennoblissent la langue grecque.

3100. (*Tisonneur.*)

Jézabel, irritée de la sécheresse, fait massacrer tous les prophètes du Seigneur, qu'elle peut trouver. Elie se présente à Achab et le défie à faire assembler sur le Carmel tous les prophètes de Baal, pour voir de quel côté étoit la vraie réligion. Un feu du ciel tombe sur l'holocauste d'Elie, et le dévore, tous les prophètes de Baal au nombre de 450 sont égorgés. Elie fait tomber alors la pluie, et se retire dans une caverne du mont Sinaï. Après quelque temps, Dieu le rappelle dans le royaume d'Israël; il se fait accompagner par Elisée, et se présente à la cour d'Achab; lui réproche la mort de Naboth qu'il avoit fait mourir avec ses enfans, pour s'emparer de sa vigne, et lui prédit tous les malheurs qui devoient arriver à sa maison. Achab, faisant la guerre au roi de Syrie, est tué par une flèche. Ochozias, son fils, hérita son impiété ainsi que son règne, il tomba de la fenêtre de son palais et mourut. Elie est emporté au ciel dans un char de feu : Elisée reçut le double esprit de ce prophète. Joram roi d'Israël fait alliance avec Josaphat; ils marchent contre les Moabites, et taillent en pièces leur armée.

3110. (*Tête.*)

Elisée frappe les eaux du Jordain, qui se partagent pour qu'il puisse traverser le fleuve; il jette du sel dans une fontaine de Jericho, et les eaux, de mauvaises qu'elles étoient, deviennent potables : s'approchant de Béthel, les enfans de cette ville se moquèrent de lui parcequ'il étoit chauve; quarante-deux sont déchirés par des ours; Elisée multiplie l'huile de la veuve de Sunam; guérit de la lèpre Naaman, général de l'armée de Syrie. Joram, roi de Juda, fait massacrer tous ses frères; il imite l'impiété d'Achab dont il avoit épousé la fille Athalie; et engage par son exemple les habitans de Jérusalem dans l'idolâtrie. Les Arabes et les Philistins ravagent

F.

son royaume, et emmènent en captivité la plupart de ses femmes et de ses enfans, qui furent ensuite massacrés. Ce prince impie mourut après avoir souffert de grandes douleurs. Ochozias, son fils, lui succéda. Bénadad, roi de Syrie, reduit Samarie à une si épouvantable famine, que deux mères se nourrirent de la chair de leurs enfans, pour éviter la mort. Dieu ayant fait entendre aux Syriens un bruit de chariots, de chevaux et d'une armée innombrable, ceux-ci prirent la fuite, abandonnant tout ce qui étoit dans leur camp. —— Lycurgue, fils d'Eunome, étant resté seul roi de Sparte, abandonne le gouvernement à son neveu Charilaüs ; quitte sa patrie, et se met à voyager afin de s'instruire. —— Pygmalion règne à Tyr.

2120. (*Tantale.*)

Ochozias et Joram périssent le même jour. Jéhu usurpe le sceptre d'Israël, fait exterminer 70 enfans d'Achab, et fouler aux pieds des chevaux l'orgueilleuse Jésabel. Athalie animée par l'ambition autant que par la vengeance, crut envelopper dans un massacre général tous les déscendans de David, sans épargner même ses propres enfans. Joas, unique rejeton du saint roi, échappe au fer des assassins ; il est élevé sécrètement dans le temple sous la tutèle du grand prêtre Joad. —— L'anarchie désole les Spartiates ; Lycurgue est invité y venir porter un remède ; il commence par obliger les riches à la division de leurs terres, et tout le peuple à vivre en communauté ; établit un équilibre entre le roi, le Sénat et le peuple ; prive les parens de l'éducation de leurs enfans, les maîtres du soin de cultiver leurs champs ; bannit de la république tous les arts d'agrément, autorise le vol, l'infanticide, outrage la pudeur, transforme l'inhumanité en vertu, et la férocité en héroïsme. —— Didon jette les fondemens de Carthage.

3130. (*Tambour.*)

Joas reconnu roi, venge, par la mort d'Athalie, les victimes que cette reine criminelle avoit immolées. Les premières années de son royaume furent agréables au Seigneur. —— Lycurgue s'éxile volontairement de Sparte, disant qu'il alloit consulter l'oracle pour savoir s'il n'y avoit rien à adoucir dans ses loix: il se retira à Crète, et se laissa mourir de faim, pour obliger ses concytoyens à garder le serment qu'ils avoient fait, de garder ses loix jusqu'à son retour. —— Phidon, roi d'Argos, invente la balance, et fait frapper à Egine de la Monnoie d'argent.

3140. (*Trompette.*)

Joachaz succède à son père Jéhu sur le trône d'Israël, et renouvelle toutes les impiétés de Jéroboam. —— Aventinus règne dans le Latium.

3150. (*Tailleurs.*)

Joas devient ingrat et idolâtre ; il fait lapider dans le temple le grand Prêtre Zacharie, fils de son libérateur : deux officiers le tuèrent dans son lit. Hazaël, roi de Syrie, qui avoit pillé Jérusalem et tué plusieurs grands du royaume, tourne ses armes contre Joachaz, taille en pièces ses armées, brûle les places fortes, fait passer les jeunes hommes au fil de l'épée; et Israël resta dans l'oppression.

3160. (*Etude.*)

Amasias monte sur le trône de Juda ; il commence son règne, faisant ce qui étoit agréable au Seigneur, et triomphe des Iduméens.

3170. (*Tigre.*)

Amasias est vaincu par Joas, roi d'Israël, qu'il avoit attaqué; Jérusalem est prise, et le temple pillé. —— Les Lacédémoniens sous Charilaüs portent la guerre dans l'Arcadie ; ils sont défaits ; leur roi est fait prisonnier et relâché. —— Aristodème règne à Corinthe.

3180. (*Tabouret.*)

Amasias est tué dans une conspiration: Ozias, son successeur, tant qu'il chercha le Seigneur, réussit dans ses entreprises; mais ayant voulu toucher à l'encensoir, il fut frappé de la lèpre qu'il porta jusqu'au tombeau. Le royaume d'Israël, abattu par les victoires des Syriens et par les guerres civiles, réprend ses forces sous Jéroboam II. —— Aventinus est inhumé sur une montagne qui fut appelée le mont Aventin.

Procas lui succéda. —— Sardanapale qui régnoit en Assyrie, enséveli dans son palais, habillé en femme, livré à des concubines, ne s'occupant que de parfums, d'alimens et de breuvages les plus recherchés, est assiégé dans sa capitale par Arbacés, préfet de la Médie, et Bélésis prêtre de Babylone : ses ennemis s'en étant emparés, il se précipita du trône sur un bûcher. Les révoltés se divisèrent le royaume; mais on ignore leurs successeurs.

(3190. Tavernier.)

Jéroboam porte ses armes victorieuses jusqu'au centre, et aux extrémités de la Syrie, et soumet les deux capitales de ce royaume, Damas et Emath. —— Charilaüs fait la guerre aux habitans de Tégée en Arcadie ; les Lacédémoniens sont défaits, et plusieurs d'entr'eux sont enchaînés avec les mêmes chaînes qu'ils avoient apportées pour s'en servir contre ces habitans. —— Caranus, descendant des Héraclides, fonde le royaume de Macédoine. —— Teleclus roi de Sparte est tué par les Messéniens dans le temple de Diane. Origine des guerres opiniâtres entre les Lacédémoniens et les Messéniens.

(3210. Notaire.)

A la mort de Jéroboam, une affreuse anarchie déchira son royaume. Le peuple de Juda est livré, en grande partie, à l'idolâtrie, et à tous les vices qu'elle entraîne. Ochosias dompta les Iduméens, soumit les Arabes et les Ammonites ; favorisa l'agriculture ; et mit un nouvel ordre dans la milice. Osée, Amos, Isaïe, Abdias et Joël, prophétisèrent de son temps. On croit que sous son règne Jonas fut envoyé aux habitans de Ninive pour leur prêcher la pénitence. —— Amulius chasse du trône du Latium son frère Namitor.

(3220. Annibal.)

Zacharie, fils de Jéroboam, parvenu à l'âge de régner, est tué par son général Sellum, qui est massacré bientôt par un autre usurpateur, Manahen. —— Iphitus rétablit les jeux olympiques tombés en dessuétude. Commencement de la

première olympiade (3228), époque où Corœbus remporta,
le premier, le prix aux jeux olympiques.

3230. (*Nymphe.*)

Phacéa, successeur de Manhaen, est tué par Phacée général de ses troupes, qui s'assied sur le trône d'Israël. ——
Les Athéniens substituent les archontes decennaux aux archontes perpétuels.

3240. (*Nourrice.*)

Ozias eut pour successeur Joathan qui se conduisit selon
les loix du Seigneur ; mais le peuple continua d'offrir des
victimes et de l'encens sur les hauts lieux. —— Théopompe
établit dans Sparte cinq Ephores, et leur donne un pouvoir
presqu'illimité.

3250. (*Neltson.*)

Phul, ou Ninus-le jeune, règne sur le nouvel royaume
d'Assyrie. Nabonassar jette les fondemens de la monarchie
de Babylone. Cette époque est célèbre pour les astronomes
qui comptoient les années par le règne de ce prince (3253).
—— Romulus s'étant défait d'Amulius, rétablit Numitor,
son ayeul, sur le trône d'Albe ; il jette les fondemens de
Rome (3251) ou 753 avant J. C., tue son frère Remus ;
établit un Sénat, les patriciens, les licteurs, divise le peuple en tribus, les tribus en curies ; il fait célébrer des jeux
auxquels il invite les peuples d'alentour, les jeunes Romains
enlèvent les filles des Sabins ; ces peuples viennent venger
cette perfidie ; les nouvelles épouses séparent les deux armées ; Romulus règne conjointement à Tatius.

3260. (*Andromède.*)

Achaz, roi de Juda, fait élever des idoles à Baal, et livre
son peuple aux superstitions abominables des anciens Chananéens. Rasin, roi de Syrie, pilla ses états et en emporta
un grand butin. Achaz appela à son secours Théglatphalasar
roi d'Assyrie, qui ruina la ville de Damas, transféra ses habitans dans ses états, et tua Rasin ; entra ensuite dans le
royaume de Juda, et le ravagea. —— Euphaës, roi de Mes-
senie, périt glorieusement les armes à la main dans une ba-

taille contre les Spartiates. Aristodème , son successeur, fit un grand carnage des Lacédémoniens.

3270. (Neige.)

Achaz fait fermer le temple de Jérusalem , et dresser des autels aux idoles dans toutes les places de Jérusalem et dans les villes de Juda. Ezéchias, qui lui succéda, s'attacha au Seigneur, marcha dans les voies de ses commandemens , et détruisit toutes les marques de l'idolatrie. Osée règne sur Israël. —— Archias de Corinthe fonde Syracuse : d'autres colonies grecques viennent s'établir dans l'Italie méridionale , qui par cette raison fut apelée la grande Grèce.

3280. (Neptune.)

Salmanasar roi d'Assyrie fait prisonnier Osée, et le transfère dans ses états avec la plus grande partie des Israëlites : ainsi finit ce royaume. Dans ce temps de captivité arriva la touchante histoire de Tobie qui, au milieu de la corruption d'Israël, s'étoit conservé pur, ainsi que sa famille. —— Aristodème sur la foi d'un oracle, sacrifie sa fille pour la prospérité de sa patrie ; et après une bizarre alternative de succès et de revers, se perça de son épée et expira sur le tombeau de sa fille. La Messénie subit la loi de Sparte. —— Les Spartiates font la guerre aux Argiens ; elle est célèbre par le combat des trois cents Spartiates contre trois cents de leurs ennemis ; la victoire demeura aux premiers, Othryade qui étoit resté le seul vivant, se tua aussitôt pour ne point survivre à ses valeureux compagnons. —— Romulus, après avoir défait les Fidénates, les Véiens, les Camériens, s'arroge un pouvoir arbitraire : les Sénateurs offensés le massacrent dans le Sénat, et publient qu'il avoit été enlevé au ciel, pour y être adoré sous le nom de Quirinus. Numa Pompilius fut élu pour lui succéder.

3290. (Navire.)

Sennachérib, roi des Assyriens, est obligé de fuir devant a colère du Dieu des Israëlites, qu'il avoit blasphémé. L'Ange exterminateur lui tua en une nuit 183 mille hommes. Ce roi barbare reçut au pied des autels de ses faux dieux la mort par la main de ces enfans. Ezéchias est miraculeusement guéri. Le prophète Nahum console les dix tribus dans leur captivité. —— Déjocés, roi des Médes, bâtit Ecbatane. —— Gyrgés assassine Candaule, et monte sur le trône de Lydie. —— Numa par ses institutions politiques et réligieuses adoucit les mœurs des Romains, réprime leur penchant vers le vol et le carrage. Sous lui le temple de Janus qui devoit rester ouvert en temps de guerre, fut toujours fermé.

3300. (*Musicien.*)

Manassés succède à Ezéchias, fait scier en deux le prophète Isaïe, et se livre à toutes les impiétés d'Achab. —— Les prophètes, Osée, Amos, Michée, Ezéchias, Nahum, Habacuc illustrèrent le règne d'Ezéchias par le feu de leurs compositions, et par la hardiesse sublime de leurs pensées.

3310. (*Moutons.*)

L'an 3319 les Messéniens reprirent les armes contre les Lacédémoniens qui demandèrent un général aux Athéniens. Tyrtée, poëte plein de feu, ranima par ses mâles accens l'ardeur des vaincus, et les fit triompher ; Aristomène fut obligé de se réfugier avec les Messéniens sur le mont Ira. —— Vers ce temps vivoit Archilocus, poëte satyrique.

3320. (*Moine.*)

Manassés est ammené captif à Babylone.

3330. (*Mameluc.*)

Manassés, accablé de malheurs, s'humilia devant le Seigneur, pleura l'énormité de ses crimes, et Dieu le ramena à Jérusalem. —— Numa mourut laissant en paix les Romains ; Tullus Hostilius qui le remplaça, étoit d'un caractère fier et interprenant. —— Assaradon envoie des Cuthéens pour habiter Samarie ; ceux-ci joignirent le culte de Dieu à celui des idoles ; ils acceptèrent les livres de Moïse, et furent appelés Samaritains. —— Les Messéniens sont vaincus par les Spartiates, et condamnés à l'esclavage ; ceux qui purent s'échapper, se réfugièrent en Italie et en Sicile. —— Les Athéniens, jaloux de leur liberté remplacent l'archontat décennal par l'archontat annuel. —— Psamméticus mit fin à l'espèce d'anarchie qui désoloit l'Egypte ; Les Grecs furent admis dans les troupes égyptiennes qui au nombre de deux cents mille emigrèrent en Ethiopie.

3340. (*Maréchaux.*)

Cypsélus usurpe la souveraine puissance à Corinthe. —— Combat des Horaces et des Curiaces. Albe est détruite ; Métius Suffetius est déchiré.

3350. (*Mulets.*)

Amon suivit en tout la voie criminelle de son père ; son règne ne dura que deux ans. —— Tullus fait la guerre aux Sabins et aux Latins.

3360. (*Médecin.*)

Nabuchodonosor, roi d'Assyrie, passe l'Euphrate, ravage tout jusqu'en Judée : ses conquêtes furent arrêtées par Judith qui coupa la tête à son général Holopherne. —— Josias à l'âge de seize ans, prend les rênes du gouvernement ; il chercha Dieu de tout son cœur, et purgea ses états des faux cultes. —— Tullus Hostilius et sa famille sont brûlés par la foudre ; Ancus Marcius, petit-fils de Numa, est élu roi des Romains.

3370. (*Magicien.*)

Tandis que Josias faisoit purger le Temple, le pontife Helcias y trouva l'original de la loi, écrit de la main du Législateur. Jérémie, Sophonias, Habacuc et Baruc, font retentir la Judée des divins oracles. —— Napolassar et Cyaxare, roi des Mèdes, détruisent de fond en comble Ninive. Napolassar tue son maître, Sésac roi de Babylone, est monté sur le trône à sa place. —— Battus jette les fondemens du royaume de Cyrène.

3380. (*Mappemonde.*)

Nécao entreprend de faire un canal depuis le Nil jusqu'à la mer Rouge. —— Lucumon Corinthien, qui avoit pris le nom de Tarquin, et qui s'étoit rendu puissant, par ses richesses, chez les Romains, éloigne du trône le fils d'Ancus, et s'y place lui-même. Les Scythes envahissent la Médie, et couvrent de deuil toute l'Asie supérieure. —— Athènes , agitée par les discordes et les intrigues , eut recours à Dracon. Cet homme sévère lui donna un code de loix sanguinaires , et au lieu de couper le mal dans ses racines , mécontenta tous les partis ; le mépris de ses loix augmenta les malheurs des Athéniens.

3390. (*Mufti.*)

Nécao marche contre les Juifs , tue Josias dans une bataille, dépose Joachas , l'emmène en captivité , et place sur le trône Joachim son fils. Par ordre de ce roi, les Phéniciens , partis de la mer Rouge , firent le tour de l'Afrique , et au bout de deux années parvinrent dans la Méditerranée. —— Jérémie annonce au peuple les terribles vengeances du Dieu que leurs crimes avoient irrité. Nabuchodonosor , roi de Babylone , s'empare de Jérusalem , et conduit l'indigne monarque prisonnier dans sa capitale ; fait enlever une partie des vases du Temple , et transporter dans son pays grand nombre de Juifs , parmi lesquels Daniel et plusieurs enfans du sang royal et des meilleures familles. L'an 3398 commencent les 70 années de captivité marquées par Jérémie.

3400. (*Roses.*)

Daniel interprète le songe de Nabuchodonosor , et prédit les quatre monarchies qui devoient se succéder avant la naissance du Rédempteur , c'est-à-dire , celle des Assyriens , des Perses , des Grecs et des Romains. Daniel est fait gouverneur de Babylone. Joakim II succède à son père. Nabuchodonosor fait avancer une armée vers Jérusalem , y entre, pille le Temple , et réduit en captivité le roi , sa famille et les principaux de Jérusalem ; Ezéchiel et Mardochée furent de ce nombre. Sédécias est couronné à sa place. —— Naissance de Cyrus fils de Mandane , et de Cambyse roi des Perses , l'an 3404. —— Thalès prédit une éclipse du soleil, survenue l'année suivante , tandis que Cyaxare faisoit la guerre aux Lydiens. —— Les Gaulois traversent les Alpes sous la conduite de Bélovèse , et viennent s'établir en Piémont et dans la Lombardie. —— Sous Tarquin, Rome s'aguerrit contre les Etrusques , les Latins et les Sabins : les divinités Etrusques, et la plupart des cérémonies réligieuses qui étoient observées parmi ces peuples, sont admises dans cette capitale.

3410. (*Rotisseur.*)

Sédécias fait alliance avec Apriés, roi d'Egypte ; Nabuchodonor met en fuite ce dernier, et vient assiéger Jérusalem. Sédécias est fait prisonnier, ses enfans et ses amis sont tués en sa présence ; le royaume de Judas détruit, les murailles de Jérusalem rasées, le Temple brûlé avec toute la ville, le peuple est emmené captif ; Jérémie est mis en liberté, il prédit la destruction de Babylone : les Juifs qui étoient dispersés par la Judée, s'en allèrent en Egypte, et obligèrent ce prophète à les suivre. —— Les Athéniens fatigués par les discordes des trois partis, de la plaine, de la montagne, et des gens de mer, choisissent Solon pour leur donner une législation. Ce sage établit un gouvernement mixte, rédonne à l'aréopage son ancien lustre, concilie les intérets des divers partis, et s'absente pour dix ans. —— A cette époque vivoient, Chilon, Anacharsis, Epiménides, Bias, Solon, Anaximènes, Thalés, Phérécide, Esope, Sapho, Anaximandre ; c'est la période des sages.

3420. (*Rénard.*)

Vision d'Ezéchiel des os desséchés qui reprennent une forme humaine. Nabuchodonosor, après la destruction de Tyr, fait placer dans les plaines de Dura une grande statue d'or, et ordonne qu'elle soit adorée. Les trois jeunes hommes Juifs qui s'y réfusent, sont précipités dans une fournaise ardente, qui leur servit d'un théatre de gloire. Nabuchodonosor remplit de carnage l'Egypte, y fait un butin immense, soumet et confirme Amasis dans son usurpation ; il dompte les Ethiopiens et les Lydiens. Daniel lui interprète le songe de l'arbre. —— Le jeune Cyrus à l'âge de 16 ans, marche avec Cyaxares ou Darius le Mède contre les Assyriens, et les oblige de se retirer. —— Servius Tullus, gendre de Tarquin, est élu à sa place ; il s'assure la faveur du peuple, fait un nouveau partage des citoyens dans les

tribus et les curies, et achève d'organiser Rome, en conso-
lidant les principes de civilisation donnés par Numa. —— Phalaris usurpe l'autorité souveraine dans Agrigente : ce féroce
tyran ne se lassoit d'inventer des nouveaux supplices pour
tourmenter les malheureux qu'il persécutoit. —— Thespis
donne les premiers essais de tragédies, et Susarion de com-
médies.

3430. (*Ramoneur.*)

Amasis lieutenant de Nabuchodonosor défait Apriés, roi
d'Egypte, le fait étrangler, et règne à sa place. Nabuchodonosor, devenu fou, est banni de la société des hommes,
et reduit à la condition des bêtes : il reconnoit le châtiment
du ciel ; récouvre l'usage de la raison ; il est rétabli dans tous
ses droits. —— Pisistrate usurpe plusieurs fois, à l'aide de
stratagèmes, l'autorité souveraine dans Athènes ; cependant les
Athéniens eussent été heureux sous le gouvernement de cet
homme, s'ils avoient pu oublier les charmes de leur indépendance. Il protégea les lettres, encouragea les efforts du tra-
gique Thespis, et posa les fondemens du temple de Jupiter
Olympien. Solon, voyant ses concitoyens asservis à un seul
homme, alla voyager en Asie, où il mourut dans une extrê-
me vieillesse.

3440. (*Arroseur.*)

Evilmérodac est mis en possession du trône de son père
Nabuchodonosor ; il fait sortir de sa prison Joakim, et le
traite avec douceur. Daniel dans une seconde vision des quatre empires, voit le *Fils de l'homme* exterminer les méchans,
et mettre les justes en possession du royaume éternel ; il en
marque le temps de soixante et dix semaines ou de 490 ans,
à commencer dépuis l'ordre de rébâtir les murailles de Jérusalem. —— Cambyse roi des Perses rappelle à sa cour le
jeune Cyrus, le fait Général de ses troupes, et l'envoie avec
Cyaxares contre les Lydiens et les Babyloniens. Crésus régnoit en Lydie : c'étoit un des plus riches souverains du
monde, qui soumit les Phrygiens, les Mysiens et les Thraces ; fit venir à sa Cour Esope et Solon, et les traita avec

distinction. Dans les plaines de Thymbrée Cyrus terrassa ses ennemis confédérés. —— Confucius, sage politique, homme vertueux, donne une constitution civile et réligieuse aux Chinois qui assura leur bonheur. —— Phalaris, tyran d'Agrigente, s'étant rendu odieux par ses cruautés et ses barbaries inouies, est tué par ses propres sujets.

3450. (*Arlequin.*)

Cyrus s'empare de Sardes, et condamne Crésus à être brûlé : ce roi, étant sur le bûcher, se souvient de ce que lui avoit dit Solon, et répète plusieurs fois, *Solon, Solon.* Cyrus, touché de compassion, le délivre, et ordonne des magnifiques funérailles à Abradate, roi de Susianne, mort en combattant pour lui, et à sa femme Penthée qui s'étoit poignardée sur le corps mort de son mari. —— Daniel délivre Susanne.

3460. (*Rhadamante.*)

Balthazar, roi de Babylone, homme impie et cruel, voit une main qui, en trois mots, écrit sur une muraille sa condamnation. Cyrus s'étant approché de Babylone, détourne le cours de l'Euphrate ; ni les portes d'airain, ni les hautes tours de cette ville si imposante, ne peuvent arrêter ce conquérant ; Balthazar est tué, l'empire Assyrien disparoît avec lui, et celui des Perses s'établit. Cyrus au nom de Darius permet aux Juifs de s'en retourner en Judée sous la conduite de Zorobabel l'an 3468. —— Les Carthaginois et les Etrusques, ayant défait la flotte des Focéens, s'emparent de l'île de Corse. —— Epoque de Symonide, d'Anacréon, de Xénophane, de Pythagore . . . .

3470. (*Architecte.*)

Cyrus, à la mort de Cambyse et de Cyaxares, joignit en sa personne le royaume de Perse, obscur jusqu'alors, au royaume des Mèdes, si fort augmenté par ses conquêtes. Son règne n'a été que d'huit ou neuf années, sur la fin desquelles il se laissa vaincre par sa mollesse et son despotisme. —— Servius Tullius est assassiné ; la scélérate Tullie fait passer son char sur le corps de son père ; son digne époux saisit le sceptre, immole les citoyens qui lui faisoient ombrage, et appésantit son joug de fer sur les Romains.

3480. (*Robinson.*)

Le prophète Aggée réproche aux Juifs leur négligence à rébâtir le temple. —— Cambyse successeur et fils de Cyrus, porte ses armes en Egypte, la remplit de deuil, fait assassiner Psamménitus avec toute sa famille et la fleur de la noblesse egyptienne. Depuis cette époque l'Egypte a été réduite à vivre sous une domination étrangère. L'armée de Cambyse envoyée contre les Ammonites disparut ensévelie sous les sables de la Lybie ; il marcha lui-même contre les Ethiopiens, et son armée est presque annéantie par la faim, la soif et la chaleur brûlante de ce climat. De retour en Egypte, ce furieux monarque fait mourir son frère Smerdis, tue d'un coup de pied sa sœur et épouse, pille tous les temples des Egyptiens, et vole la fameuse couronne d'Ozymandrias, dont la circonférence étoit de 365 pieds, et qui réprésentoit les diverses constellations du ciel. Ce barbare mourut d'une blessure qu'il se fit montant à cheval. Les Egyptiens observèrent que ce malheur lui étoit arrivé dans le lieu même où il avoit tué le bœuf Apis. Le mage Smerdis usurpa la couronne, qui passa bientôt sur la tête de Darius Hystaspe qui avoit découvert l'imposture de l'usurpateur, et l'avoit assassiné en compagnie des Princes Persans. Quelques historiens prétendent que c'est ce Darius qui épousa Esther, fit pendre Aman, et sauva le peuple des Juifs de la mort qui les menaçoit.

3490. (*Rivaux.*)

Darius se rend maître de Babylone par l'artifice de Zopyre qui s'étoit coupé le nez et les oreilles pour tromper les Babyloniens ; il marcha contre les Scythes, et échoua dans son expédition. —— Hipparque et Hippias avoient succédé à Pisistrate leur père : ils encourageoient les lettres, et les cultivoient eux mêmes, mais ayant abusé de leur autorité, Harmodius et Aristogiton, vengeurs de l'innocence opprimée, assassinèrent Hipparque ; Hippias échappé à leur fureur, fit mourir les deux assassins, et mettre à la torture Léna ; cette femme se coupa la langue pour n'être pas forcée de dire ce qu'elle savoit de la conspiration. Hippias, devenu tyran, fut chassé de son trône, et se retira chez Darius qui lui promit de le rétablir. —— Les Crotoniates, ayant à leur tête l'athlète Milon, disciple de Pythagore, assiègent Sybaris, et detruisent de fond en comble cette ville que la mollesse de ses habitans a rendue si célèbre.

3500. (*Lazare.*)

Darius, irrité de la révolte des Joniens, et de ce que les Athéniens, unis aux rébelles, s'emparèrent de Sardes, et la brûlèrent, met sur pied une grande armée, subjugue les rebelles, soumet la Thrace et la Macédoine ; la flotte que commandoit Mardonius échoue, doublant le mont Athos, et les Thraces détruisent en partie l'autre qui cotoyoit les bords de la mer. —— Brutus, et Collatin, pour venger Lucrèce, chassent de Rome Tarquin le superbe, et établissent le gouvernement consulaire sur les ruines de la monarchie. Brutus commence son consulat par une fureur atroce ; fait décapiter ses propres fils, accusés d'avoir conspiré en faveur des Tarquins. Ce père farouche qui voyoit couler leur sang sans pousser un soupir, périt les armes à la main. Les Romains font alliance avec les Carthaginois. Porsenna vient attaquer Rome à la tête d'une puissante armée. Horatius Coclés défend le pont sur le Tibre contre toute son armée, et se précipite dans ce fleuve pour ne point tomber au pouvoir des ennemis. Mutius Scævola pénètre dans le camp de Porsenna, dans le dessein de l'assassiner, et se brûle la main sans témoigner la moindre douleur ; la brave Clélie se sauve de son camp où elle étoit prisonnière, en traversant le Tibre à la nâge ; les sénateurs la renvoyent ; Porsenna abandonne la cause des Tarquins, et fait la paix avec les Romains.

3510. (*Luterus.*)

Darius fait partir une seconde flotte. Datis, Artapherne et Hippias marchent contre les Grecs à la tête de cent dix mille hommes. Neuf mille Athéniens et mille Platéens, sous le commandement de Miltiade terrassent dans les champs de Marathon l'armée des Perses ; Hippias périt les armes à la main. Thémistocles, Aristide et Eschyle se signalent à cette journée ; le soldat qui porte la nouvelle de la victoire à Athénes, meurt encore fumant du sang des ennemis. Miltiade à son retour d'une expédition contre les îles qui avoient fourni du secours aux Perses, est accusé de s'être laissé corrompre par l'argent de ceux ci ; condamné à une amende qu'il ne peut payer, il est jeté dans une prison ; à la honte de la démocratie des Athéniens, le vainqueur de Marathon meurt, dans les fers, des blessures qu'il avoit reçues au service de sa patrie. Thémistocles et Aristide rivalisent pour le service d'Athènes ; le premier n'aimoit sa patrie que pour sa propre gloire, le second ne vouloit que son bien véritable. Thémistocles accuse Aristide d'avoir volé les deniers publics, on le condamne ; mais bientôt on le rappelle pour le nommer trésorier une seconde fois. Thémistocles jaloux de son crédit, après avoir dompté les Corcyréens, poursuivi les pirates, et assuré la navigation, accuse Aristide d'avoir aspiré à la monarchie ; ce juste écrit lui même son nom sur une coquille pour un citoyen qui ne savoit pas écrire, il est banni, et en sortant de la ville, il prie les dieux que ses citoyens ne fussent jamais forcés de se souvenir de lui. —— Le dictateur posthumius détruit l'armée des Latins près du lac Regille, le fils de Tarquin et trente mille Latins y sont tués ; et avec eux périt tout espoir de rétablir la royauté. Les plébéiens irrités de l'avarice des patriciens, réfusent de s'enrôler ; le dictateur Manius Valérius les ramène à leur devoir ; les Volsques, les Eques, les Sabins sont mis en déroute. Retraite sur le mont Sacré ; établissement des tribuns du peuple au nombre de cinq, et des édiles chargés des édifices publics et particuliers. Coriole est prise par la bravoure d'Ancus Marcius, qui mérita le nom de Coriolan. Coriolan, s'étant opposé à l'abolition des dettes, est banni à perpétuité ; il passe chez les Volsques, se met à leur tête, va camper à quatre milles de Rome, bat les Romains à plusieurs réprises ; il est sur le point de se rendre maître de sa patrie, il est désarmé par sa mère Véturie, et assassiné par les Volsques. Virginius publie la loi agraire. Sp. Cassius qui aspiroit à l'asservissement de ses compatriotes, est précipité de la roche Tarpéienne.

3520. (*Lion.*)

Xerxés, héritier du ressentiment de Darius, couvre la mer de ses vaisseaux, et la terre de ses soldats, passe l'Hellespont et punit la mer des obstacles qu'elle lui oppose. Léonidas à la tête de trois cents Spartiates arrête son armée aux Thermopyles ; ils tombent tous sur des monceaux de cadavres au nombre de vingt mille. Thémistocles fait parler la Pythie à sa volonté ; les Athéniens vont chercher leur salut sur mer. Athènes est brûlée, et la flotte des Perses détruite à Salamine. Xerxès repasse en Asie sur une frêle barque de pêcheur. Pausanias annéantit dans les plaines de Platée l'armée de Mardonius ; Xantippe et Léotichide battent une autre flotte à Mycale, et tuent quarante mille Perses. Thémistocles qui avec une courageuse patience avoit souffert les menaces d'Eurybiade, et à qui la Grèce étoit rédevable de la victoire de Salamine, fait agrandir les murs d'Athènes, malgré la résistence des Spartiates ; la supériorité d'Athènes est reconnue par toutes les villes de la Grèce. Aristide rappelé s'oppose à une entreprise de Thémistocles, qui étoit utile à leur patrie, mais non pas juste, et le peuple applaudit à son avis. Pausanias trame avec Xerxés la perte de sa patrie, il est découvert et condamné par les éphores ; il se réfugie dans le temple de Pallas où il meurt de faim. —— Les Véiens et les Volsques triomphent des Romains, le consul Manlius resta sur le champ de bataille ; les 300 Fabiens sont surpris par les Véiens ; six seulement échappent au fer de l'ennemi ; la fortune changea de face ; et Valérias triompha des ennemis. —— Gélon extermine les Carthaginois près de l'Himère, et les oblige à abolir l'usage barbare des sacrifices humains. —— Epicarme introduit la commédie dans Syracuse, et Démocrite devient aveugle en regardant un globe d'airain tandis que le soleil y dardoit ses rayons.

(97)

3530. (*Lampe.*)

Artaxercés fait tuer Artaban meurtrier de Xerxés ; il envoie la septième année de son règne, Esdras à Jérusalem, pour y régler les affaires civiles et réligieuses. —— Thémistocles, condamné par l'ostracisme se réfugie chez ce roi qui le combla de bienfaits, et voulant le renvoyer à la tête d'une puissante armée contre les Athéniens, Thémistocles aima mieux mourir que se venger de sa patrie. Aristide meurt, ne légant à ses enfans que sa vertu. La république est obligée de faire à ses frais les funérailles, de nourrir et doter ses filles. Cimon, élevé à son école, remporte plusieurs victoires sur les Perses ; appelé au secours des Spartiates, il soumet les hilotes révoltés ; s'étant opposé à Périclés qui opprimoit les nobles, et fomentoit les troubles, il est banni.

3540. (*Lorgneur.*)

Artaxerxés fait marcher trois cents mille hommes contre les Egyptiens qui s'étoient révoltés, et qui avoient appelé à leur secours les Athéniens ; ceux-ci tuèrent cent mille Perses ; l'armée vaincue se retira à Memphis. Mégabyse les délivra, détruisit près de Biblos la flotte des Athéniens, et les fit tous prisonniers. —— Périclés affoiblit l'autorité de l'aréopage, embellit Athènes de statues et de temples magnifiques, y introduit le faste et le luxe, encourage les arts et les sciences; les chefs d'œuvre de tout genre furent le fruit de sa protection ; il fait la guerre aux Corinthiens et aux Thébains qu'il soumit ; ravage le Péloponnèse, et s'empare de l'Eubée. —— Appius Herdonius s'empare du Capitole, dont la reprise couta bien de sang aux Romains. Cincinnatus est nommé dictateur pour aller délivrer le consul Minucius qui avoit été enveloppé par les Volsques et les Eques ; il exécute l'entreprise, et retourne au champ de ses pères. Les Romains célèbrent pour la première fois les jeux séculaires.

3550. (*Lilas.*)

Cimon est rappelé, et envoyé avec une flotte contre les Perses, il force Artaxerxés à conclure un traité de paix aux conditions les plus avantageuses pour les Grecs. Devenu ma-

lade, il mourut dans l'île de Chypres. Les Thébains récou-
vrent leur liberté à la bataille de Chéronée. Hérodote lit son
histoire aux jeux olympiques parmi les acclamations du peuple. —— Les Romains envoient à Athènes des Ambassadeurs
chargés de recueillir les lois de Solon ; dix personnes sont
nommées pour la rédaction de ces lois ; l'autorité des decemvirs ne devoit durer qu'un an, et pendant leur administration
toute autre autorité restoit dans l'inaction ; ils en abusèrent
bientôt ; après avoir rédigé les lois fameuses sous le nom des
douze tables, les decemvirs veulent continuer dans leur autorité. Les Eques et les Sabins viennent les attaquer. Appius,
resté dans Rome, abusant de son pouvoir, sévit contre la
jeune Virginie. Virginius immole inhumainement sa fille pour
la soustraire à la poursuite de l'infame Appius. Les Volsques
et les Sabins sont défaits, le tribunat militaire est permis au
peuple, le calme est rétabli dans la république. —— Syracuse chasse de son trône Trasibule, et se constitue en république ; les autres villes Siciliennes imitèrent bientôt cet exemple. —— A cette époque les orateurs, les poëtes, les scul-
pteurs, les peintres rivalisent dans Athènes. Pindare, Corin-
ne, Aspasie, Sophocle, Euripide, Aristophane, Méthon,
Phidias, Polignote, Zeuxis, Parrhaxius, Anaxagore, Périclés, immortalisèrent tous leurs noms. —— Artaxercés, la
vingtième année de son règne, ou vers l'an 3550, envoie
Néhémias avec ordre de rebâtir les murs de Jérusalem. Ici
commencent les 70 semaines de Daniel.

3560. (Lady-Charlotte.)

Les Athéniens s'emparent de Samos ; à cette occasion, Ar-
témon de Clazomène, très-habile méchanicien, inventa et
employa les béliers et les tortues. —— Le peuple de Corcyre
s'arme contre les nobles, et massacre les principaux citoyens.
Corinthe et Sparte arment pour les nobles ; les Athéniens
épousent le parti du peuple ; ce fut la cause de la guerre du
Péloponnèse. —— Le dictateur Mamercus se rend maître de
la ville de Fidène, et fait tuer Spurius Mélius qui aspiroit à
la tyrannie. Etablissement des censeurs pour surveiller aux

moeurs et au bon ordre de la république. —— Les Juifs vivent en paix sous le gouvernement de leurs grands prêtres. Malachie, dernier des prophètes, exhorte le peuple à retourner à Dieu.

3570. (*Laquai.*)

Les Athéniens sous la conduite de Périclés ravagent la Laconie, et les Spartiates l'Attique, avec le même courage et la même barbarie de part et d'autre. Une peste affreuse désole l'Attique ; Hyppocrate prodigue ses remèdes et ses soins aux malheureux ; Périclés les console par son éloquence ; il en fut lui-même la victime ; ce sage capitaine légua à ses concitoyens une guerre meurtrière que lui seul auroit pu terminer avec un bon succès. Tandis que la peste privoit les Athéniens de l'élite de leurs soldats, les Lacédémoniens font passer au fil de l'épée les Platéens qui avoient défendu courageusement leur patrie, et à la persuasion des Thébains font raser leur capitale. —— Le consul Sempronius est battu par les Volsques et les Véiens.

3580. (*Loup.*)

Cléon fougueux orateur, s'empare de l'île de Sphactérie ; il promit dans la place d'Athènes de s'emparer d'Amphipolis, il y périt après avoir perdu la bataille contre Brasidas général de Sparte, qui y périt également. Les Athéniens sont aussi battus à la journée de Délium par les Thébains ; les Spartiates leur enlèvent dans la Thrace presque toutes leurs villes alliées. Une trève de 50 ans est conclue entre ces deux peuples ; sept ans après, Alcibiade fait récommencer les hostilités Agis, roi de Sparte, gagne sur les Athéniens une célèbre bataille à Mantinée. Troubles à Rome à l'occasion de la loi agraire. —— A la mort d'Artaxerxés, Xerxés II fit égorger Darius auquel le sceptre appartenoit ; il fut tué lui-même, après deux mois de règne, par Sogdien, et celui-ci par Darius Nothus.

3590. (*Lavandière.*)

Les Athéniens poussés par Alcibiade portent la guerre en Sicile : à peine la flotte y est elle arrivée que, les statues de

Mercure ayant été trouvées abattues dans Athènes, Alcibiade est accusé de ce sacrilège; un funeste décret le rappelle à Athènes; Alcibiade se dérobe à ce bizarre procédé; il se réfugie à Sparte, et engage les éphores à envoyer Gylippe avec des troupes pour commander en Sicile. Gylippe arrive dans le port de Syracuse, défait la flotte Athénienne, tandis que les Syracusains repoussoient de poste en poste les troupes de terre : les Athéniens sont battus de tout côté, Démosthènes et Nicias, leurs généraux, sont tués avec quarante mille soldats, le reste de l'armée fut fait prisonnier et condamné au travail des mines. Quelquesuns de ces infortunés trouvèrent quelque soulagement en récitant aux insulaires les vers d'Euripide. Alcibiade, s'étant jeté entre les bras de Tissapherne gouverneur de Lydie et d'Ionie, lui donne le funeste conseil de tenir la balance entre Sparte et Athènes; il est rappelé par ses concitoyens. Etablissement des prytanés qui devoient choisir 400 personnes pour gouverner la république, qui furent cassées l'année suivante. Alcibiade fait la conquête de la Chalcédoine, et de plusieurs villes de l'Hellespont, remporte des victoires sur les flottes de Sparte, et rentre dans Athènes parmi les acclamations de ses concitoyens, qui l'exilèrent bientôt, dix généraux qui le remplacèrent dans le commandement de la flotte, furent victorieux aux Arginuses; mais ils furent mis à mort, excepté Conon, parcequ'ils n'avoient pas rendu les derniers devoirs à ceux qui périrent dans la bataille. Lysandre défait les Athéniens à Ægos-Patamos, et va assiéger Athènes. —— Les Carthaginois remportent plusieures victoires en Sicile, détruisent Himère et Sélinonte; la peste fit évanouir presque toute leur armée. —— Dénis usurpe la souveraine puissance à Syracuse. —— On commence à payer l'infanterie romaine : établissement de trois questeurs. —— Les Egyptiens secouent le joug des Perses; Amirthée Saïte est proclamé roi.

3600. (*Destin.*)

Lysandre s'empare d'Athènes, en détruit les fortifications, y établit trente tyrans qui rendirent la ville un séjour de ter-

…eur. Ainsi se termina la sanglante guerre du Péloponnèse. Alcibiade toujours rédoutable pour les Lacédémoniens fut par leur ordre assassiné dans sa retraite. Trasybule délivre sa patrie devenue un théâtre de sang et des brigandages; il y rétablit la démocratie. Les Spartiates sont battus plusieurs fois par Conon. Les Messéniens sont chassés de toute la Grèce. Agésilas rend la liberté aux villes grecques de l'Asie. L'or des Perses arme la Grèce contre Sparte. Lysandre périt dans une bataille. Ce général qui avoit versé des trésors immenses dans sa patrie, meurt si pauvre que Sparte fut obligée de doter ses filles. Pausanias évita par la fuite la mort à laquelle il avoit été condamné par les éphores. Socrate est condamné à boire la ciguë. —— Cyrus le jeune, gouverneur de la Lydie, se révolte contre son frère Artaxerxés Mnémon; il périt les armes à la main à la bataille de Cunaxa. Dix mille Grecs qui étoient à sa solde s'en retournèrent à leurs foyers sous la conduite de Xénophon. —— Epoque de Thucydide, de Platon, d'Euclides, de Cébés, d'Evagoras.

3610. (*Dattier.*)

Camille s'empare de la ville de Véies qui pendant dix années consécutives avoit opposé aux Romains la plus vigoureuse résistance. Les Romains veulent quitter Rome et se transporter à Véies, ils en sont détournés par superstition. La famine et la peste affligent Rome : à cette occasion on institua la cérémonie du Lectisternium, et les dames romaines se privèrent de leurs bijoux d'or pour en former un vase pour Apollon. Valérius triomphe des Volsques, la ville de Falisques est réduite. Camille est condamné à l'exil. Les Gaulois sous la conduite de Brennus défont complétement sur les bords de l'Allia les Romains, se rendent maîtres de Rome, égorgent une partie des Sénateurs, assiègent le Capitole. Camille nommé dictateur, fait un carnage des Gaulois. —— Dénis s'empare de Rhège; piqué de la franchise de Platon, le vend comme un esclave. —— Conon, commandant de la flotte des Perses, défait celle des Lacédémoniens près de Cnide en Carie; et relève les murs d'Athènes. Les Spartiates font la paix avec Artaxerxés. —— Les Carthaginois ravagent la Sicile ; la peste leur tue 150 mille hommes ; Dénis défait le reste de l'armée d'Amilcon, et l'obblige à lui payer 300 talens.

3620. (*Diane.*)

Pélopidas pour délivrer Thèbes, sa patrie, qui gémissoit sous le joug de Sparte, déguisé en fille, ainsi qu'onze autres conjurés, bannis comme lui, parviennent à s'introduire dans la salle où le thébain Archias traitoit splendidement les officiers Lacédémoniens, ils les poignardèrent tous : la garnison éffrayée abandonna la citadelle, dont elle s'étoit emparée par trahison et en pleine paix. Chabrias triomphe de la flotte Spartane près de Naxos. —— Camille triomphe des Volsques, des Tusculans, des Prénestins et des Antiates. Manlius Capitolinus, accusé d'aspirer à la tyrannie, est précipité de la roche Tarpéienne. —— Dénis tyrannise ses sujets ; histoire de Damon et de Pythias, de Damoclés, triste état de Dénis, ses terreurs, son impiété. —— Les Satrapes persans se révoltent contre Artaxerxés, et sont forcés de rentrer dans le devoir. L'Egypte seule et la Phénicie se soustraient de sa domination.

3630. (*Démocrite.*)

Epaminondas défait les Lacédémoniens à la bataille de Leutres ; Cléombrote, leur roi périt les armes à la main ; Epaminondas rétablit Messènes et rapelle ses citoyens, il porte l'épouvante jusque dans Sparte, il est répoussé par les éfforts d'Agésilas, il est cité en jugement pour avoir retenu le commandement au delà du terme préscrit par la loi ; il fait rougir ses citoyens de leur injustice ; il est renvoyé absous. Pélopidas marche contre les Thessaliens, et tombe en leur pouvoir ; il est délivré par son ami Epaminondas ; animé par le désir de la vengeance, il marche de nouveau contre Aléxandre de Phérès, et perd la vie dans une bataille. Epaminondas, victorieux à Mantinée déscendit au tombeau ; et avec lui s'évanouit la puissance de Thèbes. Les Arcadiens se réunissent en un seul peuple, et sont défaits par Agésilas. Ce roi mourut en Afrique, après avoir renversé du trône d'Egyte Tachos, et élevé à sa place Nectanébus. Vingt mille Grecs commandés par Iphicrate se joignent à l'armée qu'Artaxerxés envoye en Egypte, sous les ordres de Pharnabaze ; cette expédition fut sans succès. —— Camille triomphe d'une armée gauloise qui, une seconde fois, avoit pénétré jusque sur les bords du Tibre. —— Dénis, l'ancien, mourut d'une indigestion ; le nouveau tyran, Dénis-le-jeune, se plongea dans la mollesse , et s'amusa des vaines quérèles de la philosophie. —— Manlius est précipité de la roche Tarpéienne , pour avoir aspiré à la souveraineté.

3640. (*Dardeur.*)

Athènes est affoiblie, Sparte est tombée, toute la Grèce dégénérée. Philippe, élevé dans la maison d'Epaminondas où il étoit en ôtage , est appelé au trône de Macédoine ; il forme la fameuse phalange, monte une cavalerie, fait la conquête de l'Illyrie, de la Thrace et de la Thessalie. —— Un consul est pris dans l'ordre des plébéiens ; établissement d'un préteur et des édiles curules pris dans l'ordre des patriciens. Curtius se jette à cheval dans un gouffre qui s'étoit ouvert au milieu de Rome. Guerre contre les Tiburtins ; défaite des Gaulois, des Falisques et des Toscans. —— Dion chasse de Syracuse Dénis ; il est lui-même assassiné. —— Ochus fait assassiner ses deux frères, pour succéder à Artaxerxés.

3650. (*Diligence.*)

Philippe reçoit la nouvelle de la naissance d'Alexandre , de la victoire remportée aux jeux Olympiques , et de celle de Parménion sur les Illyriens. Philippe soumet la Phocide et la Chalcidie ; sème la division parmi les Grecs ; il se charge de terminer la guerre sacrée contre les Phocéens ; la termine en effet, et se fait nommer amphictyon à la place de ce peuple sacrilège. —— Les plébéiens obtiennent un dictateur tiré de leur ordre ; Marcius Rutilius qui fut nommé à cette dignité remporta de nouvelles victoires sur les Etrusques. —— Dénis est rétabli à Syracuse. —— Ochus soumet l'Egypte, et les Sydoniens qui brûlèrent leur ville. —— Artemise règne en Carie. — Herostrate brûla le temple d'Ephèse le jour de la naissance d'Alexandre.

3660. (*Dédale.*)

Les Thébains, qui s'étoient ligués avec Philippe, se voyant eux-mêmes attaqués par la prise d'Elatée, s'unirent aux Athéniens contre ce monarque ; ces deux peuples sont complétement défaits dans les plaines de Chéronée. Démosthènes qui avoit pris lâchement la fuite à cette journée, se mit à décrier contre Philippe dans la place d'Athènes, il en démêla l'artificieuse politique ; mais ses compatriotes avoient perdu, avec la victoire, leur indépendance : Philippe est nommé par les Grecs généralissime contre les Perses. Des troubles s'élevèrent dans la Macédoine ; Philippe répudia Olympias, et épousa Cléopatre, nièce d'Attale ; Olympias et son fils Alexandre sont forcés de se retirer en Epire. Philippe est assassiné dans un festin par le jeune Pausanias, son capitaine. Alexandre est rappelé, il saisit le sceptre à l'âge de 21 ans ; il marche contre Thèbes qui avoit égorgé une garnison macédonienne, et la détruit ; se dispose à marcher contre Athènes ; Phocion obtient la paix à ces citoyens, qui réconnoissent Alexandre en qualité de généralissime des Grecs. — Camille et Valerius mettent en déroute les Gaulois. Decius Mus délivre le consul Cornelius Cossus, qui défait les Samnites. Les Romains, ayant été pour la première fois victorieux sur mer contre les Anthiates, portent les proues de leurs vaisseaux dans Rome comme en triomphe, et les attachent à la tribune aux harangues. —— Timoléon avec des troupes ammenées de Corinthe, chasse Dénis de Syracuse, et le rélègue à Corinthe ; il donne la liberté aux Syracusains, et la paix à la Sicile qu'il délivra des tyrans qui l'affligeoient. Dénis se fit maître d'école, et mourut après avoir obtenu des Athéniens la couronne poétique. —— L'eunuque Bagoas empoisonne Ochus, immole ses frères, et donne le diadème à Darius Codomanus. —— A cette époque vivoient, Démosthènes, Eschyne, Speusippe, Aristote, Xénocrate, Phocion, Mamercus, Demade . . . .

3670. (*Décroteur.*)

Alexandre laisse son frère Antipater en Grèce, et passe en Asie à la tête de 35 mille hommes seulement ; il culbute l'armée des Perses sur les bords du Granique, la disperse, se rend maître de l'Asie mineure; détruit dans les plaines d'Issus en Cilicie une armée dix fois supérieure à la sienne, s'empare des trésors de Darius, fait prisonniers Sysigambis, sa mère, sa femme et ses enfans : la Syrie et la Phénicie sont les résultats de cette glorieuse victoire. Tyr s'oppose sept mois à sa valeur, enfin elle est prise et ruinée : en arrivant à Jérusalem, Jaddus grand Pontife lui montre les prophéties de Daniel, qui marquoient ses victoires, il accorde aux Juifs plusieurs privilèges. Alexandre passe en Egypte qui se soumit au conquérant : il visite le temple de Jupiter Ammon, bâtit Alexandrie; il revient en Asie, et écrase l'armée de Darius dans les plaines d'Arbelles; ce monarque Persan expira par la trahison de Bessus gouverneur de la Bactrie. Alexandre, entraîné par l'ardeur de la gloire, s'avance vers le nord de l'Asie, défait les Scythes, et réduit sous sa domination tout l'empire du grand Cyrus. Des conspirations se forment contre lui; les auteurs en sont punis. Alexandre se rend dans les Indes; les rois se soumettent; Porus seul s'oppose à sa marche, il est vaincu, mais traité en roi à cause de son généreux orgueil. Le jeune roi auroit voulu franchir le Gange; les vieux soldats, harassés de fatigues, s'y opposent; il fallut céder aux compagnons de sa gloire, et ordonner la retraite; il redouble son activité, gravit des rochers escarpés, disperse des nations barbares; s'embarque sur l'Indus, découvre le premier l'Océan indien; il risque sa vie au siège d'une ville des Oxydraques. Il charge Néarque amiral de sa flotte de se rendre par l'Océan au golfe persique, et de ce golfe à l'embouchure de l'Euphrate; il eut ainsi la gloire de lier par le commerce la Méditerranée à l'Océan indien. Alexandre arrivé à Suze eut le malheur de perdre le cher confident de ses pensées, Ephestion; il entre triomphant dans Babylone, il épouse Statira et Roxane; se livre aux plus honteuses débauches; il perce dans son ivresse son ami Clitus; fait mourir Callisthène, philosophe d'Olynthus, parcequ'il avoit refusé de lui rendre les honneurs divins. Durant l'absence d'Alexan-

dre, les Lacédémoniens essayèrent de réconquérir leur indépendance ; ils furent vaincus par Antipater, et leur roi Agis
fut tué. —— Plusieurs femmes romaines qui avoient empoisonné quantité de citoyens, sont exécutées. Decius se dévoue pour le salut de son armée ; les Latins et les Campa-
niens sont soumis. Manlius-Torquatus fait trancher la tête à
son fils victorieux, parcequ'il avoit combattu contre ses ordres. —— Période d'Isocrate, de Speusippe, de Zénon, de
Cléante, de Diogène, de Cratés, de Pyrrhon, d'Epicure,
d'Apelle, de Protogène, de Lysippe.

3680. (*Depaveur.*)

Alexandre, le plus redoutable des héros, épuisé de débauches, s'éteignit à l'âge de 33 ans, après avoir donné son anneau à Perdiccas son fils. Son empire est divisé entre ses généraux. Ptolomée s'empare de l'Egypte ; Perdiccas et Roxane
gouvernent en tyrans les Babyloniens ; ils font assassiner Sta-
tyra et Dripati. Les Athéniens et leurs alliés se soulèvent, et
obligent, sous le commandement de Leosthènes, Antipater de
se réfugier dans Lamia en Thessalie ; le général macédonien
les battit à son tour, s'empara d'Athènes, y mit garnison, et
obligea les citoyens de lui envoier Démosthènes, qui s'empoisonna plutôt que de tomber entre ses mains, et Hyppéride
qu'il fit mourir. Perdiccas marche contre Ptolomée, il est tué
en passant le Nil. Antigone marche par ordre d'Antipater contre Attale et Polémon en Asie ; il les défait, et cherche à se
faire roi Olympias fait mourir Aridée. Cassandre et Polysperchon règnent conjointement en Macédoine à la mort d'Antipater. Polysperchon marche à Athènes, excite le peuple contre Phocion qui est obligé de boire la ciguë ; et y laisse pour
la gouverner, Démétrius de Phalère, auquel les Athéniens
érigèrent 300 statues. Cassandre fait assassiner Olympias et
Alexandre ; et Antigone immole Cléopatre, sœur du conquérant ; chacun de ses ambitieux s'empresse de détruire le sang
de leur maître. —— Les Romains subissent le joug aux fourches Caudines ; ils s'en vengèrent bientôt sous Papirius, faisant passer sous le joug les Samnites. La Campanie et la Pouille

deviennent une préfecture romaine. —— Agathocle s'empare de Syracuse, il passe en Afrique, remporte plusieurs victoires sur les Carthaginois, et retourne en Sicile. —— Les Egyptiens viennent assiéger Jérusalem, ils s'en emparent un jour de sabat où les Juifs n'avoient osé se défendre, et en emmenent 100000 prisonniers.

3690. (*David.*)

Antigone met en fuite Seleucus, et subjugue les Babyloniens; Séleucus rentra dans Babylone; ce retour fut célèbre sous le nom de l'ère des Séleucides (3692). Démétrius Poliocerte, fils d'Antigone, se rend maître d'Athènes, Démétrius de Phalère en est proscrit, les statues qu'on lui avoit érigées sont renversées, autant d'autres sont élevées en honneur de l'autre Démétrius qui avoit fait proclamer la liberté des Athéniens; ce général, inventeur d'un grand nombre de machines, vient assiéger Rhodes et ne peut cependant la forcer. Ces généraux ambitieux prennent tous le titre de roi. —— Fabius défait les Toscans et les Ombriens, et Brutus les Samnites. Rome devient toujours plus rédoutable par de nombreuses victoires, et commence à se faire connoître au déhors dans une attitude ménaçante. Appius-Claudius fait construire la fameuse route qui conduit à Capoue, et un aqueduc de deux lieues de longueur.

3700. (*Chasseur.*)

Ptolomée, Lysimaque et Séleucus se liguent contre Antigone et son fils; ils viennent aux mains dans les plaines d'Ipsus, Antigone est vaincu et tué; Démétrius voulut se réfugier à Athènes; ses habitans qui naguère avoient adoré cet homme comme un Dieu, lui réfusent un asile. Démétrius se réconcilie avec Séleucus, lui donne en mariage sa fille Stratonice; il s'empara d'Athènes, et se contenta de reprocher aux habitans leur ingratitude, leur pardonna, et rétablit la démocratie. Appelé au secours d'Alexandre, roi de Macédoine, le fait assassiner, et lui succède. Lysimaque règne sur la Thrace et la Bithynie. —— Fabius Pictor introduit à Rome la peinture. Paix avec les Samnites. —— A ce temps fleurissoient, Philémon, Crantor, Mégasthène , Théopraste , Ménandre.

3710. (*Chateau.*)

Démétrius dépouillé de ses états par Pyrrhus , se retire chez Séleucus , qui le traita avec bonté ; mais il mourut de chagrin. —— Lysimaque chasse Pyrrhus de la Macédoine , et y règne ; il est tué dans une bataille contre Seleucus qui s'empare de son royaume —— Photoloméc Philadelphe règne en Egypte , encourage les lettres , fait traduire en grec la Bible; nourrit les savans aux dépens du trésor public ; fait construire le Phare , chef d'œuvre d'architecture de Sostrate de Cnide; fait communiquer la mer-Rouge avec la Méditerranée par le moyen d'un canal que Néchos et Darius avoient vainement entrepris de faire creuser : les richesses du monde affluent dans ce beau royaume. —— Papirius-Cursor construit à Rome un cadrant solaire. Decius , dans la guerre contre les Samnites , se dévoue , comme son père , pour le salut de son armée.

3720. (*Chinois.*)

Les Tarentins outragent les ambassadeurs romains , qui leur déclarent la guerre. Pyrrhus , appelé aux secours des premiers, défait les Romains à Aquilée, qui sans ce décourager lui livrent une seconde bataille , dans laquelle Pyrrhus victorieux s'écria ; *encore deux victoires pareilles et nous sommes perdus.* Decius-Mus consul est tué à la bataille d'Asculum , les Romains y restent victorieux. Fabricius refuse les présens de Pyrrhus , et l'avvertit que son médecin vouloit l'empoisonner. Pyrrhus, défait par Curius Dentatus , se retire en Epire. —— Les Gaulois sous la conduite de Brennus , ravagent la Macédoine , défont l'armée de Ptolomée-Ceraunus qui avoit assassiné les fils de son frère et de son épouse Arsinoé , et le tuent. Leur armée est défaite par les Grecs près du temple de Delphes. Une autre armée passe en Asie, et s'établit dans le pays appelé depuis Galatie. —— Antigone-Gonatas, fils de Démétrius-Poliocerte, est reconnu roi par les Macédoniens. —— L'eunuque Philétère fonde le royaume de Pergame. —— Commencement de la ligue Achéenne. —— Antiochus-Sotér succède à son père Séleucus. Cet Antiochus avoit été sauvé par le médecin Erasistrate. Ce roi amoureux de sa belle-mère Stratonice, se laissoit mourir de langueur, et sans le secours de ce médecin qui avoit connu la cause de son mal, auroit été conduit au tombeau.

3730. (*Chameau.*)

Pyrrhus passe en Sicile, bat les Carthaginois, subjugue cette île, s'y fait detester; il passe en Macédoine, remporte des victoires sur Antigone Gonatas; porte la guerre en Lacédémoine, la ravage, se présente à Sparte d'où il est chassé; il va attaquer Argos où, blessé par une femme qui lui jeta une tuile sur la tête, il est tué par un soldat. —— Les Tarentins et les Epirotes sont obligés de se rendre à discretion des Romains. La légion qui s'étoit emparée de Reggio est massacrée. Les Romains frappent pour la première fois de la monnoie d'argent. Premier spectacle des gladiateurs à l'occasion des funérailles de C. Junius Brutus. —— Antigone-Gonatas s'empare d'Athènes, et y laisse une garnison macédonienne.

3740. (*Caron.*)

Appius passe en Sicile au secours des Mamertins; ce qui donne lieu à la première guerre Punique. Les Romains commencent à équipper une flotte: Duillius bat celle des Carthaginois, Annibal qui en étoit général est mis en croix. —— Antiochus-Soter met en déroute les Gaulois qui s'étoient établis en Asie; il est vaincu à Sardes par Eumène, roi de Pergame, et privé de son royaume. —— Siècle de Bérose, d'Aristotime, de Timée, de Callymaque, de Ménandre, de Théocrite, de Bion, de Moschus, d'Euclides . . . . .

3750. (*Colonne.*)

Attilius Regulus passe en Afrique, défait Asdrubal et Amilcar; il fait tuer un énorme serpent près de Bragada; il est vaincu et fait prisonnier par Xantippe. Les Romains vengent sa défaite par une éclatante victoire sur mer; mais une tempête détruisit leur flotte. Les Carthaginois, jaloux de Xantippe, se délivrèrent, par un crime, de leur libérateur. Métellus défait l'armée d'Asdrubal en Sicile, deux cents éléphans tombent au pouvoir des Romains, et ornent le triomphe du consul, tandis qu'Asdrubal est mis en croix par ses concitoyens. Publius Claudius, tournant en ridicule la cérimonie réligieuse des poulets sacrés, perd presque toute sa flotte ; les Carhaginois en brûlent une autre presque toute entière, et ravagent ensuite les côtes d'Italie. —— Antiochus répudie Laodicée, et épouse Bérénice fille de Ptolomée : celui-ci étant mort, Bérénice est chassée, et Laodicée rappelée : elle empoisonne Antiochus, fait proclamer roi de Syrie Seleucus, et tuer Bérénice et son fils. Ptolomée vient ravager la Syrie, fait périr les meurtriers de sa sœur, et se retire en Egypte, chargé de butin. —— Les Parthes, sous Arsaces, et les Bactriens secouent le joug des Macédoniens. —— Aratus paye cent-cinquante talens à Diogène, gouverneur d'Athènes, pour qu'il sorte de la ville, à qui il rend la liberté, et la met sous la protection des Achéens.

3760. (*Caducée*)

Regulus, envoyé à Rome par les Carthaginois pour y traiter la paix, exhorte les Romains à la guerre, et retourne à Carthage y souffrir avec héroïsme la mort la plus cruelle. Le consul Lutatius triomphe complétement, sur mer, des Carthaginois, et Rome leur dicte la paix. Toute la Sicile, excepté Syracuse, est déclarée province Romaine. Livius Andronicus fait jouer ses pièces à Rome. Tandis que les Sophistes, en Grèce, les académiciens, les épicuréens, les cyniques bravoient les lois de la nature, de la morale et de la société, les Romains developpent leurs facultés intellectuelles. —— Les Etoliens entrent dans la ligue achéenne. Aratus s'empare d'Acrocorinthe, montagne qui servoit de citadelle à la ville ; il est défait par Cléomène. —— Agis, roi de Sparte, ayant voulu retablir la legislation de Lycurgue, est étranglé dans une prison, avec son épouse et sa mère. La discorde arme les deux rois, Cléombrote et Léonidas. Chelidonide se partage héroïquement entre son époux Cléombrote et son père Léonidas: elle fuit tantôt avec son père, tantôt avec son époux vaincu. Cléomène, arrivant à Sparte, tue quatre éphores, et reconduit l'ordre dans l'état. —— L'empereur Hi, après avoir fait la conquête de toute la Chine, fait bâtir l'immense muraille qui la sépare de la Tartarie.

3770. (*Coq.*)

Rome se trouve en paix avec tout le monde. Le temple de Janus, toujours ouvert depuis Numa, est fermé l'an 3776. L'année suivante les Romains font la conquête de la Sardaigne et de la Corse, et remportent plusieures victoires sur les Liguriens. Guerre contre Teuta, reine d'Illyrie. Sp. Corvilius est le premier des Romains qui aie répudié sa femme. —— Amilcar, père du grand Annibal, passe en Espagne à la tête d'une armée —— Les Etoliens conspirent contre les Achéens qui font alliance avec Philippe: les premiers se rendent formidables.

3780. (*Chapeau.*)

Antigone-Doson, général de Philippe, met en déroute l'armée de Cléomène à la journée de Selasie: ce roi se retire à la cour de Ptolomée-Philopator qui le retint comme un prisonnier: Cléomène se donna la mort. Sparte est soumise par Antigone, et la famille des Héraclides est éteinte. Les Spartiates donnent le sceptre à Agésipolis et à Lycurque. —— Attilius - Regulus met en déroute 200000 Gaulois, en tue 40000, et en fait prisonniers 10000, parmi les quels se trouvoit leur roi Concolitanus: Attilius y perdit aussi la vie.

3790. (*Cavalier*).

Annibal succède à Asdrubal tué par un Gaulois: il soumet toute l'Espagne; prend Sagonte, franchit les Pyrénées, entre dans les Gaules, traverse le Rhône, gravit les Alpes, repoussant les montagnards qui s'opposoient à sa marche: soumet les Tauriniens, défait les Romains à la Trébia, au Tesin, sur les bords du Trasymène, où le consul Flaminius fut tué. La lenteur du dictateur Fabius arrête ses progrès; il le renferme dans un défilé d'où Annibal ne peut se tirer que par le stratagème des sarmens de vigne allumés, et attachés aux cornes d'un troupeau de bœufs. Fabius délivre l'impudent Minucius et les légions romaines qui s'étoient engagées dans un combat. Le vertueux Paul-Emile avec 70000 Romains restent sur le champ de bataille à Cannes: le forfait consul Varron est rémercié par le Sénat pour n'avoir désespéré du salut de la République. La faction d'Hannon à Carthage paralyse les efforts d'Annibal, en empêchant de lui envoyer des secours. Rome est inébranlable au milieu des revers. La mort des deux Scipion en Espagne: la défection de leurs alliés, n'empêcent point les Romains de passer, pour la première fois, le Po, de marcher contre les Gaulois et les battre, tandis qu'Annibal faisoit prendre à son armée victorieuse des quartiers d'hiver à Capoue. Marcellus, après un siège de trois ans, s'empare de Syracuse, malgré les machines d'Archimède. Les Romains font alliance avec les Etoliens. Scipion, à l'âge de 24 ans détruit les forces des Carthaginois en Espagne, et s'empare de Carthagène où il donne un grand exemple de vertu. Annibal se rend maître de Tarente, et les Romains de Capoue dont ils font mourir les principaux citoyens par le poison, et exécuter à mort les Sénateurs. Annibal vient camper devant Rome; un violent orage l'oblige de décamper: il défait Fulvius dans la Pouille. Fabius force la ville de Tarente; Marcellus qui vainquit ce redoutable ennemi sous les murs de Nole, périt vaillement dans une embuscade. —— Aratus, battu par les Etoliens, à la journée de Caphie, est empoisonné par Philippe. Les Etoliens ravagent l'Epire. Philopémen, nommé chef des Achéens, tue lui-même Machanidas, roi de Sparte, près de Mantinée. Siècle de Plaute, de Hennius, d'Hépicide, de *Démétrius* de Pharos qui professa, le premier, la médecine à Rome.

3820. (Bosquet.)

Asdrubal accourt avec une puissante armée pour se joindre à son frère: cette armée est défaite par les consuls Claudius et Livius sur les bords du Métaure. Cinquante mille

Africains restent sur le champ de bataille avec Asdrubal, dont la tête est coupée et jetée dans les retranchemens d'Annibal. Le jeune Scipion débarque sur le territoire de Carthage, extermine l'armée combinée d'Asdrubal et de Syphax, roi de Numidie. Annibal est rappelé et défait à la journée de Zama. Scipion reproche à Sophonisbe son infidélité à Massinissa son époux, qui lui envoie du poison qu'elle avale : il accorde la paix aux Carthaginois à des conditions humiliantes. Syphax est le premier monarque que Rome vit suivre, enchaîné, le char de ses généraux vainqueurs. Annibal se retire chez Antiochus.

3810. (*Bottier.*)

Le consul Quintius attaque Philippe à l'entrée de l'Epire, et l'oblige de retourner dans ses états : il fait des courses en Thessalie : son frère, commandant de la flotte, s'empare de l'Eubée et de toute la côte maritime. Flaminius défait Philippe à Cynocéphales; il proclame dans les jeux isthimiques la liberté de la Grèce; ce qui causa parmi ces peuples crédules une joie extraordinaire qui fut de bien peu de durée. Philippe, encore redoutable, obtient la paix. —— Antiochus-le-Grand pousse ses conquêtes en Orient; ligué avec Philippe, il veut dépouiller de ses états Ptolomée-Philopator; il est battu à la journée de Raphia en Palestine. Les Romains épousent la défense de Ptolomée-Epiphane qui succeda à son père, à l'âge de quatre ans. —— Trente mille Gaulois sont tués sur les rives du Mincio par le consul Cétégus. Scipion Nasica triomphe des Boïens. Les Romains déclarent la guerre à Antiochus; le consul Acilius le bat aux Thermopyles; les Etoliens abandonnés virent leur flotte, commandée par Annibal, dispersée par celle des Romains. Lucius Scipion défait Antiochus à Magnésie, et le force de ceder aux Romains toutes les provinces au-deça du Taurus. Rome les partage entre les Rhodiens et Eumène, roi de Pergame. Annibal se réfugie à la cour de Prusias, roi de Bythinie, pour éviter la poursuite des Romains. Scipion l'Africain, accusé d'avoir vendu la paix à Antiochus, se retire à Linternes; Scipion son frere est condamné pour crime de péculat.

3820. (*Pandore.*)

Philopémen marche à Sparte, en rase les murs, abroge les lois de Lycurgue, et fait rentrer Sparte dans la ligue Achéenne; il est pris lui-même et empoisonné par les Messeniens. Philippe est obligé de ceder plusieurs villes à Eumènes: Démétrius, son fils, qui avoit été en ôtage à Rome, le réconcilie avec le Sénat; et il est étranglé peu de temps après par ordre de son père, sur les fausses accusations de Persée son frère. On découvre les livres de Numa. Censure de Caton. Mort de Philippe, de Séleucus, d'Epiphane, d'Annibal et de Scipion. Les Macédoniens affaiblis, les Etoliens terrassés, les Achéens tremblans, les Galates domptés, Ariarathe, roi de Cappadoce, assujeti aux Romains, les rois de Pergame, de Syrie et de Bithynie leurs esclaves, l'Egypte docile aux ordres du Sénat, le royaume des Parthes indépendant, les Espagnes libres en partie, et les Gaules tout entières, tel est le spectacle que le monde offre à cette période. —— Jason obtient à force d'argent la suprême sacrificature, et introduit dans Jérusalem les jeux gymnastiques à l'usage des Grecs.

3830. (*Romance.*)

Paul-Emile soumet les Liguriens: il défait l'armée de Persée, et change la Macédoine en république. Plus de mille Achéens, accusés d'avoir favorisé ce roi, sont obligés d'aller se justifier à Rome. On les disperse dans les villes d'Etrurie; Polybe seul obtient la liberté de rester dans cette capitale. Les Liguriens et les Istriens sont soumis. —— Massinissa fait la guerre aux Carthaginois. —— Antiochus-Epiphane est obligé d'abandonner toutes ses conquêtes en Egypte; il se venge sur Jérusalem, fait massacrer quatre-vingt mille habitans, et vendre quarante mille; enlève les trésors du temple et le profane: il ordonne à tous les Juifs d'abandonner leur réligion. Intrépidité du vieil Eléazar, martyre des sept frères Machabées et de leur mère; devouement d'Eléazar. Mathatias et Judas Machabée remportent plusieurs victoires sur les troupes de ce roi. Antiochus étant mort blasphémant contre l'Eternel, les Romains envoient une armée en Syrie, avec ordre de brûler tous ses vaisseaux, et de diminuer les forces de son royaume. Térence, Scipion, Lælius, Panætius, Polybe, Pacuvius, Carnéade, Lucilius, Porcius-Caton, illustrèrent la poësie, l'éloquence, et l'histoire.

3840. (*Bergers.*)

Démétrius, fils de Séleucus, s'enfuit de Rome, où il étoit en ôtage, arrive en Syrie, se fait proclamer roi, et fait mourir Lysias et Antiochus-Eupator. Il envoie des troupes contre les Juifs, qui sont défaites: Alexandre-Bala le détrône. Les Juifs jouissent des fruits de leurs exploits, et Judas fait alliance avec la République Romaine. —— Décret du Sénat de Rome pour chasser de la République les orateurs et les philosophes. Les Romains passent pour la première fois les Alpes pour secourir les Marsillois. Le goût des lettres se repand parmi ses conquérans; et police leurs mœurs; la langue latine, acquiert plus de pureté. Paul Emile détruit la fameuse phalange Macédonienne sous les murs de Pydna ; soumet la Macédoine, la divise en plusieurs républiques ; Persée, sa famille et Gentius, roi d'Illyrie, ornent son triomphe.

3850. (*Pallas.*)

Rome prend le parti de Guluzza, roi des Numides, contre les Carthaginois. Le consul Manilius après avoir desarmé les Carthaginois, et brûlé leur flotte, leur signifie l'ordre de quitter leur patrie. Ces malheureux, au déséspoir, répoussent les efforts des deux consuls. Scipion-Emilien vient assiéger Carthage, et, tandis qu'il est sur le point de s'en emparer, les citoyens y mettent le feu ; le Sénat ordonne d'en achever la destruction. Mummius met le feu à Corinthe, capitale de l'Achaïe et ornement de la Grèce. Dans cet incendie se fondirent les statues de differens métaux qui, par cette union, formèrent le célèbre cuivre de Corinthe. Diaéus et Gritolaüs, principaux chefs de la ligue Achéenne se donnèrent la mort. Rome envoie un préteur en Achaïe qui mit fin à la liberté de la Grèce. L'imposteur Ardriscus , qui avoit pris le nom de Philippe , vainquit les Romains en Macédoine ; mais il tomba bientôt au pouvoir de Métellus. Un certain Alexandre qui prétendoit être fils de Persée , est aussi vaincu par Métellus , et la Macédoine devint province romaine. Lucullus et Galba ravagent l'Espagne. Les Lusitaniens et les Celtibériens se défendent avec courage. Viriathus , chef de voleurs , se rend maître de la Lusitanie , et venge ses compatriotes. —— Démétrius-Nicanor se resaisit du trône de Syrie , héritage de ses pères : il entreprend de subjuger l'empire des Parthes où régnoit Mithridate ; il tombe au pouvoir du vainqueur , il est traité en roi , et se marie avec Rhodogune , princesse du sang des Arsacides : il fut chassé de son trône , et assassiné à Tyr.

3860. (*Bedeau.*)

Fabius accorde la paix à Viriathus : Servilius Cépion , sans y avoir aucun égard fait assassiner ses envoyés , et Viriathus même. Les Numantins battent l'armée de Q. Pompéïus ; quatre mille de ces citoyens renferment dans un défilé trente mille Romains , et leur accordent la paix. Le Sénat romain livre entre leurs mains ceux qui l'avoient signée , et envoie contr'eux Scipion l'Emilien. —— Ptolomée-Physcon , roi de Cyrène , épouse Cléopatre veuve de Ptolomée-Philométor ; il fait tuer , le jour même de ces noces , le fils de sa nouvelle épouse , et tous les Egyptiens qui s'opposent à son usurpation. Son règne est un tissu de tyrannies. —— Les esclaves de Sicile se révoltent contre les gouverneurs romains , et les défont en plusieurs rencontres. —— Simon est nommé chef de la Judée à la mort de Jonathas ; mais lui-même ayant été assassiné par Ptolomée , Ircanus fut nommé son successeur ; celui-ci renouvella son alliance avec les Romains.

3870. (*Pêcheur.*)

Scipion pousse le siège de Numance. Ses habitans réduits au désespoir , s'y brûlent avec leurs effets. Numance éprouve le même sort que Corinthe et Carthage. L'Espagne est soumise. Pison dompte les esclaves qui s'étoient révoltés en Sicile. Aristonicus roi de Pergame, fait prisonnier le consul Licinius et met en déroute l'armée romaine : il est lui-même fait prisonnier par Aquilius, et son royaume est réuni à la République. Tiberius Graccus, qui tentoit de mettre en exécution la loi Licinia pour la division des terres, est massacré avec plus de trois mille de ses partisans, dont les corps sont jettés dans le Tibre. —— Démétrius est défait par Alexandre Zebina est tué avec son fils par sa femme Cléopatre. —— Laodice, reine de Cappadoce, empoisonne cinq de ses enfans : elle fut bientôt trucidée par ses sujets qui donnèrent le sceptre à Ariarate, son fils, qui s'étoit sauvé du massacre de ses frères. Scipion le jeune est trouvé mort dans son lit : sa femme Sempronia et les triumvirs sont soupçonnés de l'avoir assassiné. —— Ircanus, gouverneur des Juifs renouvelle l'alliance avec les Romains.

3880. (*Papillons.*)

Expédition des Romains contre les pirates des îles Baléares, qui infestoient la Mediterranée. Le Sénat ordonne de rebâtir Carthage, et y envoie une colonie de six mille hommes. Marius est envoyé, pour gouverneur, en Espagne. C. Graccus renouvelle les dissensions civiles; il est contraint de s'enfuir dans un bois sacré où il se fit tuer par son esclave, qui se perça ensuite de la même épée. Fabius Maximus écrase, dans les plaines de Cavari, une armée de Gaulois; 20,000 restent sur le champ de bataille : leur roi orne le triomphe du proconsul. Les Sthoeniers qui habitoient aux pieds des Alpes maritimes, se voyant par tout entourés par l'armée romaine mettent le feu à leurs maisons, et s'y précipitent avec leurs femmes et leurs enfans. La partie méridionale des Gaules devient province romaine. Rome, à cette époque, comptoit 394336 hommes habiles à porter les armes : Métellus fait la conquête de la Dalmatie. —— Cléopatre est obligée de boire la coupe empoisonnée qu'elle avoit préparée à son fils Gripus. Elle avoit été femme de trois rois de Syrie, et mère de quatre.

3890. (*Bouvier.*)

Jugurtha, roi de Numidie, souillé du sang de ses deux frères et de celui de Massiva, après avoir soutenu, pendant dix ans, tout l'effort des armes romaines, aussi habile qu'artificieux, attaque les Romains avec de l'or, désespérant de les vaincre par les armes. Métellus étoit sur le point de terminer cette longue guerre, lorsque Marius, nommé consul, vient prendre le commandement des légions, et achever d'écraser les Numides, ayant avec lui le questeur Sylla. L'atroce Jugurtha, poussé de villes en villes, se réfugia auprès de Bochus, roi de Mauritanie : Sylla s'y rendit de même : ce monarque remit son gendre entre les mains du questeur. Jugurtha est conduit à Rome, chargé de chaînes ; il expia ses forfaits dans une basse fosse. Les Teutons et les Cimbres attaquent le consul Carbon qui fut vaincu dans le Norique. Cassius qui vouloit s'opposer à leur marche dans l'Allobrogie, fut tué, et la moitié de son armée taillée en pièces. Mallius et Cépion leur livrent bataille près d'Orange avec quatre-vingts-mille hommes ; leur armée est exterminée ; dix seuls Romains peuvent échapper à ce carnage ; les barbares jetèrent dans le Rhône l'or et l'argent qu'ils trouvèrent dans le camp, et passèrent au fil de l'épée tous les prisonniers. Publication des lois somptuaires pour mettre des bornes au luxe de la table. Les esclaves de Sicile choisissent pour leur roi un joueur de flûte, nommé Arthénion ; cet aventurier vainquit les Romains dans plusieurs combats. Manius Aquilius, tua dans un combat Arthénion, et obligea les esclaves à se rendre. —— Aristobule qui avoit succédé à Ircanus, fait tuer sa mère et son frère Antigonus.

3900. (*Vase.*)

L'armée des Teutons et des Ambrons, qui couvroit, dans la Provence, la vaste plaine arrosée par la rivière d'Arc, est taillée en pièces par Marius : plus de cent mille sont pris ou tués. Les Cimbres accoururent pour venger leurs compatriotes ; Catulus Lutatius et Marius les terrassèrent près de Verceil. Cent-vingt mille restèrent sur le champ de bataille, et 70000 furent faits prisonniers. Marius, de retour à Rome, fait exiler Métellus : la force est substituée à la justice. Glaucia et Saturninus, créatures de Marius, essaient de détruire la République ; ils s'emparent du Capitole : une bataille furieuse s'engagea dans Rome : les séditieux sont vaincus, et leurs chefs tués ; Métellus est rappelé. Les concussions des publicains sont reprimées. Dolabella fait la conquête de la Lusitanie. Didius égorgea tous les habitans d'une ville qu'il avoit attirés dans son camp. —— Alexandre, successeur d'Aristobule, ayant été vaincu par Latirus, roi d'Egypte, fait alliance avec Cléopatre, mère de ce roi. —— Naissance de Jules-César l'an 3904. Bochus, roi de Mauritanie, envoie à Sylla cent lions et plusieurs chasseurs pour combattre avec ces bêtes dans le cirque romain. Tigrane ravage l'Arménie, et fait alliance avec Mithridate contre les Romains.

3910. (*Vautour.*)

Les Italiens se liguent contre Rome qui leur avoit refusé le droit de citoyens qu'ils demandoient. Après plusieurs défaites de part et d'autre, le Sénat est forcé de le leur accorder. Mithridate, roi de Pont, s'étant rendu maître d'une grande partie de l'Asie, et ayant fait massacrer plus de quatre-vingts mille Romains, le Sénat lui déclare la guerre. Sylla en est nommé général ; Marius en est jaloux ; il soulève le peuple et se fait nommer général contre Mithridate. Sylla, bien loin de céder à son rival le commandement, marche droit à Rome ; fait casser la loi de Sulpitius, et fait mettre à prix la tête de Marius. Marius, obligé de prendre la fuite, pour sauver sa vie, voulut passer en Afrique ; empêché par les vents, il se sauve sur la côte de Campanie, dans les marais de Minturne ; il passe à Carthage, et s'abandonne aux plaisirs de la table. Marius revient à Rome avec une poignée de soldats, la remplit de sang, immole tous ses ennemis, se fait nommer consul, et prend Cinna pour son collègue. Une maladie, causée par la grande quantité de vin qu'il but, emporta, au bout de quelques jours, cet homme célèbre par ses exploits et par sa cruauté. Sylla est proscrit à son tour, tandis qu'il terrasse les lieutenans de Mithridate aux journées de Chéronée et d'Orchomène. Marius, le fils, Cinna et Papirius-Carbon, se rendent maîtres du gouvernement de Rome ; ils la livrent au carnage et au pillage : tous les amis de Sylla sont assassinés, et leurs biens confisqués. Les sénateurs qui peuvent se sauver du massacre, se retirent auprès de Sylla. Fimbria, victorieux dans plusieurs batailles sur le roi de Pont, assassine Flaccus ; mais se voyant abandonné par ses troupes, il se perce de son épée. Sylla dicte la paix à Mithridate et marche à Rome. Pompée son lieutenant défit le jeune Marius, et débaucha l'armée de Scipion.

3920. (Fontaine.)

Cinna et Carbon se préparent à resister à Sylla. Cinna est tué par ses soldats, et Marius assiégé dans Préneste ; Sylla deploie toute l'atrocité de son caractère dans Rome, fait égorger sept mille de ses ennemis et en proscrit quatre mille ; Sylla se comporte avec toute la fureur d'un barbare ; Catilina est nommé exécuteur de ses vengeances. Jules César est sauvé de la proscription. Pontius Télésinus marche à la tête des Samnites et des Lucaniens vers Rome, vaincu par Crassus, il périt les armes à la main. Préneste est prise, Marius se tue, les sénateurs sont mis à mort ; les Prénestins et les Samnites égorgés. Pompée, envoyé en Sicile contre Carbon, le prend et le tue ; Domitius périt dans une bataille. Sylla se fait dictateur à vie, et triomphe de Mithridate ; il tâche de rétablir dans Rome le règne des lois ; mais Rome, veuve de ses plus illustres défenseurs, ne présente qu'un esprit de vertige et d'anarchie. Sertorius se fortifie en Espagne, repousse Métellus et Pompée ; il rejette les offres de Mithridate ; Perpenna conspire contre lui et le tue, lui même pris par Pompée, est tué. Ainsi la partie de l'Espagne qui avoit obéi à Sertorius fut reduite. Sylla a le courage d'abdiquer la dictature, et ce bourreau souillé du sang de plus de cent mille citoyens romains et d'une multitude immense d'alliés, mourut tranquillement l'année suivante. —— Nicomède, roi de Bithynie, lègue ses états aux Romains. —— Siècle de Philon;

de Gallus Hortensius , d'Archias , de Possidonius . . . .

3930. (*Fumeur.*)

Spartacus soulève les esclaves contre les Romains ; après deux ans de guerres il est vaincu par Pompée et Crassus. Lucullus remporte plusieurs victoires sur Mithridate qui va se réfugier chez Tigrane ; Lucullus les défait tous deux à Tigranocerte : les deux princes vaincus se sauvent en Arménie ; Lucullus les y poursuit , abandonné de ses troupes , il est battu ; il obtient pourtant les honneurs du triomphe , et dès-lors ne vécut qu'en vil Epicurien. Pompée fait la guerre aux pirates qui infestoient toute la Méditerranée , et les en chasse ; il obtient , grâce aux efforts de Cicéron , le commandement de l'armée contre Mithridate et Tigrane ; il les poursuit , et porte la terreur jusqu'au pied du Caucase. Mithridate , abandonné de Tigrane , de ses troupes et de son fils même , ne trouve autre asile que dans une mort violente. Cet exécrable monarque avoit assassiné ses gendres , ses femmes, ses oncles , ses fils , ses frères , sa mère et ses meilleurs serviteurs. Pompée vient à Jérusalem , l'enlève un jour de sabbat , les habitans sont massacrés , les prêtres égorgés , tandis qu'ils offroient au Ciel leurs sacrifices dans le temple. Le vainqueur fait démolir les murs de la ville , rétablit Hircan , sous le titre de prince des Juifs , et donne l'intendance de la Judée à Antipater. Aristobule et ses deux fils furent enchaînés , et suivirent le char du triomphateur. Métellus fait la conquête de l'île de Crète ; Cicéron fait ses discours contre Verres , et obtient la charge d'édile , et ensuite de préteur. Naissance de Virgile l'an 3934. —— Bérénice monte sur le trône d'Egypte ; Ptolomée Auléte qui en fut chassé , vint se réfugier à Rome.

3940. (*Furie*)

Consulat de Cicéron ; découverte de la conjuration de Catilina. Lentulus , un des complices , séduit les ambassadeurs des Gaulois ; Cicéron les fait arrêter et condamner à mort. Catilina est battu ; il se fait tuer sur le champ de bataille. Pompée , aspirant à la domination , propose la loi agraire ;

il s'unit à Crassus et à César qui étoit de retour de l'Espagne où il avoit remporté plusieurs victoires, et amassé des grosses sommes d'argent. Ce triumvirat s'oppose à l'autorité du Sénat, et persécute tous ceux qui s'opposoient à leurs ambitieux desseins. Clodius, favori de César, lui fait donner la conduite de la guerre contre les Gaulois, et fait exiler Cicéron et confisquer ses biens. Il est bientôt rappelé ; son retour, depuis Dyrrachium à Rome fut un triomphe continuel. César dans les Gaules défit les Helvétiens, vainquit Arioviste, roi des Germains, tua dans une bataille soixante mille Nerviens, vainquit les Suéves, passa le Rhin, mit en fuite les Germains, débarqua deux fois dans la Grande-Bretagne, triompha des Bretons ; retourna dans les Gaules, et écrasa les armées d'Ambiorix, chef des Liégeois. César employa neuf années à soumettre les Gaules : à la fin de chaque campagne il venoit passer l'hiver à Rome, et distribuoit les places. Crassus tire du temple de Jérusalem des trésors immenses.

3950. (*Fileuse.*)

Crassus qui étoit allé contre les Parthes, est tué dans une entrevue avec leur général ; son armée est écrasée ; plus de trente mille Romains restent sur le champ de bataille. Clodius est assassiné par Milon ; Cicéron plaide la cause de celui-ci, et ne peut le sauver de l'exil. César demande le consulat ; Sulpicius et Métellus sont préférés. Les Gaulois se soulèvent ; César repasse les Alpes ; il a à combattre avec deux cents-cinquante mille Gaulois ; il les met en déroute ; leur impose des tributs, et retourne en Italie, chargé d'immenses trésors. Le Sénat décrète que César licencieroit ses troupes : Antoine et Cassius s'opposent à ce décret, et se retirent à Ravenne : Pompée devenu maître à Rome, fait déclarer la patrie en danger, et César criminel. Curion, tribun du peuple, se rendit dans le camp de César, qui à la tête de ses légions, prétextant la défense de la liberté, passa le Rubicon, marcha vers Rome ; Pompée la quitte ainsi que le Sénat qui le suit en Epire ; César y entre, pille le trésor public, il marche en Espagne et défait l'armée de Pompée. César, de retour à

Rome, est nommé dictateur : il va assiéger Pompée dans son camp de Dyrrachium ; il est obligé de l'abandonner, et de se retirer en Thessalie. Pompée l'y suivit, et les plaines de Pharsale furent le théatre de sa défaite. Caton s'embarque pour l'Afrique, résolu de défendre la liberté romaine jusqu'au dernier soupir, et Pompée s'enfuit précipitemment en Egypte où le jeune Ptolomée qui lui devoit la couronne, le fait assassiner sur sa barque. César marche en Egypte contre Ptolomée, son armée est exposée à un grand danger, elle est sauvée par celle de Mithridate de Pergame, et celle des Egyptiens défaite. César couronna un autre Ptolomée avec Cléopatre ; avec qui il passa quelque temps ; il se porta ensuite contre Pharnace, fils de Mithridate, et n'eut besoin que de paroître pour le vaincre, célérité qu'il exprima par ces mots, *veni, vidi, vici.* Il va en Afrique, défait Scipion à la journée de Thapsus, et oblige Juba, roi de Mauritanie, de se tuer. Caton, renfermé dans Utique, se déchire les entrailles, et prive César du plaisir de lui pardonner. César de retour à Rome, triomphe de ses ennemis, il reçoit du Sénat la dictature pour dix ans et reforme le calendrier. Les enfans de Pompée devenoient puissans en Espagne ; le dictateur triomphe d'eux dans les plaines de Munda ; il est salué *Imperator* (3959) ; sa fortune fait disparoître la liberté : il est déclaré dictateur perpétuel. A ces temps vivoient Cicéron, Varron, Lucrèce, Catulle, Saluste, Cratippe . . .

3960. (*Foudre.*)

César déclare, sans mystère, que la république n'étoit plus qu'un nom, et qu'on devoit regarder ses paroles comme des lois. Le 15 mars 3961 le Sénat devoit permettre à César de s'appeler roi hors de l'Italie. César n'écoute point sa femme Calpurnie ; il ne veut point lire un écrit que lui présente, sur la route, le philosophe Artémidore, et qui contenoit un détail de la conspiration formée contre lui ; il entre au Sénat, il est assassiné et tombe au pied de la statue de Pompée. Antoine se saisit des écrits de César, lui fait des funérailles, il plaint son triste sort ; les spectateurs vont mettre le feu aux maisons des conjurés. Antoine demande une garde pour sa sureté, et fait trembler Rome. Octave, petit-neveu de César, vient à Rome demander l'hérédité de César. Le Sénat prend son parti, et déclare Antoine ennemi de sa patrie. Cassius et Brutus se retirent en Asie avec une armée. Octave, Antoine et Lépide dans une petite-île près de Mantoue, forment un second triumvirat : trois cents sénateurs, deux mille chevaliers et un plus grand nombre de citoyens sont devoués à la mort ; parmi ces proscripts se trouvoient un frère de Lépide, un oncle d'Antoine, Cicéron qu'Octave appeloit son père, et Toranius qui avoit été son tuteur. Rome est envahie par trois armées : des conjurés mettent le feu aux maisons ; on élève au milieu de cette ville un tribunal où l'on déposoit les têtes des proscrits. Sextus Pompée, au milieu de tant de scéleratesses, sauva un grand nombre de ces malheureux sur des barques qui les conduisirent en Sicile. Antoine et Octave, après cet horrible massacre, marchèrent contre les conjurés. Brutus et Cassius, défenseurs de la liberté, sont défaits à la journée de Philippe ; ils se donnent la mort. Octave qui s'étoit caché dans les bagages avant la bataille, témoigna une joie indécente de la mort de ces deux chefs. Sextus Pompée est vaincu dans une bataille navale, s'enfuit en Asie où il fut tué. —— Ventidius extermine l'armée de Pachorus, roi de Parthes. —— Hérode est déclaré roi de la Judée par le Sénat : il défait Antigone dans plusieurs rencontres, et se rend maître du royaume.

3970. (Vaches.)

Antoine épouse Octavie, sœur du triumvir. Lépidus dépouillé du pouvoir, rentra dans la vie privée. Cléopatre mandée au tribunal d'Antoine pour avoir fourni des secours aux conjurés, enchaîna ce vainqueur et amollit son courage ; Antoine lui sacrifie Octavie. Octave lui déclare la guerre : l'un avec toutes les forces de l'Orient, l'autre avec toutes celles de l'Occident, se rencontrent près du promontoire d'Actium. Antoine défait par Agrippa, s'enfuit en Egypte sur ses vaisseaux, abandonnant sa nombreuse armée de terre.

se perce de son épée, pour ne point survivre à sa chère Cléopatre qu'il croyoit morte. Octave survient en Egypte, Cléopatre, pour se soustraire à la honte d'être offerte en spectacle aux Romains, se fait piquer par un aspic, et meurt. La bataille d'Actium mit fin à la République de Rome l'an 721 depuis sa fondation ; et du monde 3974. L'Egypte est réduite en province romaine. Octave délibère avec Mécénas et Agrippa, s'il abdiquera l'empire ; il continue à s'en charger, et prend le titre d'Auguste. Rome république qui avoit imposé son joug à la moitié du monde connu, devient esclave d'un de ses citoyens. A ce temps vivoient, Virgile, Dioscoride, Asinius, Pollion, Horace, Properce, Tite-Live, Tibulle, Ovide, Vitruve. —— Hérode abollit dans Jérusalem plusieurs cérémonies commandées par les lois hébraïques, y fait bâtir un superbe théatre et un amphithéatre; et y fait célébrer des jeux en honneur d'Auguste.

3980 (*Phœbus.*)

Octave couvre son despotisme d'un masque républicain. Il embellit Rome, réforme les mœurs et la religion, rélève la dignité du Sénat, établit huit cohortes prétoriennes, chargées du soin de veiller à sa conservation, fait célèbrer les jeux séculaires. Auguste visite la Grèce ; étant à Samos, il reçoit les ambassadeurs des Indiens: Praharte lui envoie les aigles romaines. Agrippa épouse Julie fille d'Auguste. Lollius est défait par les Germains ; Tibère remporte une victoire sur les Rhétiens et sur les Vendeliciens. Virgile meurt à Brindes à l'âge de 51 ans. Marcellus, fils adoptif d'Auguste, mourut aussi. Hérodes fait détruire le temple de Jérusalem pour en construire un autre plus magnifique.

3990. (*Veuve.*)

Tibère conquiert la Pannonie. Auguste feint de vouloir déposer son autorité ; le Sénat la lui confirme pour dix ans. Drusus soumet quelques peuples de la Germanie. Auguste associe Tibère, et lui donne en mariage Julie. Tibère triomphe des peuples de Germanie, et se retire à Rhodes. Dénombrement de tous les peuples de l'empire romain : la population de Rome est évalouée à 4,233,000 personnes.

4000. (*Sisyphe.*)

Auguste exile dans l'île Pandataria, sa fille Julie, à cause de ses désordres ; fait creuser un canal, y fait porter grand nombre de cocodrilles, et y fait réprésenter un combat naval. Le temple de Janus est fermé. Naissance de S. Jean Baptiste l'an 400;. Nouveau dénombrement de l'empire. Naissance de Jésus - Christ l'an 4004.

TABLEAUX SYNCRONIQUES

DE

L'HISTOIRE MODERNE.

Depuis Jésus - Christ. o. (*Sisyphe.*)

Hérode, souillé du massacre des Innocens, et du sang de son épouse Marianne et de deux de ses fils, rongé de mélancolie, meurt lui-même quelque temps après. Son royaume fut partagé entre ses fils, mais le principal partage ne tarda pas à tomber entre les mains des Romains. —— Retour de Tibère à Rome, et de la Sainte Vierge à Nazareth. —— Conjuration de Cinna fils de Pompée : Auguste lui pardonne, et le fait consul : il établit une caisse militaire ; il ordonne des recompenses pour ceux qui se marioient, et des peines pour les célibataires. Germanicus et Tibère sont envoyés contre les Germains. —— Jésus-Christ dispute dans le temple.

10 (*Thé.*)

Arminius, roi des Chérusques, taille en pièces, à Teutoburgium, l'armée de Varus ; Auguste en est désolé ; il ne cesse de s'écrier, *Varus rends-moi mes légions.* Tibère et Germanicus ravagent la Germanie. Livie est soupçonnée d'avoir fait périr son époux Marcellus, destiné à l'empire : elle donne sa main à Agrippa, qui meurt, de retour de la Pannonie. Tibére vient à Rome, et reçoit les honneurs du triomphe ; Auguste lui légue l'empire, et finit ses jours à Nole. Les dernieres années de cet empereur furent empoisonnées de chagrins domestiques. Le sombre et cruel Tibère feint de recevoir le pouvoir suprème ; il l'accepte aux instances des Sénateurs. Germanicus, dans une bataille contre

les Chérusques, efface la tache imprimée à la gloire du nom
romain ; il pousse ses conquêtes jusqu'à l'Elbe ; il est rappelé et envoyé en Asie, où il se fait admirer par ses vertus
ainsi que par ses exploits ; mais il s'attire la jalousie de son
oncle, qui le fait empoisonner : Pison, accusé de ce crime,
se donne la mort. Tibère transfère au Sénat la nomination
aux emplois ; il interdit l'usage des habits de soie et de la
vaiselle d'or, et chasse de Rome les mathématiciens. Vitellius attaque Artabane qui avoit envahi l'Arménie ; le chasse
de ce pays ; Artabane revint avec une armée Scythe, et re-
prit son trône. —— Caïphe est nommé grand Pontife. ——
Siècle de Phédre, d'Asinius Gallus, de Velleius Paterculus,
de Celse, de Cornelius Nepos.

20. (*Noé.*)

Les Gaulois se révoltent, et sont soumis. Cresmutius Cor-
dus, historien, est condamné, pour avoir loué Brutus, et
appelé Cassius le dernier des Romains. Séjan qui, de simple chevalier, avoit été nommé préfet des cohortes prétoriennes, aspire au trône ; il réunit en un seul quartier de
Rome ces cohortes qui auparavant étoient dispersées ; fait
empoisonner Drusus, fils de l'empereur, Agrippine, épouse
de Germanicus, et son fils, et fait périr une foule d'autres
infortunés ; tandis que Tibère étoit dans l'île de Caprée. Sa
conjuration est découverte, il est condamné à mort, avec
ses enfans, ses amis, et tous ceux qui furent soupçonnés
de lui avoir été attachés. Atilius fait construire un amphithéatre à Fidène, qui s'écroule et cause la mort de cinquante mille personnes. —— Pilate gouverneur de la Judée. Jésus-Christ se fait baptiser par le divin Précurseur. Ici commence la 70.e semaine de Daniel et la prédication de Jésus-Christ. (29.)

30. (*Hameau.*)

S. Jean Baptiste est décapité par ordre d'Hérode Antipas.
—— Macron remplace Séjan ; il étouffe Tibère sous des ma-
telats, et nomme empereur Caïus Caligula, homme débauché, fils de Germanicus. Caligula fait mourir son fils ado-

ptif, Silanus, son beau-père, et Macron à qui il devoit l'empire; il désiroit que le peuple romain n'eût qu'une tête pour la trancher d'un seul coup : il se fait adorer comme un dieu, veut placer sa statue dans le temple de Jérusalem, pour y être adorée, et faire consul son cheval. Sous Tibère, Jésus-Christ, accablé d'outrages, est condamné au supplice de la croix. S. Pierre s'établit à Antioche. —— A cette époque vivoient Columella, Pomponius Méla, Appien, Philon ....

40. (*Roue.*)

Les actes du règne de Caligula portent l'empreinte de la barbarie et de la folie. Cet empereur entreprend une expédition imaginaire dans les Gaules ; y étant arrivé, il ordonne à ses soldats de ramasser des coquilles sur le rivage de la mer ; et en triomphe à Rome qu'il remplit de nouveau sang et de terreur. Ce tigre est assassiné par Cassius Chéréa, avec sa femme et sa fille, encore au berceau. Claude, fils de Drusus, est élevé au trône : cet homme stupide et timide est gouverné par l'infame Messaline sa femme, qui épouse publiquement le jeune Silius. Claude les fait tuer tous deux, et fait monter sur le trône Agrippine fille de Germanicus ; il chasse de Rome les Juifs ; il soumet la grande Bretagne. —— Concile de Jérusalem ; Agrippa, roi des Juifs, persécute les chrétiens : la Judée devient un repaire de brigands : à la mort d'Agrippa, elle est gouvernée par des magistrats romains. Conversion de S. Paul. S. Pierre qui étoit venu à Rome, est obligé de retourner en Judée. —— Poëtus, accusé d'avoir conspiré contre l'empereur, est conduit à Rome ; Arrie, sa femme qui l'accompagnoit, s'enfonce un poignard dans le sein, et le présente tout sanglant à son époux, lui disant, *tiens, mon cher Poëtus, cela ne fait point de mal.*

50. (*Elie.*)

Agrippine, redoutant le même sort que Messaline, empoisonne Claude, elle règne quelque temps sous le nom de son fils Néron, et deploie une ambition effrénée, et des vengeances exécrables ; elle fait empoisonner Junius Silanus ; oblige Narcisse de se donner la mort, et porte Néron à faire

mourir Britannicus , fils de Messaline. Néron bannit sa mère
du palais ; il devient amoureux de Poppée femme d'Othon :
ce général est envoyé en Lusitanie ; Octavie est répudiée:
Néron épouse Poppée, et la tue d'un coup de pied ; il fait mourir Burrhus et Sénéque, Lucain et Pétrone. Ce bourreau feint
de se reconcilier avec sa mère ; il l'invite à une fête à Bayes,
et la renvoie sur une galère , construite de façon qu'elle devoit être écrasée, ou noyée: Agrippine se sauve ; elle est
assassinée par Anicet : le Sénat applaudit à ce crime. Corbulon remporte des victoires sur les Parthes, et sur les Arméniens. Caractacus , roi des Bretons , tombe au pouvoir des
Romains. la Mauritanie devient province romaine. S. Pierre
retourne à Rome y fonder le premier siège de l'Eglise ; S.
Paul y est conduit , chargé de fer. —— S. Thomas annonce l'Evangile dans l'Ethiopie et dans les Indes.——Les Parthes précipitent du trône Rhadamiste qui, en fuyant, poi-
gnarda son épouse Zénobie, et la jeta dans l'Araxe ; mais
elle eut le bonheur de s'arracher à la mort.

60. (Aide-de-camp.)

Corbulon remporte des victoires sur les Arméniens, sou-
tenus par Vologèse. Néron donne le sceptre de ce royaume à
Hérode Atticus ; et, jaloux de Corbulon, l'oblige de se donner la
mort. Suétonius défait complétement les Bretons révoltés, quatre vingts mille périssent sur le champ de bataille ; et leur reine
Baodicée , ne pouvant survivre à la perte de ses soldats, s'immola de ses propres mains. Néron voyage en Grèce , et monte
sur le théâtre comme un acteur. De retour à Rome, fait mettre le feu à plusieurs quartiers de cette ville, et en accuse les chrétiens , qui sont persécutés. S. Pierre et S. Paul sont décapi-
tés. Néron , ennemi de tout le monde , abandonné de ses armées , condamné par le Sénat , devenu exécrable à soi même,
se donne la mort. Galba est élevé à l'empire ; il ne règne que
sept mois : Othon qui l'avoit tué, lui succède, et se donne la
mort trois mois après. Vitellius est proclamé empereur. Ce
monstre , occupé à manger et à boire, est battu sous les murs
de Rome par les troupes de Primus ; il va se cacher au fond

de son palais ; il est égorgé. Vespasien, vainqueur des Juifs, est proclamé empereur. Il fait revivre les beaux jours d'Auguste, et mérite réellement le titre de *père de la patrie*. Les Gaules qui s'étoient révoltées sont soumises. Agricola, victorieux des Bretons, les gouverne avec douceur. —— Epoque de Perse, de Quinte Curce, de Pline, l'ancien, de Joséphe, de Pétrone.

70. (*Quai.*)

Prise de Jérusalem par Tite ; le temple est brûlé ; la ville est détruite ; onze-cents-mille assiégés y périssent, et plus de deux millions sont massacrés dans le reste du pays ; les vaincus, échappés au fer, sont dispersés. Triomphe de Titus. Le temple de Janus est fermé. Vespasien rétablit le Capitole, et fait la dédicace du temple de la Paix. On élève un colosse au soleil de cent pieds. La peste fait mourir à Rome jusqu'à dix mille personnes par jour. Tito succède à son père ; il renvoie Bérénice, son amante, princesse du sang d'Hérode. Herculanum et Pompéia, sont ensevelies sous les laves du Vésuve. Pline y est étouffé par les flammes ; il étoit allé reconnoître le théâtre de la nature ébranlée.

80. (*Hibou.*)

Incendie à Rome, qui brûle les temples de Scrapis, d'Isis et de Neptune, et le Panthéon. Titus, les délices du genre humain, qui croyoit ses jours perdus, quand ils n'étoient pas marqués par quelque bienfaisance, est enlevé au bonheur de ses sujets, au bout de vingt-six mois. On voit revivre Néron dans la personne de Domitien son frère. Il marche, en Sybarite, contre les Daces ; il se retire, sans les avoir apperçus, et s'en arroge les honneurs du triomphe. Il remplit la mer d'exilés : dignité, noblesse, fortune, vertu, tout devient crime à Rome. Les philosophes et les chrétiens sont persécutés. S. Jean, sorti de l'huile bouillante, est rélegué dans l'île de Pathmos. Célébration des jeux séculaires ; institution des jeux capitolins ; siècle de Martial, de Valerius Flaccus, d'Epictète, de Quintilien, d'Agricola . . . .

90. (*Eve.*).

L'impératrice Domitia trouve une liste de nouvelles exécutions que projetoit Domitien; y voit son propre nom et celui de plusieurs de ses domestiques; des conjurés poignardent ce tyran, et lui donnent pour successeur le viellard Nerva. Domitien est le dernier des douze empereurs appellés Césars. L'empire respira sous un étranger, sous un viellard, qui après avoir choisi Trajan pour son successeur, mourut après scize mois de règne. Trajan réforme les moeurs des Romains; il embellit Rome d'une place publique, où on éleva la superbe colonne qui porte son nom. Il défend aux chrétiens de s'assembler.

100. (*Tisonneur.*)

Trajan reduit au désespoir Décebale, roi des Daces, qui se perça de son épée; il subjugue l'Arabie, l'Arménie, la Mésopotamie; donne un roi aux Parthes, et fait périr un grand nombre de Juifs qui s'étoient révoltés. Pline, le jeune, est nommé proconsul de la Bithynie : il écrivit une lettre à Trajan en faveur des chrétiens. Sous cet empereur, vivoient, Stace, Tacite, Juvénal, Apollonius de Thianes, Florus, Suétone, Ptolomée, Plutarque . . . .

110. (*Tête.*)

Mort de Trajan à Sélinonte. Plotine, sa veuve, fait nommer pour son successeur Adrien, fils de sa nièce. Cet empereur fait la paix avec les Parthes, et leur rend tout ce que Trajan leur avoit pris. Il ne s'occupe que de voyages; fait fleurir les arts et la Grèce qui en étoit la mère, il fait continuer la persécution contre les chrétiens, excitée sous Trajan. Les Alains attaquent l'empire romain, et sont repoussés.

120. (*Tantale.*)

Adrien visite l'Asie et l'Égypte. Son mignon Antinoüs y étant mort, en fait un dieu, et lui érige des temples. Il désarme les Sarmates par des présens et des pensions; une des causes de la décadence de l'empire. Adrien fait bâtir une grande muraille au Nord de la Bretagne, pour empêcher les incursions des Calédoniens.

130. (*Tambour.*)

Adrien, affamé de gloire, fait bâtir plusieures villes, pour le plaisir de leur donner son nom. Il forme le projet de rétablir Jérusalem, sous le nom d'*Elia-Capitolina*; y érige un temple à Jupiter, sur la hauteur, où avoit été celui du Dieu véritable. Les Juifs se soulèvent à cette occasion; Barcokébas est leur chef; ils perdent six-cents mille hommes, fauchés par le fer, sans compter ceux qui périrent par la faim ou par les flammes. Les Juifs sont dispersés, repandus sur toute la surface du globe, et leur miraculeuse existance ne cesse d'attester la vérité de l'Evangile. Adrien mourut à Bayes, Antonin de Nîmes qu'il avoit adopté, lui succède. Quadratus et Aristide présentèrent à Adrien une apologie pour les chrétiens; il fit cesser la persécution l'an 134.

140. (*Trompette.*)

Rome, sous le règne d'Antonin goûta les douceurs de la paix. Cet empereur disoit souvent qu'il aimoit mieux conserver un citoyen que de tuer mille ennemis. En effet, au lieu d'agrandir l'empire, en corrigea les abus: il fit célébrer les jeux séculaires avec une grande magnificence.

150. (*Tailleurs.*)

Justin présente à Antonin l'apologie des chrétiens, et Antonin défendit de les poursuivre comme tels. La famine, le feu et les pluies désolent Rome.

160. (*Etude.*)

Antonin appelle au trône Marc Aurèle, et meurt pleuré par tout l'empire. Le Sénat lui érige une colonne. Marc Aurèle associe à l'empire son frère Verus; il l'envoie contre Vologèse roi des Parthes. Verus emploie plus d'une année pour arriver en Syrie, voyageant plus en porceau d'Epicure qu'en empereur: il s'arrête à Antioche, et charge son lieutenant Cassius de faire la guerre à l'ennemi; ce général le chasse de l'Arménie; s'empare de Seleucie, et fait passer au fil de l'épée ses habitans au nombre de 400,000: une paix de trente ans est le fruit de ces exploits. Verus mourut victime de ses débauches. Marc-Aurèle, son parfait contraste, étoit toujours occupé à faire le bonheur de ses sujets. Il marche contre les Marcomans et les Daces. Une pluie miraculeuse, obtenue par les prières d'une légion chrétienne, sauve son armée, et un orage affreux fondit sur les ennemis, et les mit en déroute.

170. (*Tigre.*)

Marc-Aurèle n'ordonna jamais aucune persécution contre les Chrétiens ; mais il ferma les yeux sur celle qu'ils essuyèrent en divers lieux , et la fit cesser après la fameuse campagne de Germanie. La révolte d'Egypte, qui couta bien de sang, est appaisée. Les Maures font des incursions en Espagne. Cassius qui avoit subjugué les Parthes, sème le bruit que Marc-Aurèle étoit mort , et se fait saluer empereur par ses troupes en Syrie ; ses officiers l'assassinent. Marc-Aurèle associe son fils Commode à l'empire ; il marche contre les Quades , et meurt à Vienne. Il laissa un recueil d'excellentes maximes morales. Sous son règne fleurissoient, Galien, Athénagoras , Athénée , Montanus , Diogène , Lacrce , Pausanias , Apulée , Lucien.

180. (*Tabouret.*)

Commode , élevé à l'empire , achète la paix des barbares, et en triomphe à Rome, comme s'il les avoit vaincus. Lucile , sa sœur, amante de Quadratus , jeune sénateur, veut le faire assassiner ; elle est tuée avec la plupart de ses complices , ainsi que l'impératrice Crispina. Cette conspiration devint funeste au Sénat. Pérennis , préfet du prétoire est exterminé avec sa famille ; Cléandre qui succède à son pouvoir et à ses vices , est tué comme lui , ainsi que sa famille. Le capitole et diverses bibliothèques sont brûlés. La peste ravage l'Italie.

190. (*Tavernier.*)

Commode fait mourir quantité de personnes distinguées : bientôt il vient à un tel excès d'atrocité que , par plaisir et par jeu , coupe le nez et les oreilles à quelque officier de sa maison, à qui il feint de faire la barbe : il s'amuse à casser des jambes, à faire sauter des yeux ; et veut être adoré comme un Dieu. Il est empoisonné par son amante Martia, qui

(135)

avoit trouvé son nom inscrit dans une liste de proscrits. Pertinax, gouverneur de Rome, et plein de vertus, est procla
mé empereur. Il se fait aimer par le Sénat et le peuple ; mais
les prétoriens, régrettant les indignes profusions de Commode, le massacrent, et mettent l'empire à l'enchère ; Didius-
Julien l'achette. Niger, gouverneur de Syrie ; Sévère, général en Illyrie ; Albin, gouverneur de la Grande-Bretagne,
pensent à le lui ravir. Didius a la tête tranchée. Sévère qui
étoit accouru à Rome, est reconnu par le Sénat pour son
successeur. Sévère endort Albin par le titre de César, et
marche contre Niger qu'il défait et tue près de l'Issus. Il sévit contre ses partisans, et fait mourir les sénateurs qui
avoient combattu pour lui ; il détruit Bysance ; il livre bataille à Albin, près de Lyon, écrase son armée, réduit en
cendre cette ville, et condamne à la mort la femme et les
enfans d'Albin qui se donna la mort. Sévère fait déclarer
empereur Bassien, son fils, et célèbre des jeux magnifiques.
Il porte la guerre contre les Parthes ; il pénètre jusqu'à Cté-
siphon, leur capitale, et en fait tuer tous les habitans.

200. (*Enseigne.*)

Sévère renouvelle toutes les lois contre les Chrétiens, et
fait assassiner un grand nombre de sénateurs. Plautien, préfet prétorien, son confident, épouse sa fille à Bassien Caracalla ; il est tué par ordre de l'empereur. Sévère fait construire, en Bretagne, un mur depuis la Tyne jusqu'au golfe
de Solway, pour servir de barrière contre les Pictes.

210. (*Notaire.*)

Sévère, en s'écriant, *j'ai été tout, et tout m'échappe,*
meurt à Yorch. Caracalla et Géta, son frère, lui succèdent.
Le premier fait mourir Plautille son épouse, et poignarder
Géta entre les bras de leur mère Julie, et vingt-mille personnes qu'il croyoit avoir favorisé le parti de Géta. Papinien
très-profond jurisconsulte, se refuse de faire l'apologie de
l'assassinat de Géta : ce refus est l'arrêt de sa mort, et de
celle de son fils. Caracalla voyage dans les Gaules ; il attaque les Germains, passe en Asie, se rend en Egypte, laissant

par tout des marques de sa cruauté. Macrin fait tuer ce nouveau Néron, et lui succède. Cet homme voluptueux, élevé
dans l'arène des gladiateurs, est tué près d'Antioche par les
troupes d'Héliogabale que Mæsa, sœur de l'impératrice Julie,
avoit fait passer pour fils de Caracalla, et nommer empereur
par les troupes à l'âge de quatorze ans. Siècle de Tertulien,
de Minutus Felix, de Clément d'Alexandrie, de Papinien ...

220. (Annibal.)

Le règne d'Héliogabale est l'histoire de ses cruautés et de ses
folies. Il établit un sénat de femmes pour décider des modes.
Soëmis, sa mère en fut la présidente ; elle opinoit aussi dans
le sénat des hommes. Le luxe de cet empereur étoit excessif :
il faisoit sabler du poudre d'or et d'argent les portiques qu'il
devoit passer pour arriver à son cheval. Il donne le titre de
César à son cousin Alexien ; il veut le faire assassiner, il est
assassiné lui-même. Alexien prend le nom d'Alexandre Sévère.
Il vécut trop peu pour le bien du monde. Ulpien, son préfet, son ministre, et son digne ami, est massacré par les prétoriens. —— Artaxerxés Perpens, d'une basse extraction, tue
son maître Artaban, dernier roi des Parthes, et retablit l'empire des Perses en Orient, et la dynastie des Sassanides.

230. (Nymphe)

Artaxersés attaque les Romains, et pénètre jusqu'en Cappadoce. Alexandre marche contre lui, le défait, et lui prend
sept cents éléphans ; il marche ensuite contre les Germains,
et il est assassiné à Mayence. Maximin, Goth d'origine,
s'élève à l'empire, il verse le sang de plus de quatre mille
citoyens ; ravage la Germanie. L'Afrique fait empereurs deux
Gordiens, père et fils, qui sont reconnus par le Sénat. Ca-
pellien leur livre bataille à Carthage ; le fils est tué, le père
se pend, après avoir regné six semaines. Le Sénat donne la
pourpre à Maxime et Balbin. Maximin marche contre eux ;
il est massacré à Aquilée. Les prétoriens assassinent Maxime
et Balbin, et donnent l'empire au César Gordien, qui marche
contre Sapor, et lui enlève toutes ses conquêtes. Aurelien
défait les Francs sous les murs de Mayence. Vers ce temps

ivoient Origène, Jule Africain, Dion Cassius, ...

240. (*Nourrice.*)

Gordien est massacré par ses troupes, qui donnent le sceptre à Philippe. Celui-ci conclut la paix avec Sapor; il célèbre, pour la dernière fois, les jeux séculaires à Rome, après avoir combattu les Carpiens dans la Mésie. Dèce, qui est chargé de marcher contre les rebelles de Syrie, se fait lui-même proclamer empereur par ses troupes. Une bataille s'engagea sous les murs de Vérone, et Philippe vaincu fut tué, ainsi que son fils qu'il avoit nommé César. Sous Dèce, la persécution contre les chrétiens éclata plus que jamais; les déserts de la Thébaïde se peuplent d'anachorêtes qui se dérobent à la persécution des hommes. Une irruption des Goths appelle l'empereur dans la Mésie.

250. (*Nelson.*)

Gallus, lieutenant de Dèce, le fait périr dans une embuscade, il hérite son sceptre, et se rend tributaire des Goths. Emilien les vainquit, et se fit proclamer empereur. Les légions de Gallus, n'osant se mesurer contre ce général, tuèrent leur souverain, ainsi que son fils et son collègue Volusien. Emilien est aussi massacré, et Valérien reçoit le titre d'empereur. Les Goths, les Scythes, les Sarmates ravagent l'empire. Les chrétiens sont persécutés.

260. (*Andromède.*)

Valérien passe en Orient contre Sapor; il est fait prisonnier, et servit de marchépied au féroce monarque, toutes les fois qu'il vouloit monter à cheval. Gallien, son fils, prend la pourpre dans les Gaules; et tandis qu'il bâtissoit des appartemens avec des roses, qu'il élevoit des forts avec des fruits, la peste sévissoit en Italie; les Scythes la ravagent, le fer, et la flamme à la main, et en emportent un riche butin; ils envahissent la Thrace et la Béotie. Les Péloponnésiens ferment leur isthme par un mur. Odénat, roi de Palmyre, repousse l'armée des barbares qui envahirent l'Asie; il chasse Sapor au de-là de l'Euphrate, et reçoit de Gallien le titre d'Auguste. Ce brave défenseur de l'Etat est assassiné par son neveu; Zéno-

bie, son épouse, est soupçonnée d'être complice de cet attentat. Plusieurs gouverneurs , enhardis de l'indolence de Gallien,
usurpent le titre d'Auguste ; on les appelle les trente tyrans,
dont la plus grande partie fut assassinée. Pendant que Gallien assiégeoit le tyran Auréole dans Milan, Claude et Marcien le font tuer ; le premier lui succéda. Zénobie qui gou-
vernoit les Palmyriens, s'empare de l'Egypte. Claude marche
contre les barbares, les atteint à Nissa en Servie , et leur tue
plus de trois cents mille hommes en trois batailles. Les Francs
ravagent les Gaules et l'Espagne.

270. (*Neige.*)

Claude II. meurt de la peste. Quintillus, son frère, se fait
donner le titre d'empereur : mais ayant su qu'Aurélien l'avoit
été par les troupes d'Illyrie , il se donne la mort. Aurélien
marche contre les Vandales , son armée est mise en fuite près
de Plaisance ; cependant il contraint ses ennemis de se retirer
en Germanie ; il attaque l'impératrice Zénobie : il l'assiège
dans Palmyre, la fait prisonnière , massacre tous les habitans
de cette ville , et réduit l'Egypte ; il défait l'armée de Tetricus près de Chalons-sur Marne. Zénobie , Tetricus et un roi
goth, ornent son triomphe. En marchant contre les Perses ,
Aurélien est massacré par le scélérat Mnestée , son secrétaire.
L'empire reste tranquille , pendant six mois ; enfin le Sénat nomme Tacite ; ce souverain marche contre les Scythes , il les
chasse de l'Asie mineure ; ce vénérable empereur mourut tragiquement au milieu de ses triomphes. La couronne impériale,
après avoir décoré, pendant deux mois, la tête de Florien ,
passe sur celle de Probus. Cet empereur quitte l'Asie , pour
venir au secours des Gaules d'où il repoussa les Germains.
Il passe sur les rives du Danube , et met en fuite les Goths;
et oblige Varane , roi des Perses , à rendre aux Romains les
terres qu'ils avoient envahies.

280. (*Neptune.*)

Probus établit en Thrace cent mille Bastarnes ; il est tué
par les troupes , ainsi que Saturnin , Proculus et Bonose, qui
avoient pris la pourpre impériale. Carus , préfet de ses gardes

lui succède, et s'associe Carin et Numérien, ses fils : il défait les Sarmates et les Perses. Aper assassine Carus et Numérien; mais il le paye de son sang. Carin se rend odieux par ses débauches et ses cruautés. L'armée nomme empereur Dioclétien ; Carin lui livre bataille, il est tué par ses officiers. Dioclétien prend pour collègue son ami Maximien qui chasse au de-là du Rhin les Allemands et les Hérules. Carausius s'empare de la Grande Bretagne, et force Maximien à le reconnoître pour empereur. Les Francs, transplantés sur les bords du Pont Euxin, s'embarquent avec leurs femmes, et leurs enfans, ravagent les côtes de l'Asie, de la Grèce et de Sicile; ils entrent dans l'Océan et regagnent leurs pays.

290. (*Navire.*)

Dioclétien nomme deux autres collègues subalternes, avec le titre de Césars, Constance-Chlore et Galère. Constance transporte un grand nombre de Francs qui s'étoient emparés de la Batavie dans l'île de France, et fait rentrer sous l'obéissance la Grande Bretagne. Maximien défait Julien, révolté en Afrique ; Dioclétien détruit Achillée en Egypte, et Galère remporte des victoires sur Narsés roi des Perses. —— Porphyre attaque les Chrétiens par des calomnies, et Galérius par des supplices.

300. (*Musicien.*)

Dioclétien, à l'instigation de Galérius, fait paroître un édit qui condamne toutes les églises des Chrétiens à être détruites; les livres sacrés à être brûlés ; les Chrétiens à perdre leurs charges, leur liberté ; leurs procès, s'ils n'abjuroient pas leur religion. Milliers de fidèles sont conduits au supplice. Galérius menace Dioclétien et Maximien, s'ils ne se demettoient; et fait nommer Césars, Maximin et Sévère. Dioclétien finit ses jours à la vie champêtre à Salone. Constance et Sévère font cesser la persécution dans leurs provinces. Constance gouverne les provinces occidentales de l'empire, et Galerius les orientales.

310. (*Moutons.*)

Constantin, successeur de son père Constance, se contente

du titre de César. Maxence, fils de Maximien, soulève les troupes de Sévère, et le fait mourir. Galérius veut le venger; il est obligé de s'enfuir lui-même auprès de son gendre Constantin. Galérius nomme Licinius cinquième empereur. Maximien qui s'étoit réfugié auprès de Constantin à Marseille, reprend la pourpre impériale, tandis que celui-ci marchoit contre les Francs; il séduit Fausta, sa fille et épouse de Constantin, pour assassiner son mari. Maximien va au lit, tue l'esclave qui étoit couché à la place de Constantin; celui-ci surprend Maximien, et le force à se donner la mort. Galérius meurt à Antioche; Alexandre succède à Sévère en Afrique, où il est étranglé par Volusien envoyé de Maxence. Constantin remporte des victoires sur les Francs; il voit dans le ciel une croix avec cette inscription : *in hoc signo vinces* : il marche en Italie contre Maxence qui avoit résolu de l'attaquer; et met en déroute son armée à Ponte-Molle sur les bords du Tibre; Maxence s'y noye. Rome reçoit Constantin comme son libérateur. Constantin embrasse le christianisme; il rend la liberté aux sénateurs qui étoient en prison, aux loix leur autorité, et sa protection aux Chrétiens; et casse les prétoriens. La croix, sanctifiée par la mort d'un Dieu fait homme, est arborée sur les étendards des légions romaines. Licinius marche contre Maximin, met en déroute son armée, et se rend maître de tout l'orient : Maximin s'empoisonna. Licinius persécute les Chrétiens; il est défait par Constantin, à qui il cède une partie des états de Maximin.

320. (*Moine.*)

Licinius est de nouveau battu à Chrysopolis, et obtient de Constantin de vivre à Thessalonique en particulier; il tente de ressaisir le sceptre, et Constantin le fait mourir. Constantin souille ses mains dans le sang de son propre fils Crispus, et fait étouffer Fausta qui en avoit été la cause. Constantin, se moquant des dieux du paganisme, fut méprisé par les Romains; il donne à l'empire une nouvelle capitale qu'il nomme Constantinople. Les chrétiens jouissent de la paix, et célèbrent à Nicée un concile général contre Arius.

330. (*Mameluc.*)

Constantin ordonne de détruire tous les temples des payens; il s'occupe à peupler et embellir la nouvelle capitale; à protéger le christianisme, à publier des lois paternelles et à favoriser les lettres: il marche contre Sapor II, il tombe dangereusement malade à Nicomédie, reçoit le baptême et meurt après avoir regné 31 ans. Ce grand empereur avoit partagé ses états entre ses trois fils, Constantin, Constance, et Constant. —— Siècle de Lactance, d'Athanase, d'Eusèbe, d'Osius....

340. (*Marechaux.*)

Constantin, qui commandoit en Bretagne, en Espagne, dans la Mauritanie et dans les Gaules, mécontent de cette portion, entre en Italie, et perd, à la fois, la bataille contre Constance, et la vie à Aquilée. Constant protège les Ariens en Orient. —— Sapor persécute les chrétiens de son royaume.

350. (*Mulets.*)

Magnence, ayant pris la pourpre à Autun, poursuit Constant qui est massacré. Vétéranion s'empare de l'Illyrie, Népotien de Rome, et usurpent le titre d'empereur; le dernier est massacré par Marcellin, général de Magnence. Constance oblige Vétéranion de se retirer en Bitynie, y vivre en simple particulier; il associe à l'empire Gallus, son neveu; et défait Magnence à l'embouchure de la Drave, et dans le Dauphiné; celui-ci se sauva à Lyon, égorgea sa famille, et s'immola ensuite lui-même. Gallus est décapité par ordre de son oncle; et Julien n'évita un pareil sort qu'en se cachant sous le manteau de la philosophie. L'empire est attaqué par les Perses, les Sarmates et les Germains. Julien, nommé César, est envoyé en Asie; séduit par des charlatans, il abjure le christianisme; et, pour n'être pas perdu dans l'esprit de son oncle, prend l'habit de moine, et fait l'office de lecteur dans Nicomédie. Il est appelé dans les Gaules, et poursuit les Germains au de-là du Rhin.

360. (*Médecin.*)

Constance, alarmé par les vertus de Julien, rappelle la fleur de ses troupes qui, au lieu de partir pour la Perse, proclament leur chef Auguste dans Paris. Constance meurt, et Julien est reconnu par tout l'empire : il reforme le luxe de la cour et des troupes ; diminue les impôts ; appelle auprès de lui les charlatans et les philosophes, et se resoud à la ruine entière du christianisme. Julien imite les vertus des Chrétiens ; il rappelle les exilés ; leur défend l'étude des belles-lettres ; les exclut de tout emploi ; il enlève à leurs temples les vases sacrés : les supplices sont menagés, mais ordonnés sous d'autres prétextes que celui de religion. Il invite les Juifs à se rendre à Jérusalem, y établir leur temple, pour démentir l'oracle du fils de Dieu : ceux-ci courent de toutes parts : des tourbillons de flammes consument les ouvriers, et rendent le lieu inaccessible ; la conversion de grand nombre de Juifs est le fruit de cette entreprise. Julien marche contre Sapor, après avoir évoqué par plusieurs hécatombes, la protection de ses dieux ; il remonte le Tigre : brûle sa flotte, attaque les Perses, les met en déroute ; un dard lui perce le foie, il expire. La famille régnante s'éteint en lui. L'armée salue Auguste Jovien, qui fait la paix avec Sapor, en lui cédant plusieurs villes ; et meurt au bout de huit mois. Valentinien est nommé son successeur ; il fixe sa résidence à Milan ; il se donne, pour collègue, son frère Valens, et le charge de la défense de l'Orient. Division de l'empire. Procope, parent de Julien, est proclamé Auguste par ses troupes qui le conduisent au palais royal dans Constantinople. Combattant contre Valens, deux de ses officiers le lient et le conduisent à son rival qui fait trancher la tête à tous les trois. Valentinien défait les Germains dans les Gaules ; Théodose, son général détruit ou chasse dans leurs montagnes les Pictes et les Ecossais. La majesté de Rome s'éclipse chaque jour. —— Siècle d'Elius Donatus, d'Eutrope, de Libanius, d'Ammien Marcellin, de S. Basile, de S. Grégoire de Nazianze, de S. Grégoire de Nysse, de S. Ambroise . . . .

370. (*Musicien.*)

Valentinien ravage le pays des Quades, et y meurt. Gratien et Valentinien II, ses fils lui succèdent. Les Huns et les Alains chassent les Goths de leur pays ; Valens attaque ces derniers à Andrinople ; il est exterminé avec son armée. Les barbares acourent en foule s'établir en Grèce. Théodose, envoyé contre eux, remporte plusieurs victoires et les chasse au de-là du Danube ; il est associé à l'empire ; il passe en Afrique, disperse les troupes de Firme qui avoit levé l'étandard de la révolte contre l'empire ; il marche contre Cyria, sœur de Firme, qui étoit à la tête d'une grande armée ; il passe l'Atlas et taille en pièces plusieurs armées de Nègres. Gratien fait monter sur l'échafaud, dans Carthage, ce libérateur de l'Afrique : à la mort de son frère il resta maître de tout l'empire.

380. (*Mappemonde.*)

Gratien fait proclamer empereur Théodose, fils du libérateur d'Afrique : Théodose marche contre les Goths et les bât en divers rencontres. Maxime se fait nommer Auguste en Bretagne, et passe dans les Gaules, il séduit les troupes de Gratien, qui est tué près de Lyon. S. Ambroise est envoyé par l'impératrice Justine, pour traiter avec Maxime : celui-ci promet de laisser jouir en paix Valentinien II du reste de l'Occident. Théodose accorde une grâce entière à la ville d'Antioche qui s'étoit soulevée, à la prière de Flavien son Evêque. Maxime fond à l'improviste en Italie, et Valentinien s'échappe à Thessalonique. Théodose marche contre Maxime, le défait entre la Save et la Drave ; l'immole dans Aquilée, et rend l'Occident à Valentinien : Théodose défend le culte des idoles. Gildon, en Afrique, se soustrait à l'obéissance de Théodose.

390. (*Mufti.*)

Théodose, pour punir les habitans de Thessalonique de leur sédition, fait annoncer une course de chars : le peuple acourt dans le cirque ; l'empereur le fait massacrer. A la voix de S. Ambroise, Théodose expia, dans Milan, cette barbarie dans les larmes de pénitence. Arbogaste, général de Valentinien, devenu puissant, fait étrangler son maître dans ses jardins près du Rhône, et donne le sceptre d'Occident à Eugène, secrétaire de Valentinien; Théodose lui livre bataille sur le Vipao, près d'Aquilée, et le tue; Argobaste se donne la mort. Arcadius succède à l'empire d'Orient, et Honorius à celui d'Occident. Tout change de face. Rufin régit l'Orient, et Stilicon l'Occident. Stilicon, ayant épousé Serène, nièce de Théodose, veut tenir les rênes des deux empires. Rufin invite Alaric, roi des Visigoths, à conquérir la Grèce. Rufin est assassiné; Stilicon est declaré ennemi de l'empire, et Alaric, commandant des troupes d'Illyrie. Eutrope remplace Rufin.

400. (*Roses.*)

Gaïnas parvient à être reçu à la cour d'Arcadius; mais il est bientôt chassé et tué. Affaires d'Eutrope avec S. Jean Chrysostôme. Alaric fond en Italie; Stilicon l'attaque près de Polentia, en Piémont, le met en déroute; Alaric met, à son tour, les Romains en fuite; mais il est obligé de s'enfuir en Illyrie avec peu de troupes. Stilicon défait deux cents mille Goths près de Florence; Radagaise, leur roi, est pris et décapité. Honorius va s'établir à Ravenne. Un essaim de barbares passe le Rhin, et dévaste les Gaules. Les troupes de la Grande-Bretagne décorent de la pourpre un jeune soldat, nommé Constantin; Cet général défait les barbares dans le Hainault, s'empare de l'Espagne; et engage Honorius à l'accepter pour collègue. Stilicon est assassiné, tous ses adhérens mis à mort. Alaric arrive aux portes de Rome; les Romains s'éloignent à force de présens; il y revient peu après, et s'en empare; il la quitte, et se retire en Lucanie. Théodose II succède à son père en Orient. Pulcherie, sa sœur, Rufin et Eutrope, soutiennent l'empire. Un grand nombre de nations septentrionales viennent s'établir dans les Gaules : on présume qu'elles aient été invitées par Stilicon.

410. (*Rotisseur.*)

Géronce, chef des Vandales, se fait proclamer Auguste en Espagne, et se rend indépendant; et Constant prend le même titre dans les Gaules. Les Bretons cessent d'obéir à l'empire.

Les Gaulois entre la Seine et la Loire s'érigent en république. Les Bourguignons fondent le royaume de ce nom. Ataulphe épouse Placidie, sa prisonnière et sœur d'Honorius; il s'établit en Espagne, et y fonde la monarchie des Visigoths. Sigéric le fait tuer; Vallia, son successeur, asservit presque toute l'Espagne, il la rend aux Romains, et s'établit à Toulouse, restant maître de la Gaule méridionale. —— S. Chrysostôme, S. Augustin, S. Jérôme, S. Paulin, S. Cyrille, Sulpice-Sévère, et beaucoup d'autres Saints illustrèrent l'Eglise et les lettres par leur savoir.

420. (*Renard.*)

Théodose épouse Eudocie, fille de Léonce rhéteur athénien; il nomme pour successeur d'Honorius son fils Valentinien III. Jean, secrétaire sous Honorius, prend la pourpre; il est massacré par les troupes de Valentinien à Ravenne. Aëtius qui étoit accouru à son secours, accepte de Placidie le titre de comte, et les Huns se retirent. Aëtius accuse de révolte Boniface, comte d'Afrique; celui-ci appelle Genséric, roi des Vandales, à son secours, et partage avec lui l'Afrique. Placidie se réconcilie avec Boniface qui, voulant chasser les Vandales, est tué. Genséric reste maître de tout ce pays, excepté Carthage et Cirthe. —— Les Francs élèvent à la royauté, dans les Gaules, Pharamond. La monarchie de France commence sous ce chef de la race Mérovingienne. Clodion le chevelu succède à Pharamond. —— Les Perses excitent une persécution contre les chrétiens.

430. (*Ramoneur.*)

Théodose publie le code Théodosien, qui est un recueil de lois choisies entre celles que les empereurs légitimes avoient faites. Honoria, jeune princesse, condamnée à une virginité perpétuelle, fait savoir au roi des Huns, Attila, qu'elle le choisissoit pour époux; ce qui attira dans les Gaules ce monarque barbare. Aëtius remporte plusieurs victoires sur les Bourguignons.

440. (*Arroseur.*)

Attila passe le Danube, et ravage tout le pays jusqu'à Sardique. Théodose fait la paix avec lui; Attila revient bientôt, et oblige Théodose à se retirer en Asie , et à un second traité de paix bien honteux. —— Méroué succède a Clodion , il étend ses états. —— Les Pictes invitent les Saxons à faire une descente en Bretagne.

450. (*Arlequin.*)

Marcien , époux de Pulchérie , succède à Théodose. Attila ravage les Gaules ; Aëtius et Théodoric , dans les plaines de Champagne , font un carnage de ses troupes, 200,000 hommes restent sur le champ de bataille ; Théodoric y est tué ; Attila est obligé de sonner la retraite ; il passe en Italie , et la ravage. Le Pape S. Léon est envoyé par Valentinien lui demander la paix ; il l'obtient, en s'engageant à lui payer tribut. Les Vénitiens ayant été saccagés, et plusieurs de leur villes brûlées, des milliers d'habitans s'échappent dans des îles du golfe Adriatique, et y jettent les fondemens de la république de Vénise. Attila mourut peu après. Valentinien fait assassiner Aëtius, libérateur de l'empire, et périt lui-même par la main de deux officiers. Maxime monte sur le trône , et épouse Eudocie. Elle invite Genséric à venir venger la mort de son mari. Maxime, éperdu , quitte Rome, il est tué ; Genséric y entre , la livre au pillage , et Eudocie est amenée à Carthage. Le général Avitus prend la pourpre ; fait équiper une flotte ; Ricimer, son général , remporte deux victoires sur Genséric , tourne ses armes contre son maître , et le force de se faire sacrer Evêque ; il donne l'empire à Majorien , tandis qu'Aspar donne celui d'Orient à Léon , simple tribun. —— Childeric , successeur de Méroué , est obligé de s'enfuir , et Egidius , gouverneur de la Gaule romaine , lui est subrogé. —— Les Suèves se convertissent au christianisme, et Réchiaire, leur roi, se compose un royaume de la Lusitanie , de la Galice et de l'Andalousie. —— Les Anglo-Saxons s'emparent de la Grande-Bretagne sous la conduite de leur chef Hengist. Une part des Bretons se retirent dans les montagnes de la principauté de Galles ; et d'autres se refugièrent sur les côtes de la Gaule occidentale.

460. (*Rhadamante.*)

Ricimer tue Majorien, et dispose du trône en faveur d'un Lucanien, appelé Libius Sévère, qui mourut peu après empoisonné par le même Ricimer. Anthémius est reconnu empereur d'Occident par ce général. Léon II défait la flotte de Genséric; mais Basilisque, seduit par ce dernier, laisse brûler la sienne. —— Childeric s'empare de Paris et de plusieurs autres provinces sur les confins du Rhin.

470. (*Architecte.*)

Anthémius vient de l'Orient à Rome y prendre les rênes du gouvernement d'accord avec Ricimer, à qui il donne sa fille en mariage. Ricimer devient jaloux de son beau-père, il marche contre lui. Rome est prise et pillée, et Anthémius massacré. Olybius accepte la pourpre de la main de Ricimer, et meurent tous deux peu de temps après. L'armée donne le sceptre à Glycère. Népos, envoyé de Léon, le lui ravit; Oreste, patrice romain, marche à Ravenne contre Népos qui s'échappe, et fait proclamer Auguste son fils Romulus, surnommé Augustule. Odoacre, roi Goth, se saisit d'Oreste à Pavie, et le fait décapiter; et Augustule dépose la pourpre; ainsi finit l'empire d'Occident l'an 475. Odoacre prend le titre de roi d'Italie; il subjugue la plus grande partie de l'Espagne, et envahit les provinces méridionales des Gaules. —— Léon laisse la couronne au petit-fils de Zénon, âgé de quatre ans, qui meurt quelques mois après. Zénon s'empare du trône; il en est chassé par Basilisque : il retourne, et saisit son rival, le jette dans une citerne sèche, et l'y laisse mourir avec sa femme et ses enfans.

480. (*Robinson.*)

Les Goths ménacent Constantinople. Cette capitale est sauvée par la bravoure de Sabinien; mais comme ces barbares revenoient toujours aux prises, Zénon engagea Théodoric, leur roi, à subjuguer l'Italie, en lui accordant ce pays. Théodoric accepta la proposition, et marcha en Italie. —— Clovis commence à régner à l'âge de quinze ans; il remporte, près de Soissons, une victoire sur Siagrius, et se rend maître de toutes les places que les Romains possédoient dans les Gaules.

490. (*Rivaux.*)

A la mort de Zénon , Anastase monte sur le trône ; Longin le réclame , et après avoir livré de sanglantes batailles à l'empereur , il périt dans les tortures. Anastase épouse Ariadne , veuve de Zénon ; il persécute les catholiques , et favorise les Eutychéens : il fit construire dans la Chersonèse de la Thrace une muraille de dix-huit lieues de longueur , pour contenir les Bulgares. —— Théodoric défait Odoacre près d'Aquilée , il le poursuit à Vérone , et l'oblige de se retirer à Ravenne. Odoacre , renforcé par les troupes que lui amène Tufa , gouverneur de Milan , force son rival à s'enfermer dans Pavie ; les Visigoths viennent à son secours , et Odoacre est obligé de regagner Ravenne ; il cède la couronne , et il est assassiné. Théodoric gouverna l'Italie avec justice ; il ranima l'agriculture et les arts. —— Clovis épouse Clotilde ; il remporte une victoire complète à Tolbiac sur les Allemands , et se fait baptiser. Il tue près de Poitiers Alaric de sa main ; soumet tout le pays , depuis la Loire jusqu'aux Pyrénées , et établit son siège à Paris.

500. (*Lazare.*)

Vitalien force la muraille de Thrace , assiège Constantinople , équipe une flotte et revient attaquer le port de cette capitale. Proclus , athénien , brûle ses vaisseaux avec des miroirs ardens. —— Clovis s'occupe à policer les mœurs de ses sujets ; la religion chrétienne assure la monarchie française , et réunit pour toujours dans les Gaules les vainqueurs avec les vaincus.

510. (*Lutteurs.*)

Anastase meurt d'un coup de foudre ; Justin , capitaine de ses gardes , est couronné : il réconcilie l'Eglise Grecque avec la Latine , et s'attire l'affection de ses peuples. —— Clovis fait assassiner les petits princes , ses parens , qui régnoient dans les Gaules , et assigne , en mourant , leurs états à ses fils. Childebert règne à Paris , Clodomir à Orléans , Thierry à Metz, Clotaire à Soissons. Clodomir fait tuer Sigismond roi de Bourgogne, sa femme et ses enfans. Childebert et Clotaire égorgent, quelque temps après, les enfans de Clodomir.

520. (*Lion.*)

Justinien, neveu et successeur de Justin, fait revivre les beaux jours de Rome dans son empire. —— Théodoric fait emprisonner le Pape Jean, Boëce et Symmaque, et fait tuer les deux derniers. Une noire mélancolie le conduit au tombeau. Athalaric, son petit fils, encore enfant, hérita de son sceptre, et fut mis sous la tutelle d'Amalazonte, fille de Théodoric.

530. (*Lampe.*)

Justinien publie les Pandectes, les Instituts et le Code, compilés par le célèbre jurisconsulte Tribonien. Bélisaire défait les Perses en plusieurs combats; il est chargé de l'expédition contre les Vandales; il s'empare de la Sicile, déborde en Afrique, défait Gélimer, et entre dans Carthage. Terrible sedition dans Constantinople, occasionnée par les factions du cirque. Théodora, femme de l'empereur, et Bélisaire sauvent l'empire. Bélisaire soumet toute l'Afrique, les îles Baléares, la Corse et la Sardaigne; à son retour, il entre en triomphe dans Constantinople; Gélimer captif ornoit son entrée; il marche contre Théodat, successeur d'Alaric, et époux d'Amalazonte qu'il avoit étouffée : Vitigés reçoit la couronne d'Italie, et immole Théodat; Bélisaire entre dans Rome; Vitigés vient l'y assiéger; il est obligé de se retirer; il est lui-même assiégé dans Ravenne et fait prisonnier. Bélisaire refuse le titre de roi que le Pape et le peuple lui offroient, et s'en retourne. Justinien envoie un certain Alexandre gouverner l'Italie. Théodebert que Vitigés avoit appelé à son secours, franchit les Alpes avec cent mille hommes, et, trahissant son allié, fait saccager la Ligurie, et rentre dans son pays.

540. (*Lorgneur.*)

Chosroës oblige Justinien de lui payer un tribut. Les Goths qui possédoient encore Pavie, nomment Ildébald pour succéder à Vitigés ; Totila, son neveu, fait la conquête de Rome et de toute l'Italie orientale ; Bélisaire, envoyé contre lui, n'est que témoin de ses exploits, il reprend néanmoins Rome ; il est de nouveau rappelé.

550. (*Lilas.*)

Narsés, envoyé contre Totila, le défait dans le Duché d'Urbin près du Métaure ; l'armée est massacrée, Totila tué. Teia qui lui succède, poursuit Narsés jusqu'aux environs du Vésuve ; une bataille meurtrière s'engage entre les deux armées ; Teia tombe percé de coups ; sa tête est mise au bout d'une lance, les Goths effrayés et désespérés se jettent sur l'armée romaine, et se font tailler en pièces : ainsi finit leur royaume. Soixante mille Allemands descendent en Italie; ils périssent presque tous, ou par la peste ou par les armes de Narsés, qui la gouverne pendant treize ans. —— Clotaire, après la mort de ses frères et de leurs enfans, devient roi de toute la France.

560. (*Lady-Charlotte.*)

Justinien est obligé de payer une pension aux Avares établis en Thrace, et aux Huns. Bélisaire est accusé et mis en prison. Justin II succède à son oncle. Sous lui, deux moines apportent des Indes à Constantinople des vers à soie. Les Lombards envahissent, sous Alboin, l'Italie, et y fondent un royaume dont Pavie est la capitale. Les Grecs sont confinés dans l'Italie méridionale, qui forma, dans la suite, un petit état, sous le nom d'Exarchat de Ravenne, dans lequel Rome étoit comprise. —— A la mort de Clotaire, ses enfans partagent le royaume ; Caribert fut roi de Paris, Contran d'Orléans, Chilpéric de Soissons, Sigebert de Rheims.

570. (*Laquais.*)

Justin adopte Tibère II commandant de ses gardes, et lui remet les rênes de l'empire. Chasroës est battu. —— Alboin est assassiné par ordre de Rosemonde sa femme. Les Lombards nomment, pour lui succéder, Cleph qui ne règne en tyran que dix-huit mois. Trente-six ducs qui régissoient sous lui, le pays conquis, préfèrent de se rendre indépendans, et mettent le comble aux malheurs de l'Italie. —— Les rois de France ne s'occupent que de trahisons, de poignards et de poisons. C'est l'époque de quatre femmes les plus scélérates, de Sophie, Rosemonde, Frédégonde et Brunehault.

580. (*Loup.*)

Tibère nomme Maurice pour son successeur, pour prix de ses exploits contre les Perses. Maurice s'engage de payer tribut aux Avares; et arme Childebert, roi d'Austrasie, contre les Lombards. Ceux-ci, sentant le danger de leur désunion, avoient couronné Autharis, fils de Cleph. Autharis déconcerte tous les efforts de Childebert, et obtient une paix honorable; il laisse aux ducs leurs duchés, et les soumet à payer au trésor royal la moitié de leur révenus, et à prendre les armes à l'ordre du prince; c'est ce qu'on appela le gouvernement féodal. —— Frédégonde immole Clovis, pour assurer la couronne à Clotaire; Landris son amant assassine Chilpéric. —— Les lettres ne sont plus cultivées que dans les monastères. S. Grégoire-le-Grand, et S. Grégoire de Tours fleurissent à cette époque.

590. (*Lavandière.*)

Agilulphe succède à Autaris, et épouse sa veuve Théodelinde; il pousse la guerre contre les Grecs. La fameuse question de la couronne de fer remonte à cette époque. Héraclius défait les Perses à Sisarbane. Chosroës IV égorge lui-même son père Hormisdas; Varamne détrône le parricide qui est obligé d'aller chercher un asile auprès de Maurice, qui le rétablit sur le trône. —— Frédégonde remporte, à la tête d'une armée, une victoire complète sur Childebert; Brunehault est obligée de se réfugier en Bourgogne.

600. (*Destin.*)

Maurice, ayant forcé l'armée à hyverner au de-là du Danube, est massacré avec six de ses fils; et Phocas, homme brutal et sanguinaire, est élu empereur. Chosroës IV s'avance jusqu'à Chalcédoine, et fait passer tout ce qu'il rencontre au fil de l'épée. —— Narsés passe au service de Chosroës: Phocas le rappelle et le fait brûler. —— S. Augustin, premier apôtre d'Angleterre, répend les sémences de la religion chrétienne dans cette île, et réforme les mœurs de ces insulaires.

610. (*Dattier.*)

Héraclius fait mourir Phocas ; il est couronné à sa place ; il ravagea à plusieurs reprises le pays des Perses, et remporta sur eux plusieurs victoires. Les Perses ravagent l'Egypte et la Palestine, d'où ils emportent la Croix de notre Seigneur. —— Mahomet commence à enseigner ses erreurs. —— Thierry est vaincu et mis à mort par son frère Théodebert. Clotaire fait mourir Sigebert et cinq de ses frères. Brunehault, leur grande-mère, est promenée sur un chameau, et traînée attachée à un cheval indompté. —— Adéloald règne en Lombardie sous la tutelle de Théodélinde, sa mère.

620. (*Diane.*)

Héraclius entre en Perse, et poursuit Chosroës jusqu'aux frontières de Médie. Il établit la fête de l'exaltation de la Sainte Croix. Siroés fait tuer son père et ses frères. Mahomet s'enfuit de la Mèque à Médine ; commencement de l'Hégire l'an 622 ; il se donne pour envoyé de l'Ange Gabriel, et subjugue l'Arabie. —— Dagobert est associé à la couronne de France.

630. (*Démocrite.*)

Le vieillard Aboubéker succéde à Mahomet ; sous lui les Mussulmans s'emparent de la Syrie ; l'armée de Manuel est mise en fuite ; les places de Tripoli, de Joppé et beaucoup d'autres sont soumises. Tyr, Jérusalem, la Perse, cèdent aux armes d'Omar ; avec eux la barbarie marche contre la civilisation, l'ignorance contre les sciences et les lettres, et le fanatisme contre la vraie religion. —— Arioal, duc de Turin est couronné roi des Lombards ; il est remplacé par Rotharis. Grimoald, duc de Bénévent, s'empare de ce royaume. —— Dagobert laisse le pouvoir suprême entre les mains de Pépin de Landen, maire de son palais.

640. (*Dardeur.*)

Les Sarrasins s'emparent de l'Afrique. Omar fait brûler la

bibliothèque d'Alexandrie, qui contenoit six cents mille volumes. Amrou les employa à échauffer les bains publics.—— Constantin III et Héracléonas règnent conjointement. Constantin IV, fils du premier, leur succède. —— Sigebert et Clovis succèdent à Dagobert.

650. (*Diligence.*)

Prise de Rhodes par les Sarrasins; destruction du colosse de cette ville. Othoman achêve la conquête de la Perse; il est assassiné par les intrigues d'Aïesha, veuve de Mahomet. Ali le remplace. Moavie, gouverneur de Damas, se fait nommer Calife de Syrie, et commence la dynastie des Ommiades. Guerre entre ces deux califes; Ali est percé avec une épée empoisonnée.

660. (*Dédale.*)

Grimoald chasse Pertharit de son trône, se met à sa place, et contraint les François de renoncer à l'entreprise de l'y rétablir. —— Les Danois font une descente en Angleterre. —— Constant dépouille Rome de tout ce qu'il y trouve de précieux, et l'envoie à Constantinople : il fait tuer son frère Théodose; devenu odieux à ses sujets, il est tué par un de ses officiers. Constantin IV, Pogonat, monte sur le trône. Moavias assiège Constantinople sept années successives.

670. (*Décroteur.*)

A la mort de Grimoald, les Lombards font remonter sur le trône Pertharit. —— Les Bulgariens viennent s'établir dans le duché de Bénévent.

680. (*Dépaveur.*)

Justinien voulant chasser les Bulgariens de la Mésie, est entièrement défait. La flotte des Sarrasins est brûlée par le feu grégeois, inventé par Callinius Syrien; l'armée de terre est taillée en pièces. Des milliers de chrétiens, abhorrant le joug des Arabes, se sauvent sur le mont Liban; on les appela Maronites. Childéric II est déclaré roi après que Thierry III fut relégué dans un monastère.

690. (*David.*)

Léonce, envoyé par Justinien II, pénètre jusque dans l'Hireanie, et revient chargé de dépouilles. Yézld succède à son père Moavias : le califat devient héréditaire. —— Thierry III commence le règne des rois fainéans. Sous le règne de ces princes, les maires du palais usurpent toute l'autorité. —— Les Vénitiens changent le gouvernement démocratique en aristocratique. —— Les impitoyables Pictes sont domptés par le christianisme.

700. (*Chasseur.*)

Léonce est rélégué dans un cloître, son rival règne sous le nom de Tibère III. Justinien, aidé du roi des Bulgares, remonte sur le trône; fait tuer Léonce et Tibère, et ne fait la guerre qu'à ses sujets. Philépique, commandant de la flotte destinée contre les Chazares, fait voile à Constantinople, Justinien s'embarque de même. —— Les Arabes, devenus sensibles aux charmes de l'esprit, font des progrés dans les arts et dans les sciences.

710. (*Château.*)

Les soldats se soulèvent contre Justinien; il est décapité. Le peuple, rougissant d'obéir à Philépique, donne le pouvoir suprême à Antémius, secrétaire d'état, qui prend le nom d'Anaste II. Il est battu en Asie; il abdique la couronne. Théodose, receveur d'impots, est salué empereur. Léon l'oblige de changer le sceptre pour la houlette pastorale. Léon III, chef de la dynastie Isaurienne, est assiégé dans Constantinople par les Sarrasins qui sont obligés de se retirer, après avoir essuyé d'immenses pertes. —— Musa, vice roi d'Afrique, passe en Espagne, défait les Visigoths dans les plaines de Xerxés, et subjugue l'Andaiouise et le Portugal. Pelage se retire avec une poignée de gens dans les montagnes des Asturies. —— Childeric II et Charles Martel, maire du palais, gouvernent la france.

720. (*Chinois.*)

Roderic, roi des Goths, est tué dans une sanglante bataille contre les Maures. Pélage rassemble dans les Asturies les fugitifs, défait les vainqueurs à la journée de Déva, et détruit le royaume des Goths. Alphonse enlève aux Africains la

Galice , les royaumes de Léon et de Navarre. —— Charles Martel dépouille Childéric de la couronne ; gagne sur les Maures la bataille de Tours , et étend le royaume jusqu'aux Pyrénées. —— Les Italiens refusent de payer à Léon les tributs ordinaires ; les Romains se détachent de son obéissance; Luitprand , s'empare de l'exarchat de Ravenne , et protège l'Eglise Romaine. Guerre des Iconoclastes.

730. (*Chameau.*)

Léon se dispose à marcher en Italie ; sa flotte est ensevelie dans les flots. Il fait éclater sa haine contre les images ; il veut en proscrire le culte ; les cruautés qu'il exerça sur ses sujets effacèrent le souvenir de ses exploits militaires: n'ayant pu gagner les savans , prit le parti de les renfermer dans la bibliothèque publique , et les y fit brûler avec plus de trente mille volumes. —— Les Maures se jettent jusque dans le Lyonnais ; ils en sont chassés par Charles Martel qui , à la mort de Thierry , régna six ans sous le nom de Duc.

740. (*Caron.*)

Constantin V Copronime succède à son père ; étant passé en Asie , son beau-frère Artabasde est couronné à Constantinople. La bataille de Sardes se décida en faveur de Constantin qui , poursuivant son rival jusque dans la capitale , le fait prisonnier , lui fait crever les yeux ainsi qu'à ses enfans. —— Astolphe, roi des Lombards, pousse la guerre contre le Saint-siège. Grégoire II implore le secours de Charles Martel contre lui. —— Le christianisme fait des progrès dans toute la Germanie, grâce au zèle de S. Boniface, premier apôtre de cette contrée.

750. (*Colonne.*)

Astolphe envahit l'exarchat de Ravenne et le réunit à ses états. —— Constantin se dechaîne avec fureur contre le culte des images : des milliers de martyrs sont exterminés. Abul-Abbas , reconnu calife et fondateur de la dynastie des Abbassides , détruit tous les Ommiades , à l'exception d'un seul dont descendit Abderame qui renouvella cette famille en Espagne. —— Carloman et Pépin , enfans de Charles Martel , succè dent à leur père. Carloman embrasse la vie monastique ; Pépin réunit en sa personne toute la puissance : c'est le chef de la race Carlovingienne ; Pépin est sacré par le Pape Zacharie ; il passe les Alpes, et reduit Astolphe à une paix équitable. Etienne II obtient de lui l'Exarchat et la Pentapole, ou Rimini, Pesaro, Consa, Fano, Sinigaglia, Anani et Urbino.

760. (*Caducée.*)

Almanzor abandonne le sejour de Damas, bâtit la ville de Bagdad, et en forme le siège de son empire. Abdérame, échappé au massacre des Ommiades, est accueilli par les Mussulmans d'Espagne : il embellit la ville de Cordoue, et encourage les arts et les sciences. Froïla défait un de ses généraux à la journée de Pontuvio, et fonde la ville d'Oviédo.

770. (*Coq.*)

Constantin expira dans son impiété. Léon IV, son fils, exile Irène, son épouse. —— La mort de Carloman rend Charlemagne maître de toute la monarchie Française. Il commence la guerre contre les Saxons, les défait près de Paderbon ; il passe en Italie et y fait prisonnier Didier, dernier roi des Lombards, dont il avoit épousé et repudié la fille ; il le conduit prisonnier en France. Adrien reconnoit Charlemagne pour roi d'Italie. Ce prince confirme les donations faites au Saint-Siège, et y ajoute les duchés de Rome et de Pérouse. Charles passe en Espagne ; son arrière garde est battue à la journé de Roncevaux, et le fameux Roland y périt.

780. (*Chapeau.*)

Constantin VI Porphyrogénète succède à Léon IV sous la tutelle d'Irène sa mère. Irène fait ordonner prêtre Nicéphore qui vouloit saisir le sceptre ; appaise les rébelles en Sicile, et les troubles intérieurs ; mais elle n'est pas heureuse en Italie, et est obligée de payer un tribut au calife Al-Raschid qui avoit pénétré jusqu'au Bosphore. —— Les généraux de Charles sont battus au combat de Sintal par les Saxons. Charles s'en venge d'une manière sanglante. La Bavière est réunie à la couronne. Les Avares, les Huns et les

Grecs, conduits par Adalgise, fils de Didier, sont battus dans le Friul. Charles retourne en France, y introduit le chant grégorien, y établit plusieurs académies, et fait venir d'Angleterre le fameux Alcuin.

790. (*Cavalier.*)

Constantin s'empare du gouvernement, exile sa mère, puis il la rappelle; il marche contre les Bulgares; son armée est taillée en pièces. Irène se saisit de son fils, lui fait créver les yeux et règne seule. —— Charles transplante les Saxons de leur pays; il s'empare de l'Autriche et de la Hongrie, des îles Majorque et Minorque; et reçoit les ambassadeurs du roi de Perse qui lui fait cession des Lieux-Saints.

800. (*Bosquet.*)

Léon III proclame Charlemagne empereur d'Occident. Charles proclame Bernard, fils de Pépin, roi d'Italie; il encourage dans ses états l'étude des sciences; mais cette faible lueur littéraire disparut après sa mort. Il s'occupe à régler les affaires domestiques, et compose un grand nombre de sages loix. Les Saxons, convertis au christianisme, cessent de ravager la Germanie. —— Irène est reléguée dans l'île des Lesbos, parce qu'elle vouloit donner la main à Charlemagne: Nicephore est couronné empereur d'Orient; il est tué par les Bulgares; Michel Raganbé lui succède, et reconnoit Charlemagne pour empereur d'Occident. —— Ecbert réunit les provinces de la Grande-Bretagne sous le nom d'Angleterre.

810. (*Botteir.*)

Charles s'associe son fils Louis, et meurt l'an 814. Louis, reconnu empereur et roi, envoie ses fils, Lothaire en Bavière, et Pépin en Aquitaine. Lothaire est associé à l'empire. Bernard, roi d'Italie, marche contre lui; il est fait prisonnier; on lui crève les yeux, et meurt trois jours après. —— Michel-Curopalate résigne la couronne en faveur de Léon-l'Arménien, qui défait les Bulgares, et ôte les images des Eglises: Léon est massacré dans sa chapelle. Michel, le bègue, passe de la prison au trône. —— Al-Mamon rassemble dans

Bagdad les savans les plus renommés qui y font fleurir les sciences et les arts.

820. (*Pandore.*)

Louis-le-Débonnaire, gouverné par son épouse Judith, partage une partie de son empire entre ses fils et ses neveux. Lothaire est nommé roi d'Italie. Pépin, Louis et Lothaire, se révoltent contre leur père. L'impératrice Judith est confinée dans un cloître, et l'empereur dans un autre. Louis avoit créé Hériold roi des Danois. —— Théophile succède à Michel. —— Les Sarrasins d'Espagne s'emparent de l'île de Crête ; et ceux d'Afrique , de la Sicile et de la Pouille qu'ils inondent de sang. —— Les Navarrois se donnent au roi Inigo , qui commence le royaume de Navarre et d'Arragon. —— Les Danois immolent ceux de leurs compatriotes qui refusent d'abjurer le christianisme. —— La famille des Piast règne sur la Pologne.

830. (*Pomone.*)

Pépin et Louis , jaloux de Lothaire , délivrent leur père et Judith. Vala , abbé de Corbie , est renvoyé dans son monastère : ils sont de nouveau faits prisonniers près de Bâle , et enfermés dans un cloître. Louis se soumet à la pénitence publique ; il est replacé sur le trône. —— Les Danois débarquent en Angleterre , y pillent et brûlent les villes les plus importantes. Chez eux , les Scaldes ou poëtes font fleurir une littérature sauvage.

840 (*Bergers.*)

Les fils de Louis se font la guerre pour le partage de la succession de leur père. La bataille de Fontenay où périrent cent mille Français, décida la querelle. Lothaire qui la perdit, fut obligé de se contenter du titre d'empereur, du royaume d'Italie , de la Provence et des pays entre la Saone et le Rhin. Louis eut la Germanie ; la France fut le partage de Charles-le-Chauve. Lothaire fit la guerre en Italie contre les Sarrasins. —— Michel III et Théodora , sa mère , succèdent à Théophile. Théodora fit périr un grand nombre de Pauliciens , et obligea les autres à s'émigrer. —— Ramire , roi d'Espagne, défait les Sarrasins, et en tue plus de soixante-dix mille, ces barbares s'emparent de Bénévent ; leur flotte et leur armée qui avoit entrepris le siège de Rome, sont dispersées. Léon IV, par son génie, sauva l'Italie. —— Etevulphe, roi d'Angleterre, va à Rome, et rend ses royaumes tributaires du Saint-Siège d'un sterling annuel par famille. Ce tribut a été toujours payé jusqu'au temps d'Henri VIII.

850. (*Pallas.*)

Charles-le-Chauve est obligé d'acheter deux fois la paix des Normands qui ravageoient la France ; il reprend l'Aquitaine sur Pépin. Lothaire partage l'empire entre ses trois fils. Louis l'aîné, est empereur et roi d'Italie ; Lothaire, second fils, roi de Lorraine, et Charles de Provence. Lothaire prend l'habit monastique. —— Noménéo se fait roi des Bretons. Les Danois avec des nouvelles forces, débarquent en Angleterre, subjugent les Bretons, et s'allient avec eux. —— Bardas chasse de la chaire patriarchale de Constantinople S. Ignace, et lui substitue Photius. Bardas et Michel sont assassinés par Basile Macédonien qui monte sur le trône. —— Méthodius, moine grec, convertit au christianisme les Moraves et les Bohémiens.

860. (*Bedeau.*)

Charles s'empare de la Provence qu'il partage avec le roi de Bavière ; et peu après de la couronne. Louis chasse les Sarrasins de l'Italie. —— Alphonse-le-Grand succède à Ordonius, roi d'Espagne ; et remporte victoires sur victoires contre les Mussulmans. —— Rurik, chef scandinave, fonde la monarchie russienne. —— Photius est dégradé par le conseil général de Constantinople ; et S. Ignace rétabli.

870. (*Pêcheur.*)

Charle le-Chauve fait emprisonner son fils Carloman ; il obtient la couronne impériale, et cède au Pape la souveraineté de Rome ; il meurt empoisonné. Louis-le-Bègue lui succède. Les seigneurs françois se fortifient dans leurs châteaux, et se rendent presqu'indépendans. Les ducs de Spolète et de Toscane s'emparent de Rome ; le pape Jean s'enfuit en France, et couronne Louis-le-Bègue. —— Swewin, roi de Danemark, pour venger le massacre des Danois, débarque avec une puissante armée en Angleterre, et subjugue une partie de l'île : le lâche Ethelred s'enfuit en France; son héritier, Alfred-le-Grand, se déguise en berger, ranime le courage des vaincus, retrouve des soldats, forme une armée, gagne des batailles, réforme les mœurs, encourage les arts, les sciences et le commerce, et mérite à juste titre le surnom de Grand. —— Basile porte ses armes victorieuses au de-là de l'Euphrate, rétablit Photius dans le siège de Constantinople : division de l'Eglise Grecque de la Latine. —— Jacoub, simple chaudronier, détrône les Thaëriéns, et fonde la célèbre dynastie des *Sofrarides* en Perse, tandis que Ebre-Thoulon jetoit celle des *Tholonides* en Egypte.

880. (Papillons.)

Charles-le-Gros est couronné empereur, et choisi pour roi de France pendant la minorité de Charles-le-simple; il fait assassiner le roi des Normands qui ravageoient la France. Arnoul, roi de Bavière, lui succède à l'empire. Louis de Germanie s'empare des états de Carloman, roi de Bavière. Boson fonde le royaume d'Arles. Eudes, comte de Paris est nommé roi de France, au préjudice de Charles-le-simple. Rodolphe établit le 2.e royaume de Bourgogne. Guy et Bérenger se disputent l'Italie. —— Léon VI, nommé le philosophe, succède à Basile, et dépose Photius. Les Bulgares assiègent Constantinople, et les Mussulmans poussent leurs courses jusqu'au Bosphore. Les Turcs, appelés au secours de Léon, le délivrent de ses ennemis. Léon profita de ce repos pour faire fleurir les sciences.

890. (Bouvier.)

Les Normands ravagent les Pays-Bas; ils sont défaits par Arnoul près de Louain; mais on est obligé de leur céder la Neustrie, dite puis Normandie. Raoul en est le premier duc. —— Charles-le-simple est couronné roi de France. Eude marche contre lui, et l'oblige de se retirer à Worms. Arnoul se rend maître de Rome, et y est sacré empereur. Le pape Formose qui l'avoit sacré, fut exhumé, et son corps jeté dans le Tibre. Louis IV, à la mort de son père Arnoult, est élu empereur par les princes de Germanie. —— Les Hongrois, peuple originaire de la Tartarie, fondent sur l'Allemagne et la couvrent de sang et de carnage : ils menacent Vénise, et sont vaincus sur mer par le doge Pierre Tribuno. —— Les Karmates désolent l'Asie : ces théistes risquèrent de plonger cette contrée dans la barbarie des premiers siécles du monde. —— Les Croates embrassent le christianisme.

900. (*Vase.*)

Les Huns ravagent l'Italie, et les Normands s'emparent de la Bretagne, de la Champagne, et de la Picardie. Louis, fils de Boson, est pris par Bérenger qui lui fait crever les yeux, et se fait couronner empereur par Jean IX. Ce Pape se retire à Ravenne, et y reconnoit Lambert pour empereur. Bérenger après la mort de Lambert, reste seul maître de l'Italie et de Rome. —— Sanglante bataille de Zamora entre les Espagnols et les Maures. Alphonse-le-Grand abdique la couronne en faveur de son fils Ordogne II. —— Olaf, roi de Suède, fait la conquête du Danemarck. —— Edouard l'ancien appaise ses sujets révoltés, et fait respecter l'autorité royale.

910. (*Vautour.*)

Ducas veut s'emparer du trône de Constantinople ; il périt dans une action. Zoë, mère de Constantin VII, Porphyrogénète, encore enfant, prend les rênes du gouvernement. L'empire devient électif. Phocas, victorieux des Bulgares, se révolte ; il est abandonné par ses troupes ; et Romain s'assit sur le trône par ordre de Constantin même qui épousa Hélène, fille de ce général, et la fit couronner. —— Ordogne, roi des Asturies, défait les Sarrasins, et leur tue plus de soixante et dix mille hommes dans une bataille. —— A la mort de Louis IV, l'empire sort de la maison de France, et Conrad, duc de Franconie, est fait empereur. —— Les Hongrois passent le Rhin, et désolent la France. —— Théodora gouverne Rome à son gré.

920. (*Fontaine.*)

Henri I, dit l'Oiseleûr, succède à Conrad dans l'empire.
—— Robert frère du roi Eudes, livre bataille à Charles-le-
simple qui se retire en Allemagne, et sa femme en Angleterre, y menant Louis, dit d'Outremer. Raoul, duc de Bourgogne, est élu par Hugues-le-Grand, roi de France; il donne
aux seigneurs des domaines en souveraineté; ce qui forme la
principale époque de l'établissement des fiefs; ce roi fit la
guerre aux Hongrois. —— Les princes d'Italie, dégoutés de
Raoul, couronnent roi Hugues, comte d'Arles. —— Alphonse
abdique la couronne en faveur de son frère Ramire II; il
veut rentrer dans ses driots; on lui fait crever les yeux. ——
Drahomire, reine de Bohème, entreprend de proscrire de ses
états le christianisme, et d'y substituer le culte des faux-dieux.
Elle fut exilée.

930. (*Fumeur*).

A la mort de Raoul, les Français rappellent Louis qui
étoit en Angleterre. Hugues le-Grand règne sous le nom du
jeune prince qni, ayant essayé de seçouer le joug, fut fait
prisonnier. Lothaire, frère d'Hugues, est couronné roi à Milan. Boleslas fait assassiner au pied des autels son frère Ven-
ceslas, et s'assied sur le trône de Bohème. —— Othon-le-
Grand succède à son père Henri; il chasse de la Lorraine
Louis d'Outremer; dompte les esclavons, les Bohémiens et
les Hongrois; il pénètre jusque dans le Jutland; il abaisse
l'orgueil des grands vassaux, et rend lui-même justice à ses
sujets. —— Ramire défait les Sarrasins; il en reste sur la
place, dit-on, quatre-vingts mille. Les Sarrasins ravagent l'Italie méridionale: grand nombre de fugitifs se retirent à Pise,
et donnent naissance à cette république. —— Les Karmates
battent les Mussulmans, pillent l'Arabie, et pénètrent jusqu'aux
portes de Bagdad.

940. (*Furie.*)

Louis veut s'emparer de la Normandie sur le duc Richard;
il est fait prisonnier, et eut bien de la peine à obtenir sa dé-
livrance. —— Constantin s'empare de la Calabre et de la

Pouille. Les Russes, pour la première fois, et les Turcs ravagent l'empire grec. Constantin fait tuer les parricides fils de Romain, et régne avec gloire. —— Bérenger se fait couronner roi d'Italie avec son fils Adalbert. —— Edmond, roi d'Angleterre, est assassiné dans un festin : Enred son frère lui succède. —— Les Bouides renversent l'empire des califes Abassides en Perse. —— Les Turcs d'Egypte se détachent de l'empire des Arabes. —— Marozie, fille de Théodora, remplit de carnage et de deuil la capitale du monde chrétien ; et dicte impérieusement des lois aux Romains : elle est chassée par son propre fils Albério. —— La chaire de S. Pierre est agitée par des factions qui bouleversent l'Eglise.

950. (*Fileuse.*)

Lothaire, fils aîné de Louis, monte sur le trône de France. La couronne ne se partage plus entre les frères. —— Ramire enlève Lisbonne aux Maures ; ce prince scélérat descendit dans le tombeau, victorieux de tous ses ennemis. —— Othon se fait couronner à Rome ; il chasse Bérenger ; il épouse Adelaïde, veuve de Lothaire. Bérenger est rétabli sur le trône d'Italie ; il la pille. Othon reçoit à Milan la couronne des Lombards : Bérenger prend la fuite. Les Romains jurent fidélité à Othon, qui confirme tous les dons faits par les rois Carlovingiens au Saint Siège. Héleine, reine de Russie, envoie des ambassadeurs à Othon lui demander des missionnaires pour instruire ses peuples. —— Romain succède à Constantin son père qu'il empoisonna. —— Sous le règne d'Edwy, des scènes d'horreur se passent en Angleterre. Les moines s'opposent au roi par d'autres violences plus criminelles. Edwy est détroné : Edgard est couronné à la place de son frère qui mourut de chagrin et de misère.

960. (*Foudre.*)

Le Pape Bénoit V quitte le parti d'Othon et embrasse celui de Bérenger. Othon vient à Rome, Bénoit est déposé, et Léon VIII mis en sa place. Les Romains se révoltent ; Othon revient ; punit les rébelles et fait couronner son fils empereur ; celui-ci marche contre les Grecs, culbute l'armée de Nicéphore , qui avoit pris la pourpre impériale ; fait couper le nez à ceux qui échappent , et oblige les Sarrasins de quitter l'Italie. —— Toute l'Espagne est en proie aux trahisons et aux crimes de tout genre.

970. (Vaches.)

Nicéphore-Phocas périt par la trahison de Théophanon, sa femme , et de Jean Zémiscés qui fut aussi-tôt élu empereur. Ce prince associa a l'empire Basile et Constantin , fils de Romain : les années de son règne ne sont comptées que par des victoires. Jean chasse les Sarrasins , défait les Bulgares ; impose un tribut au calife de Bagdad , et meurt empoisonné par son chambellan Basile. Bardas, nommé Sclérus, se fait élire empereur par les soldats ; il taille en pièces une armée de Russes qui , au nombre de 300,000 avoient pénétré dans la Thrace. —— Othon II, dit le sanguinaire ; succède à son père. —— Moëz , descendant de Fatima , fille de Mahomet, s'empare de l'Egypte , et y fonde un califat. —— La mollesse affaiblit , parmi les Arabes , l'ardeur du fanatisme guerrier : leur histoire n'offre plus aucun événement mémorable.

980. (Phœbus.)

Othon invite un grand nombre de Seigneurs à un magnifique repas ; pendant qu'ils étoient à table , des soldats entrent dans la salle ; un officier lit le nom de ceux qui étoient désagréables à l'empereur ; ils sont égorgés. Othon marche contre les Grecs qui venoient revendiquer la Pouille et la Calabre ; il est battu et obligé de se sauver à la nage ; et meurt à Aquilée , blessé d'un coup de flêche empoisonnée. Othon III lui succède. —— Règne de Wlodimir , l'apôtre et le Salomon de Russie. —— Lothaire meurt empoisonné par sa femme ; Louis, son fils, éprouve, l'année suivante, le même sort. Il ne reste de la ligne masculine de Charlemagne que Charles duc de Lorraine , qui s'étant rendu odieux aux François , ceux-ci défèrent la couronne à Hugues-Capet. C'est en lui que commence en 987 la troisième race Capétienne. Hugues , pour s'affermir sur le trône , légitime le système féodal. —— Basile marche contre Bardas révolté , le défait dans une grande bataille où périt cet ambitieux général. —— Swilein, roi de Danemarck, débarque en Angleterre à la tête d'une nombreuse armée, pour venger le massacre des Danois égorgés par ordre d'Ethelred II; il en fait presqu'entièrement la conquête. —— Les Norwégiens découvrent le Groënland. —— Les moines, durant cette nuit épaisse d'ignorance qui s'étend sur toute l'Europe, conservent les chefs-d'œuvres de l'antiquité, dont ils multiplient les copies.

990. (*Veuve.*)

Charles de Lorraine est fait prisonnier à Laon et conduit dans une tour à Orléans. —— Les Vénitiens font la conquête de la Dalmatie, et se rendent rédoutables sur mer. —— Othon III vient à Rome y recevoir la couronne impériale. Après son départ, Crescentius, la tête remplie d'idées républicaines, prend le titre de Tribun, et chasse Grégoire V, et installe à sa place Jean XVI. Othon revient à Rome, fait couper la tête à Crescentius et rétablit Grégoire. Ce Pape donne aux Allemands le droit d'élire l'empereur, à condition qu'il ne porteroit le titre de roi des Romains jusqu' à ce qu'il eut reçu la couronne impériale des mains du Pape. Othon, étant à Gnesne, donne les ornemens royaux au duc Boleslas; ainsi la Pologne est érigée en royaume. —— Les Espagnols remportent une victoire signalée sur les Maures conduits par le redoutable Almanzor qui avoit obligé le roi Bermude III à se réfugier dans les Asturies. —— Les Polonois reçoivent l'Evangile.

1000. (*Sisyphe.*)

Saint Etienne prend le titre de roi d'Hongrie; il fut l'apôtre de ses sujets. —— Robert qui avoit épousé Berte, sa parente en quatrième dégré, et dont il avoit tenu un enfant sur les fonts, est excommunié par Grégoire, et la France mise en interdit. Ce prince réunit a la couronne le duché de Bourgogne. —— Othon, étant venu en pélérinage à Rome, les Romains se révoltent, tuent son armée, et assiègent Othon dans le Capitole. Le préfet facilite son évasion. Othon est empoisonné par la veuve de Crescentius. Henri, duc de Bavière.

est élu à sa place par les princes de Germanie ; il vient en Italie et soumet ceux qui avoient déféré le gouvernement à Arduin. —— Les Lorrains élisent leur prince Godefroi. —— Boleslas s'empare de Cracovie, marche en Bohème ; il est obligé de se retirer. —— Basile fait marcher une puissante armée contre les Bulgares, les chasse de la Thessalie, et fait crever les yeux à quinze mille de ces prisonniers. —— Les Sarrasins démolissent le Saint-Sépulchre, et chassent les prêtres de la Palestine. —— Silvestre II, ayant été s'instruire à l'école des Maures d'Espagne, rapporte dans l'Italie des connoissances qui le font regarder comme un homme extraordinaire.

1010. (*Thé.*)

Henri est couronné à Rome ; il chasse les Sarrasins de l'Italie, il passe en Pologne, et oblige Boleslas de lui prêter serment de fidélité. —— Canut, roi de Danemark s'empare de l'Angleterre. De retour dans son pays, en chasse Olaüs, roi de Norwège, qui s'en étoit emparé, pendant son absence. Sous lui les féroces Danois embrassent le christianisme. —— Les Russiens font des incursions en Pologne ; Boleslas les en chasse. —— Quelques gentilshommes normands, de retour d'un pélérinage de Terre-Sainte, arrivent à Salerne et décident les habitans à s'armer contre les Sarrasins ; fondent sur eux, la nuit, et remportent une pleine victoire. Le Duc les invite à revenir avec autant de leurs compatriotes qu'ils pourroient en determiner, et un grand nombre se laissèrent persuader. Godefroi, ainsi que ses fils, ses frères et ses amis, sont de ce nombre.

1020. (*Noé.*)

Conrad II, duc de Franconie, est élu empereur ; il hérite le royaume d'Arles et de la Bourgogne Transjurane que Rodolphe II lui laissa par testament. —— Constantin VIII succède à Basile. Romain II épouse Zoë pour être nommé empereur. —— Sanches-le-Grand, par l'union de plusieurs couronnes, et par les victoires qu'il remporta sur les Maures, prend le titre d'empereur. Il partage, dès son vivant, ses royaumes entre ses enfans. Don Garsie devoit succéder à la couronne de Navarre ; Ferdinand à celle de Castille ; Gonzales eut le royaume de Sobrarbe ; le partage de Ramire fut l'Arragon. —— Les Normands, ayant servi le duc de Naples contre celui de Capoue, obtiennent un territoire où ils fondent la ville d'Averse. Au bruit de cet établissement, trois fils de Tancrède, gentilhomme normand, amenèrent de nouveaux aventuriers, et chassèrent les Grecs de la Pouille. —— Guy Arétin, moine Bénédictin, invente les six notes de musique.

1030. (*Hameau.*)

La reine Constance, après la mort de Robert, engage son fils Robert à lever l'étendard de la révolte contre son frère, Henri premier. Le roi se retire auprès du duc de Normandie ; et avec les secours qu'il en reçut, dissipe les séditieux, force la reine mère à demander la paix, pardonne à son frère, et lui cède le duché de Bourgogne ; c'est le chef de cette maison. —— Henri attaque le jeune Guillaume duc de Normandie : il est trois fois battu : le prince Normand affermit sa domination : c'est à cette époque qu'on doit dater la longue et sanglante rivalité entre la France et l'Angleterre. —— Henri III succède à Conrad. —— Romain chasse les Sarrasins de Syrie. Michel IV, le Paphlagonien, tue Romain par ordre de Zoë qui le nomme empereur ; Michel fait la paix avec les Sarrasins, et soumet la Sicile. —— Edouard, second fils d'Ethelred, prend les rênes du gouvernement, à la mort du fils de Canut, et réunit les deux peuples. —— Les Maures renversent eux-mêmes leur principale monarquie de Cordoue en la divisant en plusieurs royaumes. Bermude IV est tué dans une grande bataille : avec ce prince s'éteint la dynastie des rois visigoths ; Ferdinand, roi de Castille, son vainqueur, réunit à ses états les royaumes de Léon et des Asturies, et enlève, en Portugal, un grand nombre de places aux Maures.

1040. (*Roue.*)

Henri passe en Italie, dépose les quatre Pontifes ; il donne la tiare à Clément II, et fait élire son fils Henri pour son successeur. —— Ferdinand fait de grandes conquêtes sur les Maures, et les rend tributaires. —— Les Russiens débarquent en Thrace plus de cent mille hommes qui sont défaits. —— Zoë adopte Michel-Calaphate ; lui fait crever les yeux au bout de quattre mois ; remonte sur le trône avec sa sœur Théodora, et prend pour époux Constantin Monomaque. —— Les Sarrasins viennent d'Afrique en Sicile. —— Casimir V soumet les Prussiens révoltés : les Bohémiens ravagent ses états. —— Les Hongrois massacrent leur roi Pierre, brûlent leurs églises, égorgent les ministres, et choisissent Andrée pour les commander.

1050. (Elie.)

Henri IV monte sur le trône d'Allémagne. —— Léon IX donne le droit de nommer les Papes aux Curés de Rome, appelés depuis Cardinaux ; il donne aux Normands les terres qu'ils avoient conquises ou qu'ils pourroient conquérir sur les Grecs et sur les Sarrasins. Robert-Guiscard, ayant conquis la Calabre, prit le titre de duc de cette province. —— Isaac-Comnène succède à Michel, déposé par ses soldats, et se fait moine. Constantin-Ducas est couronné. —— Une nombreuse armée de Scytes passe le Danube et porte la désolation dans l'empire ; elle périt presqu'en entier à cause des maladies qu'elle eut à souffrir. —— Commencement de la maison de Lorraine dans la personne de Gerard d'Alsace, et de celle de Savoie dans celle d'Humbert à blanches-mains, comte de Maurienne l'an 1058.

1060. (Aide de-camp.)

L'impératrice Eudocie, veuve de Constantin-Ducas, règne conjointement avec Michel, Andronic et Constantin ; mais préférant l'hymen à ses enfans, elle donna la main à Romain-Diogène qu'elle venoit de condamner à mort : Romain est fait prisonnier ; Michel se fait déclarer empereur, et confine dans un monastère sa mère Eudocie, et fait arracher les yeux à Romain qui avoit été rendu à la liberté —— Philippe premier, âgé de huit ans, monte sur le trône de France. Baudouin, comte de Flandre, est nommé son tuteur. Sous

son règne ; des braves Français, sous le nom de *preux che-*
valiers, commencent à prendre l'orphelin et la veuve sous
leur protection. —— Sanche II, qui avoit partagé la gloire
du fameux Cid, se montre redoutable aux Musulmans sous les
murs de Zamora où il périt. —— Edouard laisse, en mourant, la couronne à Guillaume, duc de Normandie : les Anglais la défèrent à Harold, grand seigneur du pays. Guillaume descend dans leur île, brûle sa flotte, et défait, à
la journée d'Hastings, Harold qui périt vaillamment. Le vainqueur soumet l'Angleterre, et mérite le titre de conquérant.
—— Boleslas II conquiert la Russie. —— Plus de 90,000 hommes entreprennent le voyage de Terre-Sainte ; ils sont tués
ou faits prisonniers.

1070. (*Quai.*)

Les Turcomans, vengeurs de Romain-Diogène, et des aventuriers français, commandés par Ursel, battent les troupes de
Michel, et élisent empereur Jean, leur prisonnier. Ursel et
Jean furent emmenés captifs à Constantinople. L'imbecille Michel-Parapinace est renversé du trône par Nicéphore-Botaniate.
—— Grégoire VII menace Philippe de le dépouiller de ses
états : il déclare Henri IV déchu des siens, pour avoir vendu et donné l'investiture de différens bénéfices, et parcequ'il
avoit convoqué à Worms un concile qui déposa le Pape.
Henri est obligé par les princes d'Allémagne de promettre de
ne faire aucune fonction de monarque : cependant il passe les
Alpes ; il est arrêté dans le château de Cannose et habillé
en pénitent ; il est absou par le Pape. —— Les aventuriers
normands, maîtres de la Sicile, s'emparent de Bari, sous la
conduite de Robert-Guiscard : ce chef devient un des plus puissans monarques de son temps. Les Vénitiens se déclarent ennemis des Normands qui, sur mer ainsi que sur terre, sou-
tinrent leur haute réputation d'intrépidité. —— Alphonse réunit
en sa personne les royaumes de Castille, de Léon et de Galice. —— Le flambeau des lettres éclaire les Perses : l'impératrice Eudocie fait l'ornement de ce siècle par sa prodigieuse
érudition. Averroës, jurisconsulte et philosophe, se rend cé-

lèbre parmi les Mussulmans d'Espagne. Les Troubadours, en France, deviennent les chantres de l'amour et des dames.

1080. (*Hibou.*)

Les Scytes ravagent l'empire, et remportent plusieurs victoires : mais enfin ils sont écrasés par l'empereur Alexis. Cet empereur est vaincu par Bohémond, fils de Robert, à Durazzo ; mais il défit son ennemi dans les plaines de Larisse. —— Des hordes de Turcomans, sous la conduite de Soliman, envahissent le centre de l'Asie, pénétrent jusqu'en Palestine, prennent Jérusalem, profanent les saints lienx, et traitent avec la dernière barbarie les pélérins d'Occident. Le nom de Soliman, répandu en Europe, excite une horreur universelle et le désir de la vengeance. —— Guillaume débarque en France, pour se venger d'une raillerie de Philippe: tout plie devant ses armes ; mais il trouve la mort à la prise de Mantes. —— Rodolphe, duc de Souabe, est élu roi de Germanie, parce que Henri avoit été de nouveau excommunié. Henri dépose Grégoire VII, et nomme Pape Guibert, archévêque de Ravenne : il marche contre Rodolphe, le défait en Misnie, et le tue de sa main. Grégoire qui avoit été renfermé dans le château Saint-Ange, est délivré par Robert Guiscard. De ces querelles entre les Papes et les empereurs naquirent les deux factions l'une des Guelfes, et l'autre des Gibelins. La comtesse Matilde donne à Grégoire Ferrare et plusieurs autres terres. —— La Bohème est érigée en royaume. —— Sanglante bataille d'Huesca entre les Maures et les Espagnols, où quatre-vingts mille hommes restèrent, de part et d'autre, sur le champ de bataille ; et ce qui épuisa les deux peuples. Le fameux Cid y perdit la vie.

1090. (*Eve.*)

Philippe est excommunié par le Pape Urbain II, parce qu'il avoit dissou son mariage avec Berte, et épousé Bertrade de Montfort déja femme du compte d'Anjou. Il est absou après avoir juré de rompre le second mariage. Dans le concile de Clermont le même pape, sur le rapport de Pierre l'hermite, excita les princes chrétiens à la première croisade. Plus de

Trois cents mille hommes passent en Orient. Godefroi de Bouillon, duc de la basse-Lorraine, est élu pour leur chef. Les croisés rétablissent sur son trône Urbain II qui en avoit été chassé par Henri : ils sont défaits par Soliman en Bythinie. Gauthier leur général est tué. Godefroi s'empare de Nicée et d'Antioche : Bohémond en est nommé roi. Plus de cent mille Turcs sont tués près de cette ville. Jérusalem est prise en 1099, et Godefroi en est nommé roi. Le sultan d'Egypte vient l'attaquer avec cinq cents mille hommes ; Godefroi le défait avec quinze mille seulement. L'ordre des chevaliers de S. Jean doit son origine à cette croisade. —— Conrad, fils d'Henri, se révolte contre son père ; il est couronné à Milan.—— Gênes et Pise s'établissent en républiques. —— Guillaume-le-Roux s'empare du sceptre d'Angleterre, au préjudice de son frère Robert qui se trouvoit engagé dans l'expédition de la Terre-Sainte. —— Les croisés rapportent chez eux des idées plus douces de sociabilité, et le goût pour les lettres et les arts.

1100. (*Tisonneur.*)

Henri IV fait rentrer dans ses devoirs son fils Conrad, et donne sa confiance à son autre fils Henri V qui fit prisonnier son père, et l'obligea d'abdiquer le pouvoir suprème. Ce malheureux père succomba, dans Liège, sous le poids des années et de la douleur. —— Louis-le-Gros est sacré roi.—— Les Maures appellent à leur secours les Mussulmans d'Afrique qui battirent les Espagnols en plusieurs batailles. —— Les Vénitiens se rendent maîtres du commerce de la Palestine et de la Syrie.

1110. (*Tête.*)

Henri V est battu par les Polonais sous les murs de Breslaw : il attaque l'autorité des pontifes ; se saisit de Paschal II et le force de lui accorder les investitures. Il est couronné roi de Lombardie à Milan ; il s'empare des états de la comtesse Matilde, et nomme au trône pontifical l'archevêque de Prague. Calixte II, élu par les Cardinaux, excommunie Henri qui rénonce à toute prétention, et ne conserve que celle d'investir le bénéficié par une baguette. —— Henri premier monta sur le trône d'Angleterre au préjudice de son frère Robert, encore absent. A son arrivée, il lui donne la Normandie et une pension, en forme de dédommagement : il souffle bientôt la révolte dans ce pays; il le lui ravit, le fait prisonnier, et le renferme dans une étroite prison. —— Institution des chevaliers du Temple.

1120. (*Tantale.*)

Henri V vient en France avec une nombreuse armée; il se retire aussitôt. A sa mort, Lothaire, duc de Saxe, est couronné empereur. —— Louis-le-Gros est défait par les Anglais à la journée de Brenneville où il n'échappa à la captivité que par des prodiges de valeur.

1130. (*Tambour.*)

Louis-le-Jeune, sacré roi, épouse Eléonore, héritière de l'Aquitaine, et réunit à la couronne ce duché. —— Henri I étant mort sans enfans mâles, Etienne, comte de Blois, fils de sa sœur Adelle, se saisit de ce royaume, au préjudice de l'impératrice Mathilde. —— Le pape Innocent II, faisant la guerre à Roger, roi de Sicile qui s'étoit emparé de la Pouille, et qui avoit pris le titre de roi des deux Siciles, est fait prisonnier : Lothaire le rétablit, et obtient l'usufruit des états de Mathilde, à condition d'en faire hommage aux Papes. —— Sienne, Florence, Bologne, Pavie et Milan s'érigent en républiques. —— Les Vénitiens pillent les îles de Rhodes, de Samos et toutes les Cyclades : leur doge Michiéli n'entra dans sa patrie que couvert de lauriers. Dans le cours de ses exploits, il avoit imaginé de fabriquer une monnoie de cuir qu'il fit recevoir à ses soldats pour de l'argent : il s'acquitta de cette dette, dès qu'il fut arrivé à Vénise.

1140. (*Trompette.*)

Les Romains nomment un patrice et un sénat pour les gouverner. Lucius II assiège le sénat dans le Capitole, et périt par un coup de pierre. Eugène III s'en rend maître : Arnaud de Bresse, chef du parti républicain, est brûlé vif par ses admirateurs, et la république s'éteint avec lui. —— Conrad II est élu successeur de Lothaire. —— Alphonse Henriques , comte de Portugal , défait cinq rois manres ; des cinq étendards qu'il leur enleva , il composa les armes de Portugal dont il fut nommé roi. —— Les Sarrasins s'étant rendus maîtres d'Odessa , on publie une seconde croisade. Louis et Conrad , marchent contre les infidèles : leurs entreprises échouent par la perfidie de Manuel Comnène qui empoisonna une partie de leur armée : ils sont obligés de s'en retourner. Louis est attaqué par la flotte même des Grecs ; il est sauvé par Roger de Sicile qui met ces lâches en fuite. —— Au milieu du tumulte des armes , Eusthate , évêque de Thessalonique , commente Homère ; la poësie italienne commence à éclore dans ce pays si favorisé de la nature ; Vernérus ouvre , dans Bologne , une école célèbre de droit romain ; les moines épuisent des connoissances prodigieuses dans les langues anciennes : S. Bernard en est l'ornement.

1150. (*Tailleurs.*)

Manuel chasse les Normands de ses états ; dompte les Serves , triomphe des Hongrois , et défait les Sarrasins ; mais il échoua sous les murs d'Icone. —— Frédéric premier , surnommé Barberousse , monte sur le trône impérial , et dicte la paix aux Polonais qui avoient attaqué l'Allemagne. —— Henri III , fils de Mathilde , hérita de la couronne d'Angleterre , et la porta avec autant de gloire que de fermeté : c'est le chef de la maison Plantagenet. —— Guillaume-le-mauvais fait gémir les deux Siciles sous e fardeau des impôts. —— S. Thomas , archevêque de Cantorbery est assassiné dans son église. L'Irlande devient sujette à l'Angleterre.

1160. (*Etude.*)

Frédéric se rend maître de Milan ; il en chasse les habitans , fait abattre les murs et brûler les édifices ; il s'empare de Rome , et retourne en Lombardie. Alexandre III à qui Barberousse avoit opposé deux Papes , se retire en France. —— Les Vénitiens secourent Manuel , et chassent les Siciliens de Corfou ; ils débarquent en Sicile : Manuel excite des quérelles contre eux ; ils équipent une flotte dont la peste détruit presque tout l'équipage.

1170. (*Tigre.*)

Les Milanois forcent Frédéric à prendre la fuite à la journée de Lignano. Frédéric fait la guerre aux Vénitiens. Ces insulaires arment pour la défense d'Alexandre III qui s'étoit réfugié chez eux, et remportent sur mer une victoire complète sur Othon, fils de Frédéric, qui tomba en leur pouvoir. Alexandre III alla au devant du doge vainqueur, et lui remit son anneau : le doge le jeta dans la mer, en proférant ces paroles : *Nous t'épousons en signe d'une véritable et perpétuelle souveraineté.* Ces Phéniciens de l'Europe, occupant en Asie des provinces entières, naviguoient sur l'Archipel, sur le Pont-Euxin, sur la mer-Rouge, sur l'Océan indien et éthiopien, et enrichissoient à cette époque leur république. Frédéric fait la paix avec les Vénitiens, il demande pardon au pape Alexandre, et retire ses troupes de l'Italie.
—— Alexis-Comnène perd la vie et l'empire, victime de l'ambition d'Andronic, son oncle, qui le fait étrangler, et s'empare du trône. —— Saladin, appelé au secours du calife d'Egypte, lui enleva toutes les prérogatives de la royauté, et mit fin à la dynastie des Fatimites.

1180. (*Tabouret.*)

Philippe-Auguste monte sur le trône de France : il réprime les violences des nobles, et chasse les Juifs de ses états.—— Andronic, dernier empereur Comnène, est tué par Isaac-Lange, qui est élu en sa place. —— Saladin écrase l'armée des croisés à Tibériade : Jérusalem est prise ; fin de ce royaume, dans la personne de Gui-de-Lusignan. Frédéric, Richard et Philippe partent pour la troisième croisade. —— Tancrède s'empare, à la mort de Guillaume, du royaume de Sicile.—— Deux cents milles Musulmans sont tués sur les bords du Guadalquivir.

1190. (*Tavernier.*)

Frédéric s'empare de la Cilicie ; défait l'armée des Sarrasins, et meurt noyé dans le Calycadnus. Henri VI est cou-

(175)

›onné empereur. Les croisés s'emparent de S. Jean d'Acre et
de Chypre. Philippe, pendant l'absence de Richard qu'il avoit
laissé en Syrie, se rend maître de la Normandie. Richard, à
son retour, est fait prisonnier par Léopold, duc d'Autriche;
et remis à Henri VI qui lui donne la liberté. Richard marche
contre Philippe, et défait son armée sous les murs de Gisors. Henri
envoie en Palestine une grande armée qui remporte de victoires sur les Sarrasins : il soumet la Sicile et la Pouille, et
meurt à Messine. —— Le duc de Saxe et Philippe, frère de
Henri, se contestent l'empire. —— Alexis, fils d'Isaac, aidé
de l'empereur Henri et des Vénitiens, chasse Alexis-Lange.
—— Les Vénitiens s'emparent de Corcyre, de Candie, et
d'autres îles ; ce qui éveille la jalousie des Génois. —— Les
Sarrasins, avec une nombreuse armée, défont Alphonse IX,
et tuent plus de cinquante mille hommes à la journée d'Alar-
cos. —— Gengis-Kan, à la tête de Mogols et des Mantcheoux,
s'empare d'une partie de la Chine, de l'Inde, de la Tartarie
et de la Perse. Ces Tartares impétueux renversent les villes
les plus florissantes.

1200. (*Enseigne.*)

Philippe est nommé empereur, et Othon, duc de Saxe, roi
des Romains. Philippe ayant été tué, Othon demeura seul
possesseur du trône impérial. —— Jean sans terre est cité à
la cour des pairs ; et n'ayant point comparu, il est condamné
à perdre toutes les terres qu'il avoit en France. —— Alexis,
fils d'Isaac, qui s'étoit réfugié auprès de l'empereur Philippe,
son beau-frère, se ligue avec les croisés ; ils marchent à Constantinople, l'assiègent ; le tyran se sauve avec Théodore
Lascaris ; Alexis est mis sur le trône. Les Français et les Vénitiens se rendent maîtres de cette capitale, massacrent le féroce Alexis-Ducas, pillent la ville, dépouillent les églises, et
placent sur le trône Baudouin comte de Flandres, et Thomas
Morosini, Vénitien, sur la chaire patriarchale : Boniface,
comte de Monferrat, eut le royaume de Thessalie. Théodore-
Lascaris prend les ornemens impériaux à Nicée en Bithynie,
et Alexis à Trébisonde, sur le Pont-Euxin. Baudouin fut fait

prisonnier deux ans après par le roi des Bulgares , tandis qu'il assiégeoit Andrinopoli ; il eut les mains et les pieds coupés ; son frère Henri lui succeda. —— Raymond , comte de Toulouse , est excommunié , parcequ'il protégeoit les Albigeois. On publie une croisade contre ces hérétiques. Pierre II, roi d'Arragon , protecteur du comte , est défait par les croisés dans la sanglante journée de Muret.

1210. (*Notaire.*)

Othon IV est couronné à Rome par Innocent, et lui cède la succession de la comtesse Mathilde ; ils s'en répent bientôt. Innocent le dépose solemnellement ; Frédéric II est élu en sa place. Othon quitte l'Italie ; porte la guerre en Flandre contre le roi de France , son plus puissant ennemi , avec une armée de près de deux cents mille hommes. Philippe, n'en ayant que 50000 , avant de livrer bataille , abdique généreusement la couronne pour l'offrir au plus digne. Othon est vaincu à Bouines, et va cacher sa honte à Brunswich où il mourut. Frédéric marche contre les rebelles soulevés dans le royaume de Naples ; il les réduit , et prive les Prélats de leurs évêchés. Honorius III l'excommunie, il déclare déchu de l'empire , et l'absout deux ans après. —— Les Maures passent en Espagne avec une nombreuse armée. Les Portugais et les Français remportent sur eux une éclatante victoire à la journée d'Alacar. —— Jean d'Angleterre est excommunié : les Anglais appellent Louis, fils de Philippe-Auguste, qui est couronné roi à Londres. Cependant à la mort de Jean , Henri III, son fils ainé, est élu son successeur, et Louis est obligé de revenir en France , avec tous les Français. —— Pierre de Courtenay succède à son beau-frère dans l'empire de Constantinople , il périt aussitôt par la perfidie de Théodore Comnène. Sa femme Joland gouverne l'empire à sa place. —— Les chrétiens passent en Egypte ; se rendent maîtres de Damiette , quatre vingts mille Sarrasins y sont tués. —— Le comte de Monfort, chef de la croisade contre les albigeois, est tué au moment qu'il se préparoit à forcer Toulouse.

1220. (*Annibal.*)

Le sultan d'Egypte oblige les chrétiens de rendre Damiette —— Louis VIII, dit *cœur de lion*, chasse les Anglais de la France; il se croise contre les Albigeois; il est empoisonné. Louis IX, le Saint, lui succède, sous la tutelle de sa mère Blanche, aussi sainte. —— Frédéric passe en Syrie où il fait un traité avec le sultan d'Egypte qui rend aux chrétiens Jérusalem, Nazareth et Sidon, et repart pour l'Europe, après avoir été couronné roi de Jérusalem. —— Gengis-Kan pousse ses conquêtes jusqu'en Syrie. —— Les quatre magnifiques chevaux de Corinthe, ouvrage de Lysippe, sont transportés à Vénise. Ils se trouvent à présent devant le palais des Tuileries.

1230. (*Nymphe.*)

Frédéric remplit l'Italie de troubles; il renouvelle les factions des Guelfes et des Gibellins, et porte la guerre en Lombardie. Son fils Henri qui s'étoit ligué avec les Lombards, est arrêté et relégué dans la Pouille. Presque toutes les villes de la Lombardie sont soumises. —— Ferdinand, roi de Castille, s'empare du royaume de Léon. Thibaut, comte de Champagne, épouse Blanche, sœur de Sanche, et devient roi de Navarre : il est nommé chef d'une croisade. —— L'empire des Latins en Grèce penche vers sa ruine. Baudouin est obligé d'engager aux Vénitiens la couronne d'épines de notre Seigneur pour une somme d'argent : cette couronne vint en France au roi Saint-Louis qui la déposa dans une chapelle de son palais. —— Un laboreur, Mahomet-Alhamat, fonde le royaume de Grenade, et apporte sur le trône toutes les qualités d'un grand roi. —— Les Prussiens dévastent la Pologne : les Polonais appellent à leur secours les chevaliers de l'ordre Teutonique. Ces chevaliers envahissent la Prusse, et gardent pour eux-mêmes ce pays, et le fortifient. —— Octaï, fils de Gengis-Kan, achève la conquête de la Chine. —— Batu-Kan, prince tartare, fait une invasion dans la Russie, et l'assujetit à sa domination.

M

1240. (*Nourrice.*)

Innocent IV, craignant les armes de Frédéric, se retire en France, et l'excommunie. Les Allemands élisent pour roi des Romains Henri VIII, Landgrave de Thuringe, et, à sa mort, Guillaume, comte de Hollande. —— Pendant que Ferdinand III se rend tributaire le royaume de Grenade et celui de Seville, Saint-Louis part pour la Terre-Sainte, et se rend maître de Damiette. La Palestine étoit en proie des Tartares Chorasmins qui massacrèrent tous les chrétiens, pillèrent Jérusalem et en tuèrent les habitans. Ces Tartares subjuguent la Hongrie. Béla IV qui y régnoit, se retire en Autriche où le duc le fait prisonnier ; il se rachette, et, avec le secours des chevaliers de Rhodes, se remet en possession de ses états. —— On commence à jouer dans les cloîtres des tragédies latines.

1250. (*Nelson.*)

Louis est battu à la journée de Masoure, et fait prisonnier : il se rachette en donnant la ville de Damiette et quatre cents mille livres. Saint-Louis, de retour en France, s'appliqua à faire observer les lois et la réligion, mais, par un excès de générosité mal entendue, il céda à Henri III le Limousin, le Périgord, le Querci et l'Angenois ; et au roi d'Arragon la souveraineté du Roussilon et de la Catalogne. —— Conrad succède à son père Frédéric qui mourut à Naples. —— Il eut à combattre le comte de Hollande ; la mort mit fin à leurs dissensions. —— Quelques princes Allemands donnèrent le sceptre à Richard, frère du roi d'Angleterre, qui l'abdiqua au bout de deux ans, et d'autres à Alphonse X, roi de Castille, qui ne mit pas même le pied en Allemagne. —— Mainfroi dépouille le jeune Conradin, son pupille, de la couronne des deux Siciles, et la garde pour lui-même : il est soupçonné d'avoir empoisonné Conrad IV : ces deux victimes étoient fils de Frédéric. —— Les Vénitiens délivrent l'Italie des fureurs du sanguinaire Elezim, allié de Frédéric : le tyran s'en vengea, faisant massacrer douze mille Padouans qui combattoient dans ses armées. La flotte vénitienne dispersa celle des Génois devant le port de S. Jean d'Acre ; les vainqueurs se vengèrent de leurs ennemis avec la plus étrange barbarie. —— Les Tartares chassent les Turcs de Perse ; taillent en pièces l'armée des Russes ; Jouri II, leur roi, est tué ; ils s'emparent de Moscou, et ne laissent sur leur passage que des cendres et des cadavres. —— A cette époque plusieurs villes de Germanie, Lubek, Hambourg et Brêmen, forment la ligue anséatique pour la protection du commerce. —— Les rois d'Hongrie, de Pologne et de Danemark s'affranchissent du tribut qu'ils payoient aux empereurs. Les Guelfes et les Gibellins se réunissent à Florence, et se constituent en république. Les autres républiques d'Italie affermissent leur liberté. Deux nobles Vénitiens, accompagnés d'un ambassadeur tartare, se rendent, par terre, à la Chine. Marc-Paul publia une rélation de ce voyage. —— Saint-Louis fonde la Sorbonne. Pierre Lombard organise l'Université de Paris. Les princes Seljoucides protègent les lettres dans Icone.

1260. (*Andromède.*)

Michel-Paléologue, gouverneur de l'empire grec, surprend la ville de Constantinople, et détruit l'empire des Latins ; il tue son pupille Ducas, et reste seul empereur d'Orient. —— Mainfroi, à cause de son usurpation, de ses crimes et de ses entreprises sur les terres de l'Eglise, est excommunié. Il donne sa fille Constance en mariage à Pierre, fils de Jacques roi d'Arragon. Urbain IV confère le royaume de Sicile à Charles comte d'Anjou, frère de S. Louis. Charles passe en Italie, défait Mainfroi dans une bataille près de Bénévent ; Mainfroi est tué par Ribaud ; Charles se met en possession du royaume. Conradin petit-fils de Frédéric, assemble une puissante armée, pour revendiquer l'héritage de ses pères ; il est battu près du lac Célano, et arrêté ; Charles lui fait couper la tête à Naples : ainsi finit l'illustre Maison de Souabe. —— S. Louis part pour la sixième croisade, et meurt de la peste, en faisant le siège de Tunis. —— Alphonse défait les Maures à la journée d'Alcaia : détroné par son fils Sanche, il implore le secours du roi de Maroc dont les efforts furent inutiles. —— Le comte de Leicester refuse de se soumettre à la sentence de S. Louis ; il fait prisonnier Henri III. Son fils Edouard se met à sa place en prison ; il s'échappe, arme contre l'usurpateur, et délivre son roi et sa patrie. S. Thomas d'Aquin, S. Bonaventura, et Jean Scot illustrent la scholastique, et Roger-Bacon les sciences naturelles.

1270. (Neige.)

Philippe-le-Hardi ramène l'armée en France, et s'applique à reprimer l'audace de quelques seigneurs rebelles. —— Ottocare, roi de Bohème, après avoir conquis l'Autriche et autres provinces, réfuse la couronne impériale. Rodolphe, comte d'Hapsbourg en Suisse, est élu empereur à Francfort l'an 1273. Commencement de la Maison d'Autriche. Rodolphe gagne une bataille mémorable contre Ottocare qui fut tué sur le champ de bataille. —— Concile général de Lyon ; Michel-Paléologue y envoie ses ambassadeurs pour y traiter la réunion de l'Eglise grecque à la latine : leur mission eut son succès. —— Les Tartares ravagent la Hongrie, et attachent les nobles à la charrue.

1280. (Neptune.)

Procida, gentilhomme sicilien, soulève ces insulaires qui, le jour de Pâque 1282, massacrent les Français. On appela ce massacre les vêpres siciliennes. Pierre d'Arragon est reçu à bras ouverts dans Palerme. Charles en meurt de douleur. Charles, son fils, conserva la partie de Sicile en deçà du Phare ; il est défait dans un combat naval, et amené à Palerme. Charles-le-Boiteux est mis en liberté, à condition de renoncer à la couronne de Sicile. Il passe en Italie, prend le parti des Guelphes contre les Gibellins ; il est couronné par le Pape Martin IV roi des deux Siciles. —— Philippe marie son fils ainé à Jeanne, reine de Navarre ; par-là ce royaume passe à la Maison de France. —— Les chrétiens, sous le malheureux règne d'Andronic-Paléologue, finissent de tout perdre en Orient. —— Rodolphe vend la liberté aux villes d'Italie qui voulurent bien l'acheter. —— Philippe-le-Bel parvient à la couronne. —— Les Tartares font des grands ravages en Pologne.

1290. (*Navire.*)

Adolphe de Nassau est nommé successeur de Rodolphe L'archiduc Albert le défait et le tue sous les murs de Worms, et reste seul chef de l'empire. —— Mathieu Visconti est créé duc de Milan. —— Les Vénitiens et les Génois se disputent l'empire de la mer. Lambadoria triomphe de l'amiral Dandolo sur les côtes de la Dalmatie. —— Chagan, prince tartare, chasse les Sarrasins de la Palestine.

1300. (*Musicien.*)

Ottoman se rend maître de l'empire d'Orient ; c'est le chef de l'empire turc. —— Boniface VIII érige la ville de Pamiers en évêché, sans consulter le roi. C'est la source des démêlés entre ce Pape et Philippe qui fut excommunié. Le Pape est fait prisonnier, et meurt peu de temps après. Philippe perd toutes ses conquêtes de Flandre, et risque d'être pris prisonnier à la bataille de Courtray, dite *des éperons*. Assisté par le duc de Savoie, Edouard-le-Libéral, il est victorieux à la bataille de Mons, et fait la paix avec les Flamands. Philippe obtient la destruction des Templiers ; ils sont arrêtés par tout, cinquante-sept sont brûlés à Paris, parmi lesquels Jacques de Molay, leur maître. —— Clément V fixe son siège à Avignon. —— Les chevaliers de S. Jean de Jérusalem s'établissent à Rhodes. —— Amédée V duc de Savoie, s'allie avec Albert contre les Suisses ; et se joint aux chevaliers de Rhodes contre les Turcs. —— Les Suisses, qui formoient divers états sous la protection des empereurs, se révoltent contre les gouverneurs, et s'érigent en république. Guillaume Tell et trois autres de ses compatriotes furent les auteurs de cette révolution. Albert, marchant contre les Suisses, est assassiné par un de ses neveux. Henri VII, comte de Luxembourg, succède à l'empire. —— Arnolphe de Lapo et Cimaboué, maître du célèbre Giotto, sont les restaurateurs, l'un de l'architecture, et l'autre de la peinture.

1310. (*Moutons.*)

Les Espagnols sont défaits sous les murs de Grenade : on nomma cette bataille la journée des Infants. —— L'empereur Henri meurt empoisonné. —— Les Vénitiens battent les Turcs, et restent maîtres de l'Archipel. Ils tournent leurs armes contre Mastin d'Escale, Seigneur de Vérone, et protecteur des lettres. —— Robert se soustrait de l'obeissance de l'empereur ; il encourage les études dans Naples, et honore d'une amitié particulière Bocace et Pétrarque. Invention de la boussole par Flavio Gioïa, et des lunettes par Alexandre Spina.

1320. (*Moine.*)

Louis de Bavière et Frédéric d'Autriche se disputent l'empire ; le dernier est vaincu et fait prisonnier par son compétiteur. Jean XXII excommunie Louis qui vient à Rome, et place sur la chaire pontificale Nicolas V. De-là des sanglantes guerres. —— Les Scaligers règnent à Vérone ; la Maison d'Est à Ferrare ; les Gonzagues à Mantoue. —— Les Spensers obligent Isabelle, femme d'Edouard II, de se réfugier en France. Elle assemble des forces à la cour du comte de Hainault, descend en Angleterre, fait exécuter les Spensers et son époux Edouard ; et règne au nom d'Edouard III, son fils, qui vengea bientot la mort de son père sur Mortimer qui fut exécuté, et sur Isabelle qui fut confinée dans le château de Rising. Edouard rend hommage lige au roi de France pour la Guienne, comme duc d'Aquitaine et pair de France. —— Philippe songe à établir par tout son royaume un même poid et même mesure. Sous son règne, les Juifs empoisonnèrent quantité de puits. A la mort de Charles-le-Bel, successeur de Philippe, s'éteignit la branche directe des Capétiens. Philippe VI de Valois monte sur le trône ; il défait les Flamands à Cassel. Les Troubadours établissent les jeux floraux à Toulouse. —— Vers ce temps parurent en Espagne les premières pièces d'artillerie. —— Orkan, général des Turcs, s'empare de la ville de Pruse, qui devint la capitale de leur empire. —— Mort du Dante l'an 1321, l'un des restaurateurs des lettres, qui s'est illustré par un poëme où le génie, malgré l'ignorance du siècle : étincelle des beautés du premier ordre.

1330. (*Mameluc.*)

Robert d'Artois, privé de ce comté par Philippe-le-Bel, se réfugie auprès d'Edouard, et le détermine à une guerre fatale qui dura 40 ans. Le prétexte étoit que, étant par sa mère petit-fils de Philippe - le - Bel, il avoit plus de droit à son trône que Ppilippe de Valois son neveu. Mais les états avoient récemment déclaré les femmes inhabiles de régner en France ——— .Soliman s'empare de Gallipoli. ——— Alphonse défait les Maures à Salado et à Pagano : depuis ces deux batailles, les Espagnols n'eurent plus rien à redouter des infidèles. ——— Une peste affreuse désole l'Asie et l'Europe. ——— Boccace et Petrarque ennoblissent la langue italienne : Mastin d'Escale, seigneur de Vérone, rassemble dans sa cour les gens de lettres les plus distingués qu'il combla de faveurs.

1340. (*Maréchaux.*)

Edouard, appuyé des Flamands et du duc de Monfort, débarque dans la Normandie, défait l'armée de Philippe, et porte la terreur jusqu'aux murs de Paris; il retourne en Flandre; Philippe l'atteint au village de Crecy, l'attaque, il est complétement défait. Le prince de Galles, surnommé le *prince noir*, eut la plus grande part à cette victoire. Edouard s'empare de Calais, et oblige les habitans de lui envoyer six citoyens, la corde au cou, s'abandonner à sa merci. Trève entre Philippe et Edouard. Les Anglais, à la bataille de Crecy, s'étoient servis, pour la première fois, de cinq pièces de canon. ——— Humbert II fait la cession du Dauphiné à Philippe; c'est de cette donation que derive le nom de Dauphin — — Charles de Luxembourg IV prend possession de l'empire d'Allemagne : il fait la constitution, appelée la *Bulle d'or*, qui détermine le nombre des électeurs. ———Jeanne, héritière du royaume de Naples, est soupçonnée d'avoir fait étrangler André, son mari. Louis de Hongrie, marche à Naples, pour venger l'assassinat de son frère; il est obligé de se retirer, et Jeanne reste en possession du

trône. —— Les Florentins, pour retablir la paix dans la république, nomment pour chef Gauthier, duc d'Athènes. Ce
duc gouverne en tyran. Florence devient un théatre de fra-
yeur et de carnage, les nobles sont vaincus ; Gauthier est
obligé de se retirer. —— Nicolas Rienzi s'érige en tyran de
Rome : il est mis à mort par les Colonnes. —— L'an 1348
les tremblemens de terre et des tourbillons de vapeurs mor-
telles précédèrent la peste qui se promena sur toute la surface du globe, et moissonna, sur son passage, le tiers de la
population. Le bruit de la fin du monde se repand en tout
lieu. On n'entend plus que des gémissemens et des cris de
pénitence.

1350. (*Mulets.*)

Jean-Paléologue remonte sur le trône, dès que Cantacuzène eut quitté la pourpre impériale, pour se confiner dans
un couvent. Les Turcs accroissent leur empire sur celui de
Constantinople. ——Jean-le-bon succède à son père Philippe:
Il marche à la tête de soixante mille hommes, contre le prince de Galles qui ravageoit le Poitou avec huit mille ; l'attaque près de Poitiers ; il est vaincu, fait prisonnier et conduit en Angleterre où il est traité en prince ami. Les états
généraux se constituèrent, pendant son absence, en assemblée nationale, et répandirent des germes de républicanisme
qui furent bientôt étouffés. —— Alphonse IX remplit la Castille de troubles et d'horreurs. —— Etablissement à Florence
d'une académie de peinture en 1350.

1360. (*Médecin.*)

Troubles en France. Les soldats pillent les provinces ; les
paysans sévissent contre les seigneurs ; le Dauphin Charles,
nommé régent, défend le pays ; il fait la paix avec Edouard
qui rénonce à ses prétensions sur la couronne de France ,
met en liberté le roi Jean , et reste souverain de plusieurs
provinces qu'il avoit conquises. Le roi Jean étoit obligé de
payer , pour sa rançon , quatre milions et demi, et ne pouvant faire cette somme, il va reprendre ses chaînes à Londres où il mourut bientôt après. Charles V lui succède ; il

purge la France des soldats qui la pilloient, et rétablit la tranquillité dans ses états : il envoie Duguesclin contre Pierre, roi de Castille, qu'il chasse du trône. Le prince de Galles épouse le parti de ce dernier, bat Duguesclin et le fait prisonnier; le prince se retire, et Duguesclin, s'étant racheté, défait Pierre près de Tolède, l'amène captif à Transtmare qui le poignarde de sa propre main, et règne sous le nom d'Henri II.

1370. (*Magicien.*)

Duguesclin reprend sur les Anglais presque toutes les villes qu'ils possédoient en France, et meurt au siège de Châteauneuf-Rondon; dont le gouvernement vint déposer les clefs de la place sur le tombeau de ce brave capitaine. —— Wenceslas succède à son père, l'empereur Charles. —— Les Florentins rétablissent la démocratie : Michel-de-Lando, cardeur de laine, est nommé gonfalonier ; il est bientôt exilé. —— Carlo Zeno, Contarini et Pisani font triompher les armes de Vénise contre les Génois et les Padouans. —— Grégoire XI rétablit le siège à Rome. A sa mort, les cardinaux élurent Urbain VI. Ces cardinaux s'élèvent contre lui ; ils s'échappent à Fondi, et élisent un' autre pape, Robert, comte de Génève, qui prend le nom de Clément VII, et va s'établir à Avignon. Ces deux papes eurent des successeurs jusqu'au concile de Constance. L'Europe resta partagée, pour l'obéissance, entre les papes qui siégeoient Rome et ceux qui siégeoient dans Avignon. —— Les Polonais, à la mort de Casimir-legrand, donnèrent le sceptre à Louis, roi de Hongrie. Cette élection devint une source de malheurs. Avec Casimir finit la dynastie des Piast, qui avoit occupé le trône pendant 528 ans. —— Tamerlan, élevé au milieu des troubles qui se succédoient parmi les Tartares, tua son roi Adil, se forma un empire, et étendit ses conquêtes en Russie, en Perse et dans es Indes.

1380. (*Mappemonde.*)

Charles VI succède à son père, et gagne la bataille de Rolebecq sur les Flamands. —— Urbain donne le royaume des

Naples à Charles de Duras, pour se venger de la Reine Jeanne qui obéissoit à Clement. Jeanne appelle à son secours Louis, duc d'Anjou. Duras est reçu dans Naples, et fait étrangler la reine et sa sœur. —— Les scènes de carnage se renouvellent en Angleterre sous Richard II : cent mille de ses sujets, levés en masse, pénètrent dans Londres, pour réclamer la liberté. Richard repousse les séditieux, et rétablit le calme dans le royaume. Un effort si prodigieux sembla avoir épuisé toutes les facultés du roi : il fut mis en tutelle. —— Andronic prend Constantinople, et met en prison son père et son frère : ceux ci sont délivrés, et Andronic remis entre les mains des Turcs. —— Les Hongrois mécontens d'obéir à une femme, appelèrent Charles-petit, roi de Naples, pour régner sur eux ; il est bientôt assassiné par la reine Marie. Les Croates arment en faveur de la victime, égorgent Elizabeth, mère de la reine, et emmènent Marie prisonniere. Sigismond, roi de Bohême, tira de captivité son épouse, et fit abattre les têtes les plus illustres des Hongrois. —— Dimitri IV ranime le patriotisme des Russes ; les affranchit du joug des Tartares, et répand la terreur parmi leurs hordes barbares. Ces sauvages revinrent en plus grand nombre à la charge, s'emparèrent de Moscou et la reduisirent en cendres. —— Galéas Visconti fonde une académie d'architecture et de peinture pour la construction de l'immense cathédrale de Milan, dont on jeta les fondemens de l'an 1386.

1390. (Mufti.)

Rihcard s'empare de la succession du comte Héréford, son oncle : le duc de Lancastre, son père, arme contre le roi. Richard, abandonné de ses troupes, est pris et renfermé dans une tour de Londres, et condamné à résigner la couronne à Lancastre qui prend le nom d'Henri IV et fait décapiter Richard. —— Tamerlan conquiert la Perse, et pousse ses conquêtes au Nord de l'Asie, vers l'Indus et le Gange. —— L'armée de Sigismond est écrasée par Bajazet devant Nicopolis, et Constantinople assiégée. —— Les Hussites mettent la Bohême en feu, déclament contre les Prêtres et les rois, et massacrent les magistrats. —— Les Génois se donnent à Charles.

1400. (Roses.)

Bajazet dévaste la Grèce. Tamerlan avec un million d'hommes, et Bajazet avec quatre cents mille, viennent aux mains près d'Ancyre. Bajazet perd trois cents quarante mille hommes, il est fait prisonnier, mis dans une cage de fer et emmené en triomphe. Tamerlan extermine tous les Perses dans tous les lieux où il peut les rencontrer ; subjugue l'Inde, et massacre en un seul jour cent mille de ces prisonniers. —— En Angleterre on voit éclore les germes des guerres civiles de la rose blanche et de la rose rouge, qui se livrèrent de sanglantes batailles. —— Marghérite de Valdemar, souveraine des Danois, place sur sa tête la triple couronne de Suède, de Norwège et de Danemarck, et se fait admirer par ses belles qualités. —— Les Vénitiens font mourir, par la main du bourreau, les Carrares, princes de Padoue; s'emparent de Vérone, et détruisent la maison des Scaligers. —— Robert, comte Palatin, élevé à l'empire, vient révendiquer le Milanais; mais Jean Galéas-Visconti battit ses troupes. —— Les Génois égorgent les Français, et nomment un doge pour les gouverner. ——Jouan, roi de Portugal, passe en Afrique, pour contenir les Maures ; il s'empare de la ville de Ceuta. Découverte des îles Canaries. —— Manuel Paléologue se rend à Paris pour implorer des secours qu'il ne put obtenir. —— Epoque des peintres, Léonard Vinci, Masaccio, Squarcione, Donatello, Giberti et Philippe Brunellesco.

1410. (Rotisseur.)

Tamerlan quitte heureusement l'Asie mineure, et se dissipant comme un affreux méthéore, s'enfonce dans la Tartarie pour aller conquérir la Chine : la mort le surprit en route. Son fils, Jean-Ghir, fixa son séjour dans l'Indostan. La barbarie de ces conquérans éteint le feu des lettres et des sciences en Orient. —— Les enfans de Bajazet s'égorgent les uns les autres, pour l'ambition de régner : Mahomet reste seul, et s'empare de la succession de son père. ——Henri V redemande les terres qu'Edouard avoit cédées à la France ; sur le refus, il entreprend la guerre à la tête de 50000 hommes, déscend en Normandie, et se retire à Calais avec quinze mille seulement, le reste étant péri de maladie. Le connétable d'Albret l'attaque près d'Azincourt en Picardie ; il est défait ; 10000 Français restent avec lui sur le champ de bataille ; 14000 sont pris, le reste dispersé, Paris est remplie de factions. Les oncles du roi se disputent l'autorité ainsi que les trésors de l'état, Charles VI étant devenu fou. Les Armagnacs et les Bourguignons arborent leurs couleurs, et se signalent par d'affreuses représailles. Isabelle de Bavière, éxilée à Tours, appelle à son secours le duc de Bourgogne qui la ramène en triomphe à Paris, et se lie avec Henri. L'Anglais s'empare de la Normandie, innonde la France ; force le Dauphin à se retirer à Poitiers, et fait déclarer Charles incapable de régner : le Dauphin prend le titre de régent ; le duc de Bourgogne se réconcile avec lui. Ils eurent une entrevue à Montereau, où le duc de Bourgogne Jean *sans peur* fut assassiné : le Dauphin est accusé de cet attentat. —— Sigismond voit sa tête ceinte de la triple couronne d'Allemagne, de Hongrie et de Bohême : il érige la Savoie en duché en faveur d'Amédée VIII ; et vend l'électorat de Brandebourg à Frédéric de Nuremberg, qui forma la tige de la famille régnante. Le concile de Constance termine le schisme : Martin V est élu. Le supplice de Jean Hus et de Jérome de Prague aigrit le ressentiment de leur prosélytes qui deférent le commandement à Lisca. Celui-ci, avec une poignée de fanatiques, terrassa toutes les forces d'Allemagne croisée contre lui. —— Ladislas V écrase à la journée de Tanneberg les chevaliers teutoniques qui se proposoient de faire la conquête de la Pologne : cinquante mille de ceux-ci et le grand maître restèrent sur le champ de bataille. —— Jeanne II héritière de Ladislas son frère dans le royaume de Naples, mérita, par ses tyrannies, le nom de Messaline des Napolitains. —— Amédée VIII obtient de l'empereur la confirmation des tous les droits que ses prédécesseurs avoient concédés à la maison de Savoie :

et se trouve maître de tous les pays depuis le lac Léman , jusqu'à la méditerrance.

1420. (*Renard.*)

Henri V vient à Troies visiter la reine Isabelle qui s'étoit réconciliée avec le jeune duc de Bourgogne Philippe-le-bon. Là se fit le fameux traité par le quel on régla que Henri épouseroit Cathérine , fille du roi Charles , qu'il succéderoit à la couronne après la mort de ce roi , et qu'en attendant il gouverneroit la France en qualité de régent. Le parlement de Paris approuve ce décret , et déclare le dauphin indigne de la succession. Henri et Charles moururent peu après. Henri VI, fils du premier , fut reconnu roi de France et d'Angleterre ; le duc de Bedford , son oncle , vainquit à Verneuil Charles VII. Les Français sont reduits aux abois : les Anglais leur enlèvent les places les plus fortes. La ville d'Orléans seule étoit leur espoir: elle etoit assiégée. Marie d'Anjou détourne son époux de la pensée de se retirer en Dauphiné. Agnés Sorel sa maîtresse anime son courage : mais Jeanne d'Arc, si connue sous le nom de Pucelle d'Orléans , étoit principalement destinée au salut de la France. Elle se dit envoyée du Ciel : les Français marchent sous sa bannière au secours d'Orléans. Les ennemis sont battus : la Pucelle conduit à travers les provinces soumises à l'ennemi son roi Charles pour être sacré à Rheims. —— Martin V appelle en Italie Louis III, duc d'Anjou , et l'investit du royaume de Naples. —— La famille de Médicis , à l'aide de ses richesses et de ses manières populaires et insinuantes , acquiert une grande considération parmi les Florentins.

1430. (*Ramoneur.*)

Jeanne d'Arch est faite prisonnière à Compiègne , et brulée à Poitiers , comme sourcière et hérétique. Le duc de Bourgogne se retire de l'alliance avec les Anglais qui n'eurent plus que malheurs sur malheurs , après la mort du duc de Bedford ; et dicte les conditions de paix à Charles. Les Anglais sont chassés de Paris , Charles y entre en triomphe : il assemble le clergé à Bourges où fut faite la célèbre Pragma-

que Sanction. —— Jean Paléologue, accompagné des évê-
ques les plus savans de son empire, se rend au concile de
Florence pour y traiter de la réunion de l'Eglise Grecque à
la Latine: : mais son but principal étoit d'interesser en sa
faveur l'Europe chrétienne contre les Turcs qui l'abreuvoient
de jours en jours d'humiliations. —— Alphonse, successeur
de Jeanne dans le royaume de Naples, est fait prisonnier par
les Génois, et remis à Visconti qui le renvoya bientôt dans ses
états. Alphonse, par ses exploits, parvint à écarter du
trône Jean d'Anjou, ainsi que le bon Réné, et réunit au
royaume de Naples celui de Sicile. —— Les Florentins font
des efforts contre les Milanais, les Napolitains et la ville de
Lucques; bannissent de leur république Cosme de Médicis,
et le rappellent. —— Les Vénitiens font trancher la tête au
fameux général Carmagnole qui avoit trahi leurs intérêts
dans la guerre contre le duc de Milan. —— Antoine Gonzales,
le premier, commerça avec les noirs d'Afrique. —— L'empereur
Sigismond s'occupe à pacifier l'Eglise, à resister aux Hussites et à remedier aux maux qui affligeoient ses états, il mourut dans le cours de ces louables occupations. Albert II, duc
d'Autriche, est élu à sa place. La Hongrie passe sous sa domination.   1440. (*Arroseur.*)

Les Anglais sont chassés de France; il ne leur reste que
Calais. Charles lève des corps des troupes réglées, qui devoient toujous être prêtes à se porter où le besoin de l'état
exigeoit leur présence. C'est à cette institution militaire que
les monarques français sont redevables de l'accroissement de
leur autorité. —— Frédéric III est élu empereur. —— Ladislas, roi de Pologne, est élu roi de Hongrie. Il perd la bataille de la Varne contre Amurath: toute l'armée chrétienne
fut défaite, et le roi tué. —— La domination des Visconti
finit à Milan; François Sforce leur succède. —— Lancellot
double le cap Vert, reconnoît l'embouchure de Sénégal, et
plante la Croix sur les côtes barbares de la Guinée. —— Invention de l'art de l'imprimerie. Deux bourgeois de Mayence,
Jean Guttemberg et Jean Faust, réunirent leurs efforts pour

opèrer cette découverte ; et Pierre Schoeffer domestique de Faust, inventa les caractères. —— Les Italiens parmi les agitations politiques conservent la passion des lettres et le goût pour la peinture. Léonard Arétin, le Pogge et Laurent Valla se rendent récommandables par leurs lumières et leurs connoissances. Le célèbre cardinal Bessarion se fit admirer dans le concile de Florence par son éloquence et sa vaste érudition. —— Amédée VIII, duc de Savoie, est élu Pape par le concile de Bâle et prend le nom de Felix V. Il abdique huit mois après ; et son abdication mit fin au scisme. Nicolas V est reconnu par tout le monde chrétien en 1449.

1450. (*Arlechin.*)

Mahomet II couvre le Bosphore de ses vaisseaux ; et conduit 250,000 hommes sous les murs de Constantinople. Constantin, reduit à sept mille combattans, résolut de défendre sa capitale jusqu'au dernier soupir : le bruit de la grosse artillerie qui tonnoit nuit et jour, n'intimide point ces défenseurs. Constantin, voyant les Turcs maîtres de la porte romaine, se précipite, l'épée à la main, au milieu des bataillons ennemis, à la tête d'une poignée de ses braves sujets, et s'ensevelit sous les ruines d'un empire qu'il ne pouvoit plus conserver (1453). Le génie de l'ancienne Grèce, ainsi que de l'ancienne Rome, échappe de Constantinople, et va mettre en mouvement l'imagination des peuples de l'Europe entière. Mahomet fait investir Belgrade par une armée de 150,000 hommes : Jean Corvin-Huniade gagne contre lui une grande bataille, et lui fait lever le siège. Mahomet détruit l'empire de Trébizonde. David Comnène, dernier souverain de cet empire, est décapité. —— Richard, duc d'Yorck, se met à la tête des mécontens, et se déclare prétendant à la couronne ; il est banni et décapité tandis qu'il fuyoit. —— La maison d'Oldenburg monte sur le trône de Danemark, et l'union de Colmar est rétablie par Christiern premier. —— Louis de Savoie est chassé de l'île de Cypre ; Jacques son fils en est mis en possession par le sultan d'Egypte. —— Cosme de Médicis protège les lettres, embellit la ville de Florence, et gouverne ses habitans en grand roi. François Sforce médite le projet d'une confédération des états de l'Italie contre les princes étrangers. Il s'étoit emparé de Milan et s'en étoit fait proclamer souverain en 1450. On croit communément que dans ce temps Jean de Bruges inventa la peinture à huile, quoique les peintres de Bologne s'en fussent déja servis dès l'an 1400.

1460. (*Rhadamante*).

Louis XI est sacré roi : il révolte les grands et le peuple par les impôts et l'injustice. Ses parens et Dunois se liguent contre lui ; c'est la ligue du *bien public*. Bataille de Montleri qui mit fin à cette guerre. Louis reprend la Normandie cédée au duc de Berry : tandis qu'il travailloit à faire soulever les Liégeois contre Charles-le-Téméraire, duc de Bourgogne, Louis va le trouver à Péronne ; il est fait prisonnier et obligé de devenir le ministre de la vengeance de son vassal. La ville de Liège succombe, et le duc y fait mettre le feu. —— Edouard IV, duc d'Yorck, chasse Henri et Marguérite, qui se retirent en France ; il se fait nommer roi, et envoie dans ce pays Warwick pour demander en mariage Bonne de Savoie, sœur de Louis XI : le général obtient la princesse ; dans cet intervalle, Edouard épouse Elizabeth Woodville. Warwick et le duc de Clarence, frère du roi, à la tête de 60,000 hommes, marchent contre Edouard qui s'enfuit en Hollande. Henri est tiré de la tour, et réplacé sur le trône. Edouard revient, Henri est battu et égorgé ; ses partisans expirent sur l'échafaud. —— L'Islande est découverte par les Norwégiens. —— Ivan III rétablit l'unité de l'empire russe ; ravage la Pologne ; impose un tribut au souverain tartare de Cazan ; attire dans Moscou des hommes habiles dans les arts et les sciences, et fait germer les premières semences de la grandeur nationale. —— Cosme de Médicis accueillit généreusement les Grecs fugitifs, et les pria d'instruire ses concitoyens.

1470. (*Architecte*.)

Entrevue à Pécqugny d'Edouard IV et de Louis XI ; trêve conclue. Charles-le-Téméraire est battu par les Suisses sous les murs de Nancy, et y perd la vie. La Bourgogne est soumise à Louis XI. Marie, héritière de Charles, épouse Maximilien d'Autriche. Les Pays-Bas passent sous la domination de l'empereur. —— Ferdinand V réunit les royaumes de Castille et d'Arragon par le mariage d'Isabelle de Castille avec l'enfant d'Arragon. Isabelle triomphe de Jeanne fille d'Henri IV, roi de Portugal, à la journée de Toro. Les deux couronnes réunies firent trembler les Maures. Etablissement de l'Inquisition en Espagne. —— La famille de Pazzi conspire contre celle de Médicis. Julien est tué dans l'Eglise : Laurent son frère échappe à la rage des assassins : il obtient une garde pour la sureté de sa personne ; et le peuple furieux immole tous les conjurés qu'il peut saisir. —— Mathias-Corvin élève, par ses exploits, sa nation au dessus des autres, et délivre la Hongrie et l'Europe du joug des Musulmans.

1480. (Robinson.)

Charles VIII règne sous la tutelle d'Anne de Beaujeu, sa sœur. La bataille de Saint-Aubin, gagnée par Louis la Trémouille rend ce monarque maître de la Brétagne : le duc d'Orléans y est fait prisonnier, et renfermé dans une prison. Charles épousa Anne, fille et héritière du défunt Maximilien. La Provence, l'Anjou et la Maine sont réunis à la couronne. —— Richard, duc de Glocester, fait massacrer son neveu Edouard qui étoit sous sa tutelle, et son jeune frère ; et prend luimême le titre de roi, sous le nom de Richard III : il est tué par Henri VII, duc de Richemond qui réunit en lui les droits des deux maisons d'Yorck et de Lancastre, en épousant Elisabeth, fille d'Edouard IV. Avec Richard finit la maison des Plantagénètes. —— Mahomet II tourne ses armes contre Rhodes. Les chevaliers de cette île lui apprirent, par la plus héroïque défense, que les vaillans hommes qui savent mourir sont capables de vaincre. Le fier sultan méditoit la conquête de l'Italie ; déja il s'étoit emparé d'Otrante, lorsque la mort moisonna ce terrible ennemi des chrétiens. —— Barthélemi Diaz découvre et double le cap des Tourmentes, qu'il nomma cap de Bonne Espérance. —— Laurent de Médicis, avec toute la libéralité d'un grand prince, encourage les travaux des gens de lettres et des artistes.   Q

1490. (*Rivaux.*)

Charles VIII prétend que le royaume de Naples lui appartient, comme héritier des droits de la maison d'Anjou. Il passe en Italie, et rend la liberté aux Pisans qui chassent Pierre de Médicis. Charles entre en vainqueur dans Florence où le fanatique Savanarole commandoit en maître et qu'il remplissoit de troubles, et dans Rome. Alphonse s'échappe de Naples. Ce royaume est conquis en quinze jours, et Gibert de Bourbon en est nommé vice roi. Charles de retour en France est obligé de combattre contre Sforce à Fornoue, près de Parme : avec huit mille hommes défait une armée de trente mille ; mais avant qu'il fût arrivé dans son royaume, Fernandez de Cordue s'étoit emparé de celui de Naples. Louis XII succède à son cousin Charles, et se rend maître du Milanez. —— Maximilien, fils de Frédéric, prend possession de l'empire. —— Jean, roi de Danemark, est couronné roi de Suède à Stokolm. —— Isabelle force le dernier boulevard des Maures ; Grenade ouvre les portes à son armée. L'empire des infidèles est tout-à-fait détruit en 1490. Christophe Colomb, originaire de Cuccaro, château près de Casal dans le Montferrat (comme il l'a été recemment constaté par le savant Galeani Napione, membre de l'Academie Impériale des sciences de Turin, dans sa dissertation sur la patrie de cet homme si célèbre) réjeté par les Génois, par la France, par l'Angleterre et par les Portugais, trouve dans Isabelle une protectrice éclairée. Avec le faible secours de trois petits bâtimens, Colomb va découvrir un nouveau monde. Navigant sur des mers inconnues, il débarque en 1492 aux îles de Cuba et de Saint-Domingue, et en 1498 sur la côte de Cumana, près de l'Orénoque, et reconnoît qu'il se trouvoit sur un nouveau continent. Cette découverte si intéressante fut le resultat des plus profondes méditations de Colomb. Cet illustre navigateur qui dans ses trois voyages qu'il fit sur le grand Océan, observa le premier la variation diurne de l'aimant, qui le dirige, le matin, vers l'Occident, et, le soir, vers l'Orient ; après avoir passé sur la mer une vie consumée de chagrins, fut indignement chargé de fers, et mourut oublié de ses maîtres, victime de leur ingratitude. —— Vasco de Gama, en abordant en 1498 à Calicut, fraya aux Portugais une nouvelle route aux grandes Indes. —— Le royaume de Perse retombe sous la puissance des Sarrazins, devenant la conquête d'Ismaël-Sophi. —— Mathias Corvin après avoir conquis l'archiduché d'Autriche, meurt ne laissant point d'héritier légitime. Les Hongrois choisirent pour leur souverain Ladislas roi de Bohême, qui, ayant triomphé de Maximilien, archiduc d'Autriche, qui lui disputoit ce royaume, régna sur eux paisiblement. —— Ludovic-le-More déploie dans Milan un caractère de scélératesse ; il empoisonna le jeune Galéas, duc de cette ville, et prit la place de sa victime.

1500. (*Lazare.*)

Ludovic XII s'empare du Milanez, soumet les Génois qui s'étoient révoltés ; il convient avec Ferdinand de partager entre eux le royaume de Naples ; il est trahi, et les Français sont battus à Cérignoles par Gonzalve de Cordoue, et chassés de ce royaume. Le cardinal d'Amboise passe en Italie à la tête d'une puissante armée ; mais il perd son tems aux portes de Rome. Ligue de Cambrai entre Louis, Jule II, Maximilien et Ferdinand contre les Vénitiens. Ces insulaires font lever le siège de Padoue à l'empereur : ils sont défaits par Louis à la journée d'Agnadel. —— Ivan III abolit la race des princes Tartares, qui régnoit en Russie ; civilise sa nation, et travaille à dissiper les ténèbres de la barbarie. —— Améric Vespuce, Florentin, qui se trouvoit dans l'expédition d'Ojéda, trace deux cartes du nouveau-Continent, il les envoie en 1500 à Laurent de Médicis, et a l'honneur de lui donner son nom. Les pères, Montefield, Pierre de Cordoue et Barthelemi las-Casas, firent entendre les premiers la voix de la religion aux Indiens sauvages, et prirent leur défense contre leurs persécuteurs. Vanez Pinçon découvre le Brésil. Alburkerque, amiral portugais, s'empare de Goa et de Malacca, et assure à sa nation l'empire de l'Asie. François Alméida découvre l'île de Ceylan, si riche en arbustes précieux. Nugnes de Balboa aborde au Pérou, et découvre l'Océan pacifique. Gaspar de Cortéréal aborde à l'île de terre-neuve, et visite le pays des Eskimaux.

1510. (*Lutteurs.*)

Jules et Ferdinand se détachent de la ligue, et ils attirent les Suisses dans leur parti. Jules prend en personne Bologne. Gaston, duc de Foix, est tué à la bataille de Ravenne ; sa mort entraîne la perte du Milanez. La Trémouille est vaincu par les Suisses sous les murs de Novare ; les Français sont contraints d'évacuer l'Italie. Henri VIII et Maximilien triomphent d'une armée française a Guinégate, en Artois, et les Suisses s'avancent jusqu'à Dijon. Louis reduit aux abois, a recours aux traités : il épouse Marie sœur de Henri ; et détache ce roi de l'alliance des Espagnols et des Allemands. François premier qui lui succède se rend maître du Milanez après la bataille de Marignan. Concordat avec Léon X ; la pragmatique Sanction est abolie. —— A la mort de Ferdinand le catholique, Ximènes gouverne l'Espagne : Charles V devient maître de ce royaume, de celui des deux Siciles, des Pays-Bas et de l'empire. —— Selim, fils de Bajazet II, fait périr son père, ses deux frères, ses neveux, son oncle, le vertueux Corcul et des milliers d'individus : écrase une armée de Perses près de la ville de Tauris, et s'empare de la Mésopotamie. —— Cortez s'avance pour conquérir le Méxique. —— Léon X, de la famille de Médicis, déploie dans la chaire de S. Pierre une magnificence qui éblouit l'Italie, et dont l'éclat offusque une partie de l'Europe : il obtient de Charles V le duché de Parme et Plaisance. —— Luther attaque l'autorité de l'Eglise, et nie la prééminence du Saint-Siège.

1520. (*Lion.*)

Charles V fait la conquête du Milanez : le fameux chevalier Bayard périt dans la bataille de Rebec, à quelques lieues de Milan. Le connétable de Bourbon, persécuté à la cour, passe au service de Charles. Tandis que ce connétable assiège Marseille, trente mille Anglais pénétrent en Picardie et jettent l'effroi jusque dans l'Ile de France. François soumet le Mila-

hez , assiège Pavie ; Bourbon le fait prisonnier , et le fait conduire à Madrid. Charles lui rend la liberté à trois conditions,
qu'il céderoit ses droits sur la Bourgogne et sur l'Italie ; que
ses deux fils seroient en ôtage , et que lui-même se remet-
troit au pouvoir du vainqueur , si cette exécution venoit à
souffrir quelque difficulté. François , arrivé à Paris , fait déclarer par les états de Bourgogne qu'il n'avoit pu les aliéner.
Les Vénitiens et Clément VII se liguent contre Charles: Bourbon et les Colonnes , ennemis du Pape , vont assiéger Rome.
Bourbon est tué montant à l'assaut ; les troupes désespérées
se précipitent dans la ville ; grand nombre de ses habitans
sont massacrés, les églises profanées , les tombeaux violés
les monumens des arts mutilés , et le Pape Clément enfermé
dans le château Saint-Ange. Les Français commandés par Lu-
trec soumettent le Milanez , s'emparent de Rome , et pénètrent
dans le royaume de Naples. Leutrec meurt ; la contagion mois-
sonne ses troupes. Paix de Cambrai entre François et Charles , et avec le Pape à Bologne. La Bohême passe dans la
maison d'Autriche. —— Louis de Hongrie est tué à la bataille
de Mohatz ; les Turcs s'emparent de Bude et de Belgrade. Le
jeune Etienne remet le sceptre à Ferdinand , archiduc d'Autriche : ici finit l'histoire de Hongrie , qui désormais se con-
fondra avec celle d'Autriche. —— Frédéric de Holstein chasse
de ses états Christiern II , et s'en fait couronner roi. ——
Gustave Vasa affranchit la Suède du joug des Danois, il abjure la réligion de ses pères pour embrasser le luthéranisme
et se fait couronner roi. —— Soliman chasse de Rhodes les
chevaliers de S. Jean : il assiège Vienne, mais il est contraint
de se retirer. —— Sebastien Canut, Biscayen , achève , au
bout de trois années , de faire le tour du monde. Magellan
découvre l'Amérique méridionale ; navigue le premier sur l'O-
céan pacifique ; il est tué par les insulaires de Sibu. Barboza,
compagnon de son voyage , découvre les Moluques , double
de cap de Bonne-Espérance , et revient en Europe. Ferdinand
Cortez fait la conquête du Mexique ; et après avoir vaincu
le dernier roi Montézuma , oblige les Mexiquains à embrasser

le christianisme. Son intrépidité au milieu des dangers les plus pressans ; ses nombreuses victoires, lui méritèrent une place distinguée parmi les plus célèbres capitaines. François Pizarre aborde au Pérou ; incendie volontairement sa flotte ; il marche avec une intrépidité étonnante au travers de peuples belliqueux, et s'empare de Mexico capitale de l'empire des Incas, après avoir écrasé des armées inombrables avec une poignée de soldats au nombre de cinq cents seulement.

—— La réformation jette des germes de républicanisme et de rébellion dans la plupart des monarchies, tandis que la cour de Rome poliçoit les mœurs et rendoit les hommes plus sociables. Les Italiens illustrent leur nom par la culture des sciences abstraites ainsi que de la littérature, et font les plus étonnans progrès dans les arts et les sciences. A cette époque fleurissoient, Bramante, Jules Romain, Michel Ange Buonarotti, le Pérugin, Peruzzi, Titien, Victor Véronèse, Corrège, Raphaël, Bembo, Casa, Sadolet, Guichardin, Paul-Jove, Arioste, Anguillara, Sannazaro, Trissino, Politien, Copérnic, Erasme. —— Louise de Savoie, mère de François premier, Marguérite, gouvernantes des Pays-Bas, Isabelle en Hongrie, se firent admirer par leur sagesse et par leur caractère de noblesse et de grandeur.

1550. (Lampe.).

Charles V donne l'île de Malthe aux chevaliers de S. Jean, et à Alexandre de Médicis la ville de Florence qui avoit brisé le joug de cette maison bienfaitrice ; et le duché de Milan à François Sforce. Il chasse Soliman de Hongrie, et veut faire prince de Gènes André Doria qui l'avoit enlevée à la domination de François premier. Doria choisit d'être le bienfaiteur de sa patrie, et y rétablit l'aristocratie, et remporte sur les Turcs une fameuse victoire navale. François premier s'empare des états de Charles III duc de Savoie : Charles V envahit la Provence avec cinquante mille hommes, tandis que Nassau attaque Péronne avec trente mille. Montmorency prend le parti de Fabius, fait la petite guerre, et contraint les ennemis à quitter la France. Paix de dix ans convenue. Charles demande à François la permission de passer sur ses états pour réduire les Gantois ; il l'obtient : de son retour, il passe à Paris. Charles défait le pirate Barberousse, s'empare de Tunis, et entre dans Rome comme en triomphe. Confession d'Augsbourg. Commencement du Calvinisme. —— Henri VIII épouse Anne de Boleyn, et renvoie Cathérine d'Arragon ; il est excommunié par Clément VII ; ce roi, à la persuasion de Cranmer, se déclare chef de l'eglise anglicane. Thomas Morus, son chancellier, Thomas Cromwel et Jean Ficher, Anne Bouleyu et Catherine Howat, sa cinquième épouse, ont la tête tranchée. Henri se fait déclarer roi d'Irlande. —— Alexandre de Médicis est assassiné ; Cosme le remplace, malgré Strozzi et les autres zélateurs de la liberté. Frédéric Gonzague est élu duc de Mantoue ; et Pierre Pharnèse est investi du duché de Parme et Plaisance. —— Sigismond, en Pologne, défait les Valaques, détruit la puissance teutonique, contient les hérétiques, et fait fleurir les arts et les sciences dans son royaume.——Ivan IV donne des bases plus solides à l'empire russe par l'établissement d'une milice réglée et permanente dont les soldats furent désignés sous le nom de *Strélitz*. —— La vigoureuse résistence de Pizarre contre un peuple en fureur ; la défaite de Narvaës si supérieur en forces ; sa retraite dans México ; son étonnante victoire sur des troupes innombrables dans les plaines d'Otumba ; sont des faits dignes d'être présentés à la postérité la plus reculée. Mais tant de victoires furent souillées par son avidité de l'or et de l'argent ; par son ambition et son despotisme qui le porta à la mort du compagnon de ses travaux, Almagro, le conquérant du Chili, et à celle de son prisonnier Atabalipa, souverain du Pérou, après avoir tiré de lui la plus énorme des rançons, une grande chambre remplie d'or et d'argent ; ces brigandages et tant d'autres sanglantes tragédies ne laissent point regreter sa mort sur le théatre où il avoit commis tan de crimes. Le désir d'acquérir des richesses porte un grand nombre d'Espagnols à couvrir les champs du México et du Pérou, et dépeuple l'Espagne, dont les colonies, associées aux peuplades des Afriquains, se fondèrent sur les cadavres de plus de six millions d'Indiens, et remplacèrent la population indigène. —— Saint-Ignace de Loyola fonde la société des Jésuites. Cette période est celle des marins les plus intrépides : Andrée et Philippin Doria, Vérazzani, More, Léon de Strozzi, Barberousse, roi-corsaire d'Alger, se signalèrent par l'habileté de leurs manoeuvres.

1540. (*Lorgneur.*)

La flotte de Charles V est abymée en Afrique. François l'attaque par cinq endroits : le duc d'Enghien triomphe des Impériaux à la journée de Cérisoles ; victoire qui entraîna la prise de Carignan et de tout le Montferrat, à la reserve de Casal. Barberousse assiège Nice. Henri VIII s'empare de Boulogne. Paix entre la France et l'Allémagne. François premier mourut victime d'une maladie nouvellement apportée du nouveau monde. Henri II; son fils, lui succèda. —— Guerre entre les protestans et l'empereur. Le duc de Saxe et le Landgrave de Hesse sont faits prisonniers. Ouverture du concile de Trente. —— Doria reprime l'ambition de la maison des Fiesques, et sauve la liberté de son pays. —— Cranmer et Edouard Seymer, tuteur du jeune roi Edouard VI, abolissent en Angleterre l'exercice de la réligion catholique, et remportent à Pinky une victoire contre les Ecossais. —— Les Portugais abordent au Japon ; Saint-François Janvier y apporte la lumière de l'évangile. —— Jvan IV soumet les Tartares d'Astrakan et les Criméens.

1550. (*Lilas.*)

Charles V gagne la bataille de Mulhberg sur les Luthériens : une blessure termine les jours de Maurice vainqueur du farouche Albert de Brandebourg. Charles V ravage la France. Le duc de Guise oblige les impériaux de lever le siège de Metz, et les défait à la journée de Renti. Les troupes françaises perdent la bataille de Marciano, et Montluc, leur général, est enfermé dans Sienne. Charles, accablé d'infirmités et de chagrins, résigne le sceptre d'Espagne à Philippe II, son fils, et le sceptre impérial à son frère Ferdinand II; et se retire dans les solitudes du monastère de Saint-Just près de Placentia, ne s'occupant plus que de l'éternité. Philippe s'avance dans le coeur de la France à la tête d'une armée commandée par Emmanuel Philibert, duc de Savoie, et triomphe des François à la journée de Saint-Quintin ; Montmorency et un grand nombre de seigneurs, y furent faits prisonniers. Le duc de Guise est rappelé d'Italie ; il reprend sur les Anglais tout ce qu'ils possédoient en France. Paix de Cateau-Cambresis ; Henri marie sa fille Elisabeth à Philippe, et sa soeur Marguérite au duc de Savoie qui fut mis en possession de son duché ; et meurt peu de temps après, joûtant avec Montgommeri qui le blessa à loeil. François II, à l'âge de seize ans, monte sur le trône dans un temps où trois factions divisoient la cour ; celle des princes du sang, Antoine de Bourbon, roi de Navarre, et le prince de Condé ; celle des Guises ; enfin celle des Montmorency. Le duc de Guise et le cardinal de Lorraine s'emparent du gouvernement ; Catherine de Médicis se déclare en leur faveur. Le prince de Condé et Coligny soulèvent les protestans. —— Dudley, duc de Northumberland gouverne l'Angleterre, et fait épouser son fils Guilford à Jeanne Gray. A la mort d'Edouard, Marie légitime héritière dissipe le parti de son rival, le fait décapiter ; fait périr sur l'échafaud l'infortunée Jeanne Gray ; retablit le catholicisme et épouse Philippe II : Cranmer est brûlé tout vivant. Elisabeth sa soeur, en lui succédant, rétablit la reforme. L'Ecosse est déchirée par les factions des protestans. —— Les Turcs font la conquête du Bannat et de Temeswar. Soliman ravage la Perse, fait étrangler son fils Mustapha, et immole bientôt les auteurs d'un si injuste forfait. —— Les Missionnaires prêchent avec fruit la religion chrétienne dans le grand Mogol.

1560. (*Lady-Charlotte.*)

Conjuration d'Amboise ; le prince de Condé en est le chef ; les protestans sont défaits près de cette ville. Le prince de Condé est arrêté, et rendu bientôt à la liberté. Catherine de Médicis nommée régente sous Charles IX, agé seulement de dix ans, divise les partis, et accorde la liberté de conscience aux protestans. Les Guises massacrent les huguenots à Vassy; c'est le signal des guerres civiles en France : les huguenots s'emparent de plusieurs villes, et y commettent tant de massacres que le parlement ordonna de les tuer par tout où on les trouveroit. La guerre s'allume dans toutes les provinces; Montluc se signale dans la Guienne; le roi de Navarre perd la vie à la prise de Rouen; le prince de Condé et le connétable de Montmorency sont faits prisonniers par le duc de Guise à la bataille de Dreux, ce prince est assassiné devant Orléans tandis qu'il l'assiégeoit. Paix avec les réligionaires qui fut d'une courte durée. Le prince de Condé tente d'enlever à Meaux Charles IX; les Suisses le sauvent avec toute la cour, et les ramènent dans Paris. Montmorency attaque le prince de Condé à Saint-Dénis, mais il y perd la vie; le prince de Condé est tué à la bataille de Jarnac. Le jeune Henri, prince de Béarn est déclaré chef de la ligue; les protestans d'Allemagne accourent au secours de leurs confrères, ils sont battus à Montcontour par le duc d'Anjou. Traité de Saint-Germain, par lequel les huguenots obtiennent le libre exercice de leur réligion. —— Maximilien II réunit les catholiques et les protestans; défend ses états menacés par les Turcs qui avoient pris la ville de Zizeth en Hongrie; et fait périr du dernier supplice les principaux chefs d'une horrible conspiration. —— Philippe II se fait détester de toute l'Europe par les nombreuses victimes qu'il sacrifie; les Hollandais et les Pays-Bas se révoltent contre sa tyrannie. Le duc d'Albe entre dans ce pays, et en fait périr sur l'échafaud les personnes les plus illustres. —— Elisabeth, secondée par son ministre Guillaume Cécil, se fait respecter par les grands, et jette les bases de la puissance maritime de l'Angleterre. —— Marie Stuart fait périr son époux Darnley; les Écossais furieux prennent les armes, font prisonnière leur souveraine qui, s'étant échappée, se retira en Angleterre. Elisabeth après l'avoir reçue avec distinction, la retint en captivité, et fit périr sur l'échafaud tous les Seigneurs qui s'étoient intéressés en faveur de cette reine infortunée. —— Emmanuel-Philibert se rend rédoutable à ses voisins, et force le canton de Berne de lui céder une assez grande étendue de territoire. —— Sigismond II, roi de Pologne, remporte une victoire complette sur les Russes, et protège le luthéranisme. —— Ivan IV devient sanguinaire et frénétique; il massacre un grand nombre d'habitans de Novogorod; fait jeter huit cents femmes de Moscou dans la rivière, et livre trois cents autres victimes au fer du bourreau. —— Soliman II est obligé de lever le siège de Malthe que défendoient les chevaliers de S. Jean sous le commandement de Jean de Lavalette; et mourut au siège de Zizeth où le comte de Sérin avec deux cents Hongrois firent des prodiges de valeur. —— Une colonie française qui vouloit s'établir dans la Floride est massacrée par les Espagnols.

1570. (*Laquais.*)

La cour de France médite le massacre des Calvinistes, qu'on nomma le Saint-Barthélemi. Charles IX donne sa soeur Marguerite en mariage au jeune prince de Béarn. L'amiral Coligny est tué; une foule de seigneurs sont égorgés jusque dans le Louvre; les catholiques remplissent Paris de carnage; le massacre des Calvinistes s'exécute avec la même fureur en plusieurs endroits du royaume. Les Calvinistes furieux se défendent dans la Rochelle et dans Sancerre avec opiniatreté, et ne cèdent ces places qu'en obtenant la liberté de conscience. Les troubles accroissent dans l'état; les Montmorency, le duc d'Alençon, frère du roi, le roi de Navarre, le prince de Condé se liguèrent ensemble contre les Guises; leurs complots sont decouverts, et plusieurs de ces princes sont arrêtés. Charles IX, mourant sans enfans mâles, déclare régente Catherine de Médicis jusqu'au retour du roi de Pologne, son frère et son successeur. Henri III quitte la Pologne, monte sur le trône de France, met en liberté le duc d'Alençon et le roi de Navarre; ceux-ci conspirent contre le roi qui leur pardonne, et permet aux calvinistes le libre exercice de leur religion Les catholiques alarmés pour la sureté de la religion forment cette ligue si fameuse par tant de guerres civiles. Le roi s'en déclare le chef. —— Rodolphe fils de Maximilien, devenu maître de l'empire, continue à se livrer à l'étude de la chimie, de l'astronomie et de la physique. —— Elisabeth se lie aux insurgés des Pays-Bas, fait rentrer dans le devoir l'Irlande revoltée, et établit le fameux tribunal, connu sous le nom de *haute-commission* qui devint si fatale au catholicisme. Drake, son amiral, fait le tour du monde ; les nombreuses prises sur les Espagnols, faites par ce navigateur, enflamment le ressentiment de Philippe II. —— Guillaume de Nassau qui s'étoit soustrait à la poursuite du duc d'Albe, se rend maître du petit port de la Brille ; il comb... plan de républi... ue pour donner une existence politique aux Hollandais ; et fait jurer dans Utrecht une union entre les sept provinces depuis appelées les *Provinces-unies*. A la mort de Sigismond II s'éteignit la dynastie des Jagellons ; et le bonheur de Pologne s'évanouit avec cette illustre famille : la couronne devint élective : le duc de Montluc réussit à faire nommer roi des Polonais Henri duc d'Anjou. —— Pie V crée Cosme de Médicis grand duc de Toscane. —— Selim II pren... ...ssa... sur les Vénitiens la ville de Nicosie dans l'île de Chypre. L'élite de la noblesse Vénitienne, Espagnole et Italienne, montée sur une nombreuse flotte, dispersa celle de Selim à la célèbre journée de Lépante, et détruisit les flatteuses espérances des Turcs qui faisoient trembler la chrétienneté. —— Epoque du Tasse, de Palladio, de Carache, de Camoëns et de Tico-Brahé.

1580. (Loup.)

Henri de Guise, à la mort du duc d'Anjou, aspire au trône : il persuade au cardinal de Bourbon que le roi son neveu étoit hérétique et incapable de régner, et que c'étoit lui que la couronne regardoit. Le cardinal se déclare chef de la ligue ; et proteste que les ligueurs avoient fait serment de rétablir l'Eglise en sa dignité, et de soulager le peuple des nouveaux impôts. Les ligueurs se mettent en campagne, et obligent le roi à dépouiller les protestans de tout ce qui leur avoit été accordé, et à approuver tout ce que les confédérés avoient entrepris contre l'état. Le roi de Navarre en est frappé et arme contre Henri. Les protestans battent leurs ennemis à la journée de Courtray où Joyeuse général de l'armée catholique fut tué de sang froid après le combat. Le roi défend au duc de Guise de revenir à Paris ; le duc y arrive ; les bourgeois séditieux désarment les troupes royales, forment des barricades jusqu'au Louvre, et le roi est obligé d'abandonner sa capitale au duc, et de jurer de ne faire jamais ni paix ni trêve avec les hérétiques. Henri convoque les états généraux à Blois, et fait serment avec les états d'observer l'édit de réunion comme une loi fondamentale du royaume. Le marquisat de Saluces envahi par le duc de Savoie qu'on croyoit d'intelligence avec le duc de Guise ; l'insolence des Seize qui lui étoient tous dévoués ; le ressentiment, la colère, déterminèrent Henri à faire périr ce chef de parti : le duc fut percé de coups dans la chambre même du roi, et son frère le cardinal le fut aussi le lendemain. Tout Paris est en feu : les Seize s'abandonnent aux derniers excès : la Sorbonne déclare les sujets déliés de leurs obligations envers le souverain ; le parlement est fait prisonnier ; un autre lui est substitué : le duc de Mayenne remplace son frère. le duc de Guise ; il est déclaré lieutenant général de la couronné de France. Dans ces fatales circonstances, Henri s'allie avec le roi de Navarre ; ils vont assiéger Paris, ils s'emparent de S. Cloud. C'est là que Jacques Clément jeune prêtre Dominicain plongea un couteau dans le ventre de son roi. La race des Valois étant éteinte, la couronne appartenoit à Henri IV comme au premier prince du sang. Ce chef de la branche de Bourbon-Vendôme, descendant de S. Louis, leva le siège de Paris, se retira à Dieppe avec cinq mille soldats seulement, vainquit à Arques le duc de Mayenne, ayant reçu le rénfort de quatre mille Anglois, porta la terreur jusqu'à Paris où étoient rentrés les ducs de Mayenne et de Nemours pour la défendre. Un fantôme de roi, le vieux cardinal de Bourbon, sous le nom de Charles X, servoit aux ligueurs de point d'appui. Henri, manquant d'artillerie, est forcé de rénoncer à son en-

treprise , et de se retirer en Normandie où il mit le siège
devant la ville de Dreux. —— Elisabet , au mépris des lois
les plus sacrées de la nature , fait monter sur l'échafaud
l'infortunée Marie Stuart ; le lâche Jacques VI., roi d'Ecosse
se contente de prendre le deuil ; Philippe rassemble une
flotte formidable pour venger un outrage fait à la majesté
des rois. Elisabet , montrant toute l'expérience d'un vieux
capitaine, exaite la valeur de ses sujets, passe , à cheval ,
en revue les troupes anglaises , et délivre son royaume me-
nacé par la flotte espagnole qu'une horrible tempête et la
valeur de l'amiral Drake obligèrent d'abandonner ces côtes.
Cette reine ne s'occupa plus qu'à ruiner le commerce d'Espagne , ainsi qu'à soutenir le parti des calvinistes en France.
—— Les Hollandais , révoltés contre le duc d'Albe , se jettent sur les colonies portugaises , et augmentent prodigieu-
sement leur puissance. —— Sigismond , roi de Suède , est
choisi pour gouverner les Polonais ; Maximilien , archiduc
d'Autriche , qui lui disputoit le sceptre est battu par son rival et tombe en son pouvoir. —— Gregoire XIII réforme le
calendrier ; plusieurs princes protestans rejettent cette réforme. —— Le père Ricci , célèbre mathematicien, porte le flambeau du christianisme dans la Chine, Les commerçans portugais détruisent , au Japon , l'ouvrage des missionnaires :
les chrétiens y sont accusés d'entretenir des intelligences criminelles avec les ennemis de l'état. —— Les Espagnols après
avoir vaincu à la journée d'Alcantara dom Antoine , roi de
Portugal , se rendirent maîtres de ce royaume , et le roi se
réfugia en France.

1590. (*Lavandière.*)

Le duc de Mayenne accouru pour défendre la place de
Dreux fut vaincu par Henri dans les plaines d'Ivry ; le vainqueur vole de nouveau aux rives de la Seine , et met le
siège devant Paris. Les Parisiens alloient mourir de faim , si
le bon Henri n'eût laissé entrer des vivres dans cette ville.
Cette magnanimité manqua de le perdre. Le duc de Parme,
gouverneur des Pays-Bas , le contraignit de lever le siège .

et le reduisir aux plus facheuses extrémités en Normandie.
Le duc de Savoie fait des tentatives pour s'emparer du Dauphiné et de la Provence ; Lesdiguières repousse les ennemis.
Henri entreprend le siège de Rouen , l'un des boulevards de
la ligue : le duc de Parme marche contre lui ; le roi est
blessé d'un coup de mousquet dans une action où , suivi de
quarante chevaux seulement, il affronta témérairement trente
mille hommes ; il est contraint de lever le siège : le duc de
Parme se voit à son tour engagé dans un extrème péril ; il
retourne à Paris. Le marechal de Biron eut la tête empor-
tée d'un coup de canon devant la ville d'Epernai. Toutes les
provinces sont innondées de sang. Dans cette crise violente,
Henri fait son abjuration solennelle à S. Dénis ; les Parisiens
lui ouvrent les portes de la capitale ; la France entière est
soumise ; les magistrats retournent dans la capitale. Sully ,
ce grand homme, ami du monarque , rétablit les finances,
débrouille le chaos des lois, organise la police, diminue le
luxe , et purge l'état des brigands. Jean Châtel s'étant glissé
dans la chambre du roi, lui porte un coup de couteau à la
gorge ; mais il ne le blessa qu'à la lèvre, et lui rompit une
dent. Cet attentat fut la cause du bannissement des Jésuites.
Henri avec une poignée de combattans met en déroute , à la
journée de Fontaine Française, une armée d'Espagnols ; et
accorde une trêve et la paix aux ducs de Mayenne et d'Eper-
non ; chasse les Espagnols de la Picardie, soumet la Bretagne , accorde aux calvinistes par l'édit de Nantes , la liberté de
conscience , le libre exercice de leur religion dans plusieurs
villes , et la faculté de posséder toutes sortes de charges et
d'emplois , et achève de rétablir la tranquillité dans le royaume
par le traité de Vervins avec le roi d'Espagne. Les commis-
saires du Pape ayant prononcé le divorce avec sa femme
Marguérite de Valois, le monarque épousa Marie de Médicis. — Les Anglais font des brillantes conquêtes en Asie ,
en Afrique, en Amérique, enlèvent aux Espagnols les trésors du Mexique et du Pérou , et vont jusque dans Cadix
attaquer leurs ennemis. —— Mahomet III se délivre par le

cordon de dix-neuf frères , ainsi que de vingt-sept concubines
de son père : il marche en Hongrie , prend la ville d'Egra
et bat les chrétiens. ——— Les Européens sont persécutés dans
le Japon. Un édit défend sous peine de mort l'exercice du
christianisme , et cause la mort de grand nombre de martyrs. ——— Les Italiens cultivent en paix les muses , sans être
ébranlés par les secousses de toutes les révolutions qui agitoient le reste de l'Europe.

1600. (Destin)

Henri cède au duc de Savoie le marquisat de Saluces en
échange de la Bresse et du Bugei ; fait décapiter le maréchal
de Biron qui s'étoit lié avec le roi d'Espagne et le duc de
Savoie ; rétablit les Jésuites , et s'applique à faire fleurir les
arts , le commerce et l'agriculture dans son royaume ; il est
respecté des principales puissances de l'Europe dont il se
rendit le pacificateur ; malheuresement sa faiblesse pour les
femmes lui attira de nouveaux chagrins. ——— Le comte d'Essex , envoyé contre les rebelles d'Irlande , échoue dans son
entreprise ; il brouille contre les ministres d'Elisabeth , il est
pris et décapité ; Elisabeth qui aimoit Essex , désespérée de
sa mort , s'éteignit après un règne de 45 ans. Jacques Stuart
I hérite de ce royaume enrichi par le commerce , et redoutable aux étrangers par sa marine. C'est le premier roi qui
ait réuni l'Angleterre , l'Irlande et l'Ecosse ; mais sa lâche
et timide conduite enhardit le crime. Sous lui le parlement
manifesta des prétentions inconnues sous les règnes précé-
dens ; les troubles religieux augmentèrent en Angleterre ; les
catholiques furent accusés d'avoir fait sauter avec de la poudre
la salle du parlement où le roi devoit ouvrir la séance. ———
Les réformés Bohémiens se font une guerre opiniâtre ; l'archiduc Léopold ravage ce pays. ——— Charles-Emmanuel essaye
de surprendre la ville de Genève , il est repoussé, et cette ville
se voit désormais assurée de son indépendence. ——— Philippe III chasse de l'Espagne tous les Maures , ce qui fait tomber cette monarchie dans une mortelle langueur ; avec eux
disparurent l'industrie, le commerce et l'agriculture. ——— Les

Hollandais deviennent les facteurs de toutes les nations, re-pandent l'abondance dans leurs marais; l'opulence accroît leur courage et leur industrie. —— Charles IX, favorisé par les luthériens, usurpe le trône de Suède au préjudice de Sigis-mond roi de Pologne. —— La Russie est en proie à la plus affreuse anarchie; les usurpateurs du trône se succèdent sans interruption, et après de sanglants combats sont tous égor-gés. —— Le Sénat de Vénise qui avoit défendu de donner aucun bienfond aux ecclésiastiques et aux communautés reli-gieuses, sans sa permission, est excommunié par Paul V. Les Jésuites sont expulsés du territoire vénitien; cette que-relle se termina par la médiation de la France.

1610. (*Dattier.*)

Ravaillac qui étoit novice chez les Feuillans de Paris, poussé par un faux zèle de religion, plongea son poignard dans la poitrine de Henri, tandis que le carosse de ce mo-narque étoit arrêté par un embarras de voitures. Marie de Médicis est nommée, par le parlement, régente du royaume, durant la minorité de son fils Louis XIII. Sully détesté des courtisans et des financiers, perd tout son crédit; il donne la démission de ses charges, et se retire, tandis que l'avan-turier Concini ainsi que son épouse Eléonore Caligaï gou-vernoient l'esprit de la reine. Les factions des grands subsi-stoient encore; la reine manquoit de force pour vaincre un parti si redoutable, et les mécontens obtinrent tout ce qu'ils voulurent par le traité de Sainte-Menehould. Les états géné-raux convoqués à Paris n'apportent aucun remède aux mal-heurs publics. Le roi charge Vitry, capitaine des gardes, d'assassiner Concini: la Caligaï traitée comme une sourcière, est condamnée à perdre la tête: la reine est reléguée à Blois: le maréchal d'Ancre fait arrêter le prince de Condé, bannit de la cour Villeroi secrétaire d'état, et nomme à sa place Richelieu, évêque de Luçon: toute l'autorité royale passe entre les mains du duc de Luynes. La reine mère obtient le gouvernement d'Anjou. —— Mathias remplace sur le trône impérial son frère Rodolphe; les Turcs lui enlèvent la

Transilvanie ; il fait reconnoître son cousin Ferdinand roi
de Bohême et d'Hongrie ; les protestans en sont alarmés ; ils
prennent les armes sous le commandement du célèbre comte
de Mansfeld ; les catholiques se rallient autour des princes
de la maison d'Autriche. Mathias , à la vue de cette guerre
civile , en meurt de douleur. Les protestans veulent élever à
l'empire Maximilien de Bavière ; sur son refus, Ferdinand II
recueillit le fruit d'un si noble désintéressement. —— L'élévation du jeune Michel-Romanof au trône de Russie rallie
tous les partis qui aggravoient les malheurs de cette nation
épuisée de forces par les guerres civiles et par les horribles
brigandages qu'exerçoient sur son territoire les hordes tartares. Michel fit cesser le fléau de l'anarchie, releva l'éclat
de la puissance royale, et rouvrit les sources de la prospérité publique. —— Le duc d'Ossuna , viceroi de Naples , et
le marquis de Bédemar, ambassadeur d'Espagne, méditent le
renversement du gouvernement de Vénise ; l'odieux complot
est découvert, les conjurés sont punis, et Bédemar rappelé.
—— Les Hollandais et les Anglais s'efforcent envain d'aller
dans les Indes orientales par le détroit de Vaygatz.

1620. (*Diane.*)

Louis XIII épouse Anne fille de Philippe III. Richelieu,
nommé premier ministre , oubliant toute reconnoissance envers sa bienfaitrice, ligué avec le duc de Savoie et les Vénitiens , enlève aux Espagnols la Valtelline ; va mettre le
siège devant la Rochelle qui étoit la principale place d'armes
des religionnaires, il s'empare de cette ville, et ruine entièrement le parti des calvinistes. Richelieu étouffe les factions
du royaume, punit les seigneurs rebelles ; il s'attire la haine
de tous les grands ; il obtient une compagnie de gardes-du-
corps ; et les charges de connétable et d'amiral. Louis marche au secours de Charles de Gonzague, duc de Mantoue ;
il force le Pas de Suze, délivre Casal assiégé par les Espagnols , et revient triomphant achever de soumettre les huguenots. —— En Angleterre des idées de républicanisme se mê-
lent aux disputes religieuses ; le parlement est toujours en

lutte contre l'autorité royale ; il dispose des subsides sans lesquels cette puissance n'étoit qu'un fantôme. Charles premier qui s'embarqua pour protéger la Rochelle, fut forcé de se retirer. Les puritains communiquent leur enthousiasme pour la liberté à la nation presqu'entière. —— Ferdinand, aidé du général Dampier fait lever le siège de Vienne, et soumet les Bohêmiens et les Hongrais, après avoir battu les premiers sous les murs de Prague, et châtie sévérement les nobles de ce royaume ; fait trembler l'Allemagne ; envahit le Palatinat ; triomphe de l'armée danoise, et force Christiern à demander la paix.

1630. (*Démocrite.*)

Richelieu après avoir rétabli le duc de Mantoue, persécute Marie de Médicis ; il la fait exiler ; Gaston, frère du roi, est obligé de fuir ; Marillac est décapité ; le cardinal se reléve de plus en plus sur les ruines de ses adversaires : il soulève tout le nord de l'Europe luthérienne contre Ferdinand ; fait périr sur l'échafaud le brave Montmorency qui avoit favorisé Gaston, fait déclarer la guerre à l'Espagne ; mais l'armée française échoua dans les Pays-Bas ; les Espagnols entrent dans la Picardie et s'emparent de plusieurs places : ils sont repoussés, et les Allemands chassés de la Bourgogne. Le duc de Wéimar gagne sur les impériaux la bataille de Rhéinfeld où quatre généraux de l'empereur furent faits prisonniers. —— Les protestans d'Allemagne appellent à leur secours Gustave Adolphe, roi de Suède. Ce héros relève leurs espérances par des conquêtes importantes. Tilly envoyé contre lui, s'empare de Magdebourg, saccage cette ville, et ensevelit trente mille habitans sous les ruines de leur patrie. Gustave joint et bat Tilly à la journée de Leipsick. Tilly est tué en défendant le passage du Lech. Gustave termine ses glorieuses mais courtes destinées dans les plaines de Lutzen, en Saxe, où ses troupes poussés au desespoir remportèrent une éclatante victoire. Le vaillant Walstein s'oppose aux progrès des confédérés, bat l'électeur de Saxe à Sténau, et rétablit la balance entre les deux partis.

Walstein , d'accord avec Richelieu , pense à usurper le trône
de Bohême ; il est assassiné à Egra. Picolomini et Jean-de
Wert , défirent complétement les Suédois près de Nordlingen,
Ferdinand III continue la guerre avec succès. —— Le prince
Thomas soumet Turin. —— Etablissement de l'Académie
française. —— Une horrible révolution renverse le trône de
la Chine. Zunchin attaqué par les rebelles dans son palais ,
réduit au désespoir, étrangle sa fille ; toutes les personnes de
sa cour s'immolent pour témoigner leur attachement au souverain ; Zunchin et l'impératrice s'étranglent. Un prince de la
famille royale appela les Mantchous ; Chun-Tchig est le premier empereur de la dynastie actuelle. —— Les Hollandais
accusent les Espagnols d'avoir conspiré contre le roi du Japon : ce monarque défend à tous les étrangers l'entrée dans
son royaume, et fait emprisonner tous les chrétiens. —— A
ce tems vivoient, Chiabrera, Galilée , Torricelli , Viviani,
le Guide , Albani , Milton.

1640. (*Dardeur.*)

Le comte d'Harcourt s'empare de Turin : le marechal de
Chatillon enlève Arras aux Espagnols La Catalogne se donne
à la France. Cinqmars , dans l'espérance de supplanter Richelieu , excite le duc d'Orléans et le duc de Bouillon à la
révolte, et invite le roi d'Espagne à entrer en France. Richelieu découvre le complot ; les conspirateurs et leurs complices portent leur tête sur un échafaud. Ce ministre plus politique que religieux mourut la même année que Louis XIII
et que Marie de Médicis , laissant la France plus redoutée
au déhors qu'heureuse au dedans. Anne d'Autriche est nommée régente , pendant la minorité de Louis XIV : elle nomme premier ministre le cardinal Mazarin. Le jeune duc d'En-
guien écrase sous les murs de Rocroi les Espagnols ; il marche contre les impériaux, les défait sous les murs de Fribourg, et triomphe d'eux à Nordlingue : envoyé en Espagne
avec un petit corps de troupes, il se voit obligé de lever le
siège de Lérida, et de retourner en France ; il est envoyé
en Flandre, où il gagne la fameuse bataille de Lens sur les

Espagnols , et obtient le titre de Grand-Condé. Le traité de Westphalie rétablit le calme dans une partie de l'Europe. Mazarin fait arrêter le président Blancmenil et le conseiller Broussel qui avoient opiné contre les intentions de la cour; le peuple se soulève ; Louis XIV est obligé de sortir de sa capitale ; Condé l'assiégea ; le parlement leva des troupes pour la défendre;on vient à un accommodement dont ni la cour ni les *frondeurs* ou revoltés ne furent satisfaits. —— Charles premier perd la bataille de Naséby ; il se rend dans le camp des Ecossais, espérant de réveiller l'amour de ses anciens sujets ; les soldats fanatiques le remettent entre les mains des parlamentaires. Cromwel , chef des indépendans , s'empara de sa personne. Charles parvient à s'évader , et se réfugie dans l'île de Wight ; il est arrêté par le gouverneur de l'île. Les Ecossais arment en sa faveur ; Cromwel les subjugue , épouvante les royalistes par des sanglantes exécutions , fait déclarer le roi coupable de haute trahison , et décapiter ; la république est proclamée , la chambre des pairs supprimée , une nouvelle ère adoptée , et Cromwel nommé protecteur ; cet hypocrite reduit au silence les indépendans , et passe à subjuguer l'Irlande qui étoit attachée au parti royaliste . L'intrépide Montrose qui tentoit de venger en Ecosse l'assassinat de Charles , est massacré par ses compatriotes. —— Le duc de Bragance délivre le Portugal de la domination espagnole , ranime le courage des Portugais ; et , défendu par les soldats et l'argent de France , soutient la liberté qu'il avoit conquise avec une si admirable dextérité , et prend le titre de roi sous le nom de Jean IV. —— Mazianello , individu de la plus basse extraction , excite une violente soulevation dans Naples : la populace effrénée se livre à des vengeances ridicules et sanguinaires ; fait trembler la noblesse et la bourgeoisie ; le duc de Guise qui s'étoit jeté dans Naples entretient le feu de la discorde ; mais la populace , dans un moment de caprice , jeta dans un égout Mazianello , se soumit à ses maîtres légitimes , et le duc de Guise fut envoyé captif en Espagne.

1650. (*Diligence.*)

Le prince de Condé, se croyant mal récompensé de ses services, forme des projets contre le ministre, il est arrêté et mis en prison ainsi que le prince de Conti et le duc de Longueville ; le cardinal va les délivrer lui-même, et quitte le royaume. Condé se retire chez les Espagnols, Mazarin rentre en France à la tête de sept mille hommes ; la guerre civile se ralume ; Condé à la tête des Espagnols traverse la France, se mesure à Gien avec Turenne qui sauve la famille royale ; il s'avance jusqu'aux portes de Paris, livre une bataille sanglante à Turenne dans le faubourg Saint-Antoine, et entre dans la capitale. Mazarin est sacrifié une seconde fois au ressantiment de la magistrature ; son départ appaise les troubles. Gaston est déclaré par le parlement lieutenat-général du royaume ; Condé se retire dans les Pays-Bas où le roi d'Espagne le fit généralissime de son armée. Louis rentre dans la capitale ; l'esprit de parti disparoît, la fronde s'évanouit, Mazarin revient en triomphe, le parlement est abaissé et l'autorité royale respectée. Turenne marche contre les Espagnols, Condé perd la bataille de Dunes, suivie de la prise de Dunkerque, qui fut livrée aux Anglais alliés de Louis. Le traité des Pyrénées mit fin à cette guerre. Louis garda le Roussillon et une partie de l'Artois, et obtint en mariage l'infante Marie-Thérèse ; Condé est rendu à la France, et la paix cimentée entre les deux nations jusqu'alors rivales. L'Espagne après ce traité tomba en décadence. —— Charles II va se réfugier parmi les Ecossais, Cromwel les bat complétement à Dunbar ; le roi se renferme dans Worcester, Cromwel y arrive, Charles, par une espèce de prestige, se soustrait aux regards des satellites du tyran, caché sous des feuillages de chêne, déguisé en domestique, et après avoir couru des dangers incroyables, il réussit à s'embarquer pour la France. Cromwel déclare la guerre à la Hollande : Blake, amiral anglais, Tromp et Ruyter, amiraux hollandais, se disputent l'empire de la mer avec un acharnement invincible ; mais la Hollande cède l'honneur du pavillon à son ennemie.

Penn chasse les Espagnols de la Jamaïque , et Blake défait leur flotte près de Cadix et une autre aux Canaries. Cromwel finit sa carrière comme les tyrans , assiégé de toutes les terreurs de la mort , après avoir gouverné douze ans l'Angleterre plus en despote que les rois eux-mêmes , léguant une injuste autorité à son fils Richard. Monck , gouverneur d'Ecosse , zélé républicain en apparence , mais secret partisan de Charles , prépare une révolution inattendue; il sème la discorde parmi les troupes républicaines , et se sert même de l'exaltation des fanatiques pour parvenir à ses fins : heureusement pour lui , le parlement fait arrêter le général Lambert qui étoit le compétiteur le plus redoutable. —— Après bien de contestations , Léopold , fils de Ferdinand , est choisi pour empereur. —— Christine , reine de Suède , dégoutée du pouvoir suprème , et passionée pour l'étude de la philosophie , cèda le sceptre à Charles Gustave , et se mit à voyager en France et en Italie. Charles défit plusieurs fois les troupes de Casimir roi de Pologne , et mit le siège devant Copenhague que sauva la bravoure des bourgeois. —— Casimir est forcé d'avoir perpétuellement les armes à la main contre les Russes et les Cosaques de l'Ukranie qui se détachèrent de sa domination, pour se donner à la Russie. —— Les Turcs enlèvent aux Vénitiens l'île de Candie , excepté la capitale. Les révolutions à Constantinople se succèdent sans interruption; les janissaires se rendent toujours plus rédoutables. —— Thomas , duc de Savoie , fait cesser la guerre contre les Vaudois , et fit lever le siège de Reggio et de Pavie aux Espagnols. —— Aureng-Zeb fait trancher la tête à ses frères, empoisonne son père , et saisit le sceptre du Mogol.

1660. (*Dedale.*)

Mazarin , parvenu au comble de la faveur , meurt épuisé par le travail. Louis XIV , nourri au sein des orages politiques , commence à régner par lui-même à l'âge de vingt-deux ans : tout change autour du trône et de la France entière. Colbert retablit l'ordre dans les finances , ravive le commerce et encourage les arts. Louis , protégeant Riquet fait creuser le canal du midi qui enchaîna la Mediterranée à l'Océan; crée une nouvelle marine, fonde la compagnie des Indes, prodigue ses bienfaits aux gens de lettres, et reveille l'industrie nationale sur tous les points. Turenne et Condé subjuguent la Flandre et la Franche Comté: le roi à la paix d'Aix la-chapelle restitue la Franche-Comté à l'Espagne, et garde une moitié de la Flandre.——Monck amène son armée à Londres, force le barbare *rump* ou parlement à se separer, et ordonne l'élection d'un autre parlement: celui-ci, composé presque tout de royalistes, se hâte d'inviter Charles II à revenir dans ses états: une flotte va le chercher en Hollande; toute la nation le reçoit avec des transports de joie inouis. Charles récompence magnifiquement le général, auteur d'une révolution si rapide, punit les régicides les plus criminels, licencie le corps d'armée, et gagne les coeurs de ses sujets par sa clémence. Les Hollandais reprennent les armes, et bravent les Anglais jusque dans la Tamise et brûlent leurs vaisseaux; le traité de Breda mit fin à cette guerre. Un vaste incendie consume la ville entière de Londres. —— Leopold envoie le prince de Baden et Montecuculli contre les Turcs qui dévastoient la Hongrie; ils les terrassent à la journée de S. Gothard sur le Raab. Les Hongrois conspirent contre les Allemands; Montecuculli les soumet, et fait décapiter les auteurs de la conspiration. —— Casimir V, fatigué des contrariétés que lui faisoient éprouver les nobles, abdique le trône de Pologne, et se retire en France: ses sujets lui donnent pour successeur Michel Wisnovieski.

1670. (Décroteur.)

Louis XIV envahit les Provinces-Unies, accompagné de l'élite de ses généraux, Condé, Turenne, Luxembourg, Vauban, Louvois etc., et défendu par deux cents mille soldats: il fait des conquêtes prodigieuses, et approche des portes d'Amsterdam. Le prince d'Orange est nommé Stathouder, on perce les digues; la Hollande est submergée par les eaux de l'Océan; l'Europe entière s'unit contre la France, Louis est contraint d'abandonner les conquêtes qu'il venoit de faire; il snbjugue une seconde fois la Franche-Comté; Louvois ordonne d'incendier le Palatinat , Turenne devient l'exécuteur de cette vengeance, et au moment que ce grand homme va se mesurer contre Montecuculli , un boulet l' enlève à la monarchies. Condé gagne la sanglante bataille de Sénef sur le prince d'Orange ; et repousse les impériaux qui avoient pénétré dans l'Alsace. Louis donne la paix à l'Europe par le traité de Nimègue ; l'Espagne ceda la Franche-Comté et une grande partie de la Flandre; l'Empereur céda Fribourg ; les Hollandais ne perdirent aucune de leurs villes. —— Charles II s'étoit ligué avec la France ; sa flotte , malgré les talens du duc d'Yorck , fut battue par celle de Ruyter. —— Jean Sobieski remporte plusieurs victoires sur les Turcs, les chasse de la Pologne. il en est nommé roi.

1680.

Louis XIV s'empare en plaine paix de Strasbourg , ville libre et puissante ; ce qui indispose les autres puissances contre la France. Il révoque l'édit de Nantes , cinq à six cents mille protestans quittent la France et vont enflammer partout le ressentiment des princes contre elle. Une assemblée générale du clergé de France se signale par les quatre fameux articles où fut exposée la doctrine de l'Eglise Gallicane. Ligue d'Augsbourg , où toute l'Allemagne et l'Italie s'unirent contre la France. Louis porte les premiers coups ; le Dauphin s'empare de Philisbourg qui étoit là clef de l'Allemagne. Une flotte française bombarde Alger , Tunis et Tripoli. Gènes , accusée d'avoir favorisé les pirates algériens , est aussi bombardée : le Doge et quatre sénateurs sont forcés d'aller implorer la clémence de Louis. Le roi de Siam lui envoie des ambassadeurs pour faire un traité de commerce , et pour lui demander des missionnaires: deux ambassadeurs avec des troupes sont envoyés dans cet empire ; ils sont trucidés où expulsés. —— Charles II après avoir annullé plusieurs fois le parlement, reprend son premier caractère de fermeté, il se laisse gouverner par le duc d'Yorck son frère; Russel et Sidney , chefs des factieux ; périssent sur l'échafaud.

Charles mourut en roi catolique, laissant pour héritier, son frère Jacques II qui étoit attaché à la religion catholique. Ce roi se rend odieux à la nation par la mort du duc de Montmouth et par les exécutions barbares qui en furent la suite. Guillaume, gendre de Jacques II, encourageoit en secret, par ses émissaires, les factieux, et faisoit de grands préparatifs de guerre : il débarqua enfin à Torbay avec une flotte immense : les plus grands seigneurs se déclarent pour lui, et il ne reste au roi pas un seul de ses amis. Jacques, déconcerté par cet abandon universel, cède honteusement le trône à son ennemi pour se réfugier en France. Le parlement déclare le trône vacant, et defère la couronne à Guillaume. Pour plaire à ses nouveaux sujets, l'usurpateur affecta des manières populaires qui répugnoient à son humeur sérieuse. —— Léopold est obligé de conclure, pour vingt ans, une trève avec la France à cause d'une révolution arrivée en Hongrie. Le comte de Tékeli, chef des rébelles, déterminé à regner sur les Hongrois, appela-les Turcs à son secours, qui avec une armée de deux cents mille hommes vinrent assiéger Vienne. Le brave Stharemberg, renfermé dans la capitale, arme les bourgeois ainsi que les étudians, et oppose une vigoureuse résistance aux infidèles. Jean Sobieski et le duc Charles de Lorraine détruisent la nombreuse armée des Ottomans. L'empereur ingrat par vanité, au lieu de traiter Sobieski avec réconnoissance, exige des hommages qui choquent justement le sauveur d'Allemagne, lequel retourne dans ses états. Le duc de Lorraine s'empare de Bude et de Belgrade, chasse les Turcs de la Hongrie, et fait reconnoître la couronne de ce pays héréditaire dans la maison d'Autriche. Léopold dépouille les Hongrois de leurs principaux privilèges, et rompt la trève avec les Français. —— Pierre-le-Grand monte sur le trône de Russie (1682), au préjudice de son frère ainé Ivan V. Les Strélitz, mécontens et stimulés par Sophie, soeur du Czar, déclarent cette princesse régente, l'investissent de l'autorité suprème, et exercent une tyrannie cruelle. Sophie s'arme de fermeté, punit leurs chefs du dernier supplice, et fait prendre à la Russie un aspect nouveau. Pierre, impatient de règner, éloigne Sophie du gouvernement; la fait enfermer dans un monastère, et oblige Ivan de vivre dans une retraite; dès lors, maître absolu de ses sujets, le Czar donna un libre essort à ses talens ainsi qu'à son génie. —— Frédéric-Guillaume; surnommé le Grand, jette les fondemens de la grandeur prussienne: relève les villes de dessous leurs décombres, et change la face d'un pays si malheureux. —— Penn, Quaker; jette les fondemens de la Pensilvanie.

1690. (David.)

Louis après avoir accueilli le roi Jacques avec bonté, le renvoie sur une flotte en Irlande; les escadres françaises sous les ordres de Tourville dissipent celles des Anglais. Ce monarque, pour empêcher les ennemis de subsister dans le Palatinat, ordonne un nouvel incendie. Villes, châteaux, villages, tout fut livré aux flammes avec une rigueur excessive. Les impériaux commandés par le duc de Lorraine, reprennent Bonn et Mayence. Luxembourg triomphe des Hollandais à Fleurus, bat à Steinkerque l'armée commandée par Guillaume, et triomphe à Nervinde de ce roi toujours redoutable. Catinat défait le duc de Savoie à Stafarde et à la Marsaille: le marechal de Noailles fut vainqueur en Catalogne. Le roi en personne prend Mons et Namur. La défaite de la flotte française aux ordres de Tourville, par les Anglais, sur les côtes de Normandie, suspend le cours de ces prospérités; une défaite si désastreuse, dont la marine n'a jamais pu relever, laisse les côtes des provinces de l'ouest exposées aux ravages des vainqueurs: tant de campagnes avoient épuisé les finances; le roi pense à la paix. Il commence par détacher de la ligue Victor-Amédée; il lui rend ses états, et destine sa fille au duc de Bourgogne, fils du Dauphin. Louis XIV par la paix de Riswick, sacrifie les conquêtes qu'il avoit faites sur l'Espagne et sur l'empire; reconnoit Guillaume pour roi légitime d'Angleterre, et rétablit dans ses états le duc de Lorraine (1797). Les deux années qui s'écoulèrent depuis ce fameux traité, furent les dernières années de la grandeur et de la gloire de la France. Le prince de Conti est élu roi de Pologne ; ce prince alla se montrer dans la rade de Dantzic, on lui ferma les portes, il revint sur ses pas : un autre parti avoit nommé l'electeur de Saxe. —— Charles II, roi d'Espagne, dépérissoit sans avoir de postérité. L'empereur et le roi de France proposoient de partager entre eux ses états. Le roi d'Espagne indigné qu'on disposât de ses domaines avant sa mort, fit un testament en faveur du jeune prince de Bavière : cet enfant mourut ; il offrit alors tous ses états à l'empereur pour l'archiduc son second fils. Les épines que la cour de Vienne mit dans la négociation, l'indisposèrent contre elle, tandis que le maréchal d'Harcourt négocioit pour la France. —— Guillaume passe en Irlande pour combattre les catholiques, il les défait à la bataille de la Boyne, qui ruina les espérances de Jacques II et l'obligea de retourner en France. Guillaume traite les Irlandais avec la plus révoltante inhumanité, et les flétrit par le plus dur esclavage. —— Le prince Eugène, dédaigné en France, défait, à la journée de Zentha, en Hongrie, les Turcs, et les force de signer la paix de Carlowitz. —— Pierre-le-Grand change tout à coup les destinées de la Russie. Il déscend volontairement du trône pour aller travailler en Hollande pour y apprendre à manier le compas et à couper les vaisseaux : il se fait accompagner par Lefort jeune Génévois. De retour en Russie, il casse la milice des Strelitz qui s'étoient revoltés ; plus de neuf cents de ces victimes restèrent placées à côté de leurs cadavres. Il fait fouetter et renfermer dans un monastère son épouse Eudocie : il se nomme chef de son église : prend la ville d'Azow sur les Turcs ; fait la paix avec les Chinois, et fixe à Nicpou les limites de ces deux empires. —— Les disputes du Jansénisme échauffent les théologiens, et raniment les animosités et la discorde.

1700. (*Chasseur.*)

Charles II déclare héritier de ses états le duc d'Anjou, second fils du Dauphin, qui prit le nom de Philippe V. L'Europe s'arme contre la France. Le prince Eugène défait Catinat près de Carpi , et Villeroi à Chiari près de l'Oglio ; il introduit ses troupes dans Crémone par un égout ; Villeroi est fait prisonnier , et les Français en sont chassés. Vendôme livre bataille à Eugène près de Luzara : les deux armées s'attribuent la victoire. Villars défait les impériaux à Friedlingen , à Hochstet , et fait trembler l'empereur jusque dans Vienne Eugène et Marlboroug qui commandoit les troupes d'Angleterre et de Hollande , défont entièrement les Français dans les mêmes plaines d'Hochstet , et portent la terreur chez leurs ennemis. Les Anglais s'emparent de Gibraltar ; et les provinces de Valence et de Catalogne passent sous leur domination. Vendôme gagne la bataille de Cassinato. Villeroi , sorti de sa prison , présente la bataille à Marlboroug dans les plaines de Ramillies , son armée est mise en déroute ; toute la Flandre espagnole subit la loi du vainqueur. Le duc d'Orléans pousse le siège de Turin ; Eugène et le duc de Savoie forcent les retranchemens : soixante mille François sont dispersés ; cent quarante pièces de canon , le bagage, la caisse militaire , tout reste au pouvoir des vainqueurs. Le marechal de Berwich gagne sur les Anglais la bataille d'Almanza , et ranime le courage des Espagnols. Eugène et Victor-Amédée s'emparent d'Exilles et Fénestrelles ; ils pénètrent en France, et vont assièger Toulon ; les maladies, la rareté des vivres et les efforts du marechal de Tessé , firent échouer leur entreprise. Une armée puissante commandée par le duc de Bourgogne et dirigée par Vendôme est défaite par celle d'Eugène et de Marlboroug, qui s'emparent de Lille ; la France est ouverte aux ennemis : un parti Hollandais s'avance jusqu'à Versailles , et enlève un seigneur qu'il crut être le danphin. Louis XIV se trouve sans armées, et ses finances sans argent ; il demande la paix, et ne peut l'obtenir. Villars passe en Flandre avec vingt mille hommes ; Eugène et Marlboroug lui livrent bataille près du village de Malplaquet : les Hollandais sont taillés en pièces ; Villars reçoit une blessure et perd la bataille. —— Anne Stuart , seconde fille de Jacques II, monte sur le trône d'Angleterre aux acclamations de tous ces insulaires ; la veuve de Guillaume obtient du parlement tous les subsides qu'elle pût désirer pour pousser vivement les hostilités : elle réunit l'Ecosse à l'Angleterre , et redoubla l'énergie de sa nation. — Léopold , pour se ménager de nouveaux appuis , crée Frédéric III, électeur de Brandebourg, **roi de Prusse**. Son fils Joseph premier , doué des plus grandes qualités , devient maître de l'empire au moment que la fortune lui souriot de tous côtes. — Charles XII, roi de Suède , vient mettre le siège devant Copenhague, et force Frédéric IV à rendre justice au duc d'Holsthein. Charles bat l'armée d'Auguste roi de Pologne ; il chasse ce roi de son pays, le poursuit en Saxe, l'oblige de renoncer au trône, et fait élire roi Stanislas Leczinski : avec huit mille hommes il attaque une armée de quatre vingts mille Russes commandés par Pierre , sous les murs de Narva ; il entre dans leurs retranchemens jonchés de dix-huit mille morts ; trente mille se rendent prisonniers : il soumet la Curlande et la Lithuanie ; refuse de voir l'ambassadrice comtesse de Konigsmark , envoyée par Pierre pour traiter de la paix : il met en fuite les Russes, les suit jusqu'au torrent Vabis, s'y élance le premier, l'armée le suit, ayant l'eau jusqu'aux aisselles , attaque les ennemis ; six fois repoussé, il revient à la charge et les met en déroute. Pierre demande la paix, Charles répond qu'il traiteroit à Moscou. Pierre détruit son convoi, et lui tue huit mille hommes, deux autres milles tombent, dans un jour, morts de froid ; il ne lui en reste que trente mille et peu d'artillerie, il met le siège devant Pultava. Le Czar avec soixante mille hommes s'avance pour la délivrer ; il est battu ; mais Charles blessé est mis en déroute, bien heureux de se sauver avec quelque cent cavaliers en Bessarabie à **Aczacow**. — Disputes sur les cérémonies que les Chinois avoient coutume de pratiquer en honneur de Confucius. Le cardinal de Tournon se rend à la Chine pour examiner cette affaire ; il meurt à Macao. La cour de Rome , croyant voir dans ce culte une espèce d'idolatrie, les proscrivit, et les Jésuites se soumirent à cette décision.— Epoque glorieuse de la nation

française : princes, magistrats, ministres, généraux, philosophes, peintres, poëtes, orateurs, tous concourent ou par leurs
exploits ou par leurs profondes connoissances à élever la
France à son plus haut point de gloire.

1710. (*Château.*)

Louis XIV demande la paix, offrant de reconnoître l'archiduc pour roi d'Espagne ; on lui répond qu'il détronât lui-
même son fils Philippe ; il le refuse. Staremberg gagne la
bataille de Saragosse, et oblige Philippe de fuir loin de
Madrid ; celui ci demande Vendôme à son secours ; ce général remporte une victoire complète à Villaviciosa. Eugène
fait de nouveaux progrès en Flandre, et assiège Landrecy.
Mort du Dauphin et du duc de Bourgogne, l'élève de Fé-
nélon. Villars, en donnant le change au prince Eugène, feint
de l'attaquer dans son camp de Landrecy, et va forcer les
retranchemens du duc d'Albemarle à Dénain : la victoire est
décidée, lorsqu'Eugène arrive ; Marchiennes, Douai, le Qué-
noi et Landrecy sont enlevées à l'ennemi ; quarante bataillons
faits prisonniers dans le cours de la campagne ; la France
est sauvée : la paix est le fruit des succès du maréchal ; on
la signa à Utrecht. Philippe renonça à ses droits sur la couronne de France : Victor-Amédée eut la Sicile avec le titre
de roi ; on laissa la Flandre espagnole à l'empereur ; on en
livra plusieurs villes aux Hollandais pour leur servir de barrière ; l'Angleterre garda Gibraltar et l'île Minorque ; et Louis
XIV abandonna une partie de ses anciennes conquêtes dans
les Pays-Bas. L'empereur ne voulut point entrer dans cette
négociation. Villars reprend Landau, et se rend maître de
Fribourg, et règle les conditions de la paix à Radstadt avec
le prince Eugène : l'empereur, pour avoir voulu trop avoir,
n'eut rien de ce que la France lui avoit offert ; il ne lui
resta que Naples et la Sardaigne. Louis XIV mourut en 1715
dans des sentimens de religion, après avoir régné soixante-
et-douze ans. Le duc d'Orléans est nommé régent du royaume, pendant la minorité de Louis XV. La France offre les
images de la plus révoltante débauche, et commence à une

plus regarder le trône avec les mêmes transports d'amour et
de vénération. Un ministre sans principes, le cardinal Du-
bois, contribue à décréditer la religion aux yeux du peuple;
il devient tout puissant, et fait exiler le vertueux duc de
Noailles. Louis XIV avoit laissé, en mourant, le trésor
endetté de trois milliards six cents septante huit millions de
livres. L'écossais Law propose au régent de liquider la dette
nationale par le moyen d'une banque publique qui payeroit
en billets. Le régent établit la banque, et lui donne, pour
l'accréditer, le commerce exclusif du Sénégal, du Mississipi
et des Indes orientales, et lui afferma même tous les revenus
du royaume. Ebloui de tous ces grands noms, le François
mordit avidement l'hameçon, et courut acheter les actions
de la banque : la valeur fictice des actions montoit en 1719 à
quatre-vingts fois tout l'argent qui circuloit dans le royaume.
Les actionnaires clairvoyans se hâtèrent alors de réaliser ;
les autres trouvèrent la banque épuisée et leur fortune devenue un songe. Tout sembloit concourir à la dissolution de
l'état. Law est obligé de s'enfuir, emportant les malédictions
de tout le royaume. —— En Angleterre un esprit d'impiété
et d'irreligion remplace le fanatisme. Les Ecossais proclament
roi Jacques III. La maison de Brunswick tremble pour son
existence politique : le prétendant menace Londres ; mais la
bataille de Dumblain, gagnée par le duc d'Argyle, détruit
le parti des Stuarts : le prétendant après avoir échappé à
mille dangers, fut obligé de repousser sur le continent. Georges premier, électeur d'Hanovre, qui avoit succédé à Anne,
fait périr sur l'échafaud la plupart des seigneurs qui avoient
embrassé la cause de Jacques. Un aventurier, nommé Blunt,
cause en Angleterre le même bouleversement que Law en
France ; mais cette île répara promptement ses désastres avec
les ressources d'un immense commerce. —— Le prince Eugène tourne ses armes contre les Turcs, les défait à Peter-
Waradin, leur enlève la forte ville de Belgrade, et leur
dicte la paix à Passarovitz. —— Louise de Savoie, épouse
de Philippe V, contribue par son courage et sa présence

d'esprit à ranimer la confiance des Espagnols, et à les attacher à leur souverain. Le cardinal Albéroni médite de changer la face entière de l'Europe. Détrôner le roi d'Angleterre pour le remplacer par Jacques III, s'emparer des conquêtes de l'empereur en Italie, et faire passer la régence de Louis XV entre les mains du roi d'Espagne; tel étoit le projet du cardinal; ses armées échouent par tout, la seule conquête de la Sardaigne signale la valeur des Espagnols. Albéroni est congédié, et Philippe se réconcilie avec les puissances armées contre lui. —— Pierre est attaqué sur les bords du Pruth par les Tartares et les Turcs que Charles avoit soulevés contre lui; réduit au désespoir, il se renferme dans sa tente. Catherine, sa femme secrette, le sauve de ce danger; elle fait présent de tout l'argent et de toutes les pierreries qu'elle peut ramasser au général Baltagi, et obtient par ce moyen la paix avec le grand Visir. Achmet ordonne à Charles de se retirer de ses états; le monarque Suédois n'avoit à ses ordres que 300 soldats; il se renferme dans Binder, et avec cette poignée d'hommes s'oppose à l'armée des Turcs; il est fait prisonnier et renvoyé dans ses états qu'il trouve tous bouleversés. Charles arme de nouveau, chasse les Prussiens de l'île d'Ussedon; assiégé dans Stralsund, il se sauve sur une petite barque; il entreprend la conquête de la Norwège, et ce héros du Nord est tué en assiégeant Frédéric hall. Pierre fait des conquêtes dans la Baltique, et entreprend un second voyage avec Catherine. La jalousie contre son fils Alexiowitz le rappelle bientôt dans ses états; craignant que ce jeune prince ne détruisit un empire relevé au plus haut point de gloire, l'oblige de renoncer à la couronne, punit du plus affreux supplice les seigneurs attachés à ce prince, fait enfermer dans un couvent Eudocie, première femme du Czar; et fait condamner à mort le jeune prince. —— Le duc de Savoie Victor-Amédée II devient roi de Sardaigne, et Dom Carlos, infant d'Espagne, devient duc de Parme. —— Frédéric-Guillaume, homme farouche et cruel, organise une nombreuse armée, l'assujetit à une sévère discipline, et établit en Prusse le régime militaire.

P

1720. (*Chinois.*)

Le duc d'Orléans étant mort, le cardinal de Fleury, homme vertueux, mais que la viellesse rendoit faible et timide, est nommé premier ministre. La France se passionne pour les lois et les usages de l'Angleterre, et une foulle d'écrivains commencent à décrier les moeurs ainsi que les coutumes nationales. —— Les Anglais au milieu de leur prospérité publique prêchent par tout une tolérance universelle et se montrent violens persécuteurs du catholicisme.——Pierre attaque la Perse déchirée par la discorde civile, et s'empare des côtes occidentales de la mer Caspienne : en viellissant, l'humeur du Czar, devient plus sombre et plus cruelle; il immole à ses cruels soupçons de nombreuses victimes, et déscend au tombeau en 1724 après avoir changé les destinées de son empire, l'avoir rendu inacessible aux étrangers, après avoir joint par un canal la mer Caspienne à la Baltique, et fondé la ville de Petersbourg. Catherine première, appuyée de tout le crédit du prince Mentzicof, est reconnue impératrice.—— Le sultan Mahmoud s'empare de la Perse : ce pays présente le spectacle le plus affligeant pour l'humanité. —— Stanislas est élevé une seconde fois au trône de Pologne; mais Louis XV ne lui ayant accordé que de faibles secours, les Russes le contraignirent de prendre la fuite. —— L'empereur Yontching proscrit le christianisme; bannit de la Chine tous les chrétiens, fait détruire leurs églises, retenant dans sa cour les missionnaires que leurs connoissances rendoient recommandables.

1730. (*Chameau.*)

Louis XV, uni à l'Espagne et à la Sardaigne, déclare la guerre à Charles VI. Villars emporte Navare, Tortone, Milan, Pavie et Crémone, et meurt au sein de la victoire : le maréchal de Coigni est victorieux à Parme et à Guastala, et Montémar à Bitonto. L'empereur demande la paix et l'obtient par le traité de Vienne. Dom Carlos resta maître de Naples et de la Sicile; Charles-Emmanuel, du Novarais, du Tortonais et des fiefs des Langhes; le duc de Lorraine, de la Toscane; le roi Stanislas eut la Lorraine, et l'empereur Parme et Plaisance. —— L'Angleterre et la Hollande appuient l'empereur pour en chasser Stanislas du trône de Pologne, et y rétablir Auguste III. Les Turcs reprennent sur l'empire tous les pays qu'ils avoient perdus. —— Victor-Amédée résigne la couronne à Charles-Emmanuel; il voulut la reprendre l'année suivante : les ministres le font confiner dans le château de Rivoli où il acheva sa carrière. —— Guerre entre les Espagnols et les Anglais en Amérique. —— Tamas Kouli-Kan est élevé au trône de Perse : il passe dans l'Indostan; fait prisonnier le roi du grand Mogol, et emporte des trésors immenses : à son retour, il est tué dans sa tente.

1740. (Caron.)

A la mort de l'empereur Charles VI, Louis XV se ligue avec Frédéric II de Prusse pour élever sur le trône impérial l'électeur de Bavière, Charles VII. Avec Charles VI avoit fini la branche masculine de la Maison d'Autriche. Marie Thérèse, sa fille, épouse de François, duc de Lorraine, est forcée de défendre son riche héritage, les armes à la main; L'armée française fait les plus grands progrès en Allemagne. Frédéric envahit presque toute la Silésie, et gagne sur les Autrichiens la bataille de Molwitz. Marie-Thérèse, supérieure à son sexe pleine de vertu et de courage va confier sa fortune aux Hongrois; assemble les états à Presbourg, et, tenant son fils dans ses bras, leur dit : *Abandonnée de mes amis, persécutée par mes ennemis, je n'ai d'autres ressources que dans votre fidélité et dans ma constance. Je mets en vos mains la fille et le fils de vos rois; ils attendent de vous leur salut.* Ce spectacle les pénètre, ils lui fournissent quarante mille hommes; le prince Charles de Lorraine à leur tête chasse les ennemis au de-là du Rhin; le maréchal de Belle-Isle, revient en France avec les faibles débris de son armée; l'armée de Charles VII est aussi défaite, et Marie Thérèse fait couronner empereur François premier son époux. De nouveaux succès obtenus par les Prussiens ne peuvent changer ni la résolution , ni les mesures de cette héroïne : Frédéric se réconcilie avec elle , et conclut le traité de Dresde. Marie-Thérèse porte la guerre en Italie. Le prince de Lichtenstein gagne , devant Plaisance , une grande bataille sur les Français et les Espagnols qui sont obligés de repasser les Alpes. Gènes reçoit les impériaux et paye quarante-quatre millions. Cette république , gémissant sous le joug du marquis Botta , s'arme , et chasse les Autrichiens ; et se rétablit dans sa première indépendance. Charles Emmanuel fait lever le siège de Coni aux Espagnols. Les impériaux ravagent la Provence. La bataille de l'Assiette où le chevalier de Belle-Isle se fit tuer , ferme l'Italie aux Français. Louis XV, et le maréchal de Saxe s'emparent de Menin , de Courtrai , d'Ypres et de Fribourg et gagnent la fameuse bataille de Fontenoi ; tout le Brabant hollandais est subjugué. Maestricht est sur le point de tomber au pouvoir de Louis XV , et la Hollande menacée d'une invasion. Traité d'Aix-la-Chapelle par le quel Louis XV se contenta d'assurer Parme et Plaisance à Dom Philippe son gendre et de rétablir le duc de Modène son allié : le roi de Prusse conserva la Silésie ; le roi de Sardaigne obtint de nouveaux domaines dans le Milanez ; la France garantit l'ordre de succession réglé en faveur de la maison de Hanover , et s'obligea de ne point souffrir sur ses terres les princes de la maison Stuart ; et toutes les puissances garantirent la Pragmatique - Sanction de Charles VI , en vertu de la quelle Marie-Thérèse possédoit les états de ses ancêtres. Depuis ce traité déshonorant pour la France, Louis ne s'occupa plus que de bagatelles ; tandis que le jansénisme remuoit le royaume , et le désordre régnoit dans les finances , et tandis que des hommes irréligieux travailloient à propager des principes subversifs de toute religion , et préparoient des malheurs incalculables à leur patrie , les Anglais s'emparent du Cap Breton et de Louisbourg , et reduisent la marine française à un seul vaisseau. Le fameux Anson, amiral espagnol , gagne sur les Français la bataille navale de Finisterre. —— Le prince Charles Edouard , prétendant à la

Couronne, débarque en Ecosse, s'empare d'Edimbourg, défait le général Cope, s'avance jusqu'à Derby avec huit mille hommes, il est peu secondé, et se retire en Ecosse. Cumberland le défait près d'Inverness : Charles est obligé d'errer quatre mois d'île en île : une frégate française l'amène en Bretagne ; mais il est forcé de quitter la France. La maison des Stuarts perdit dès-lors toute espérance de remonter sur le trône. —— Frédéric II, surnommé le Grand, anime tout à coup la Prusse qui n'étoit qu'un point presqu'imperceptible en Europe, et la place hors de la sphère commune. A la journée de Molwitz, il dut la liberté et le triomphe à la bravoure de son général Schewerin ; il défait complèteme n en Bohême le prince Charles, et subjugue une grande partie de cet état. —— Anne Iwanowa laisse le trône de Russie à Ivan VI sous la tutelle d'Anne de Meklembourg. Une fille de Pierre-le-Grand vivoit encore : c'étoit Elisabeth Pétrowna ; elle fait enlever le jeune Ivan qui est renfermé dans une citadelle, et Anne est conduite hors de l'empire avec son époux. Elisabeth se fait aimer de ses sujets, et rend encore plus respectable la puissance des Russes.

1750. (*Colonne.*)

Frédéric II se ligue avec les Anglais, et l'Autriche avec la France, Louis XV prépare une descente en Angleterre; le marechal de Richelieu s'empare de Port-Mahon ; le marechal d'Estrée gagne la bataille d'Hamstimbek sur le duc de Cumberland, et Richelieu le force de capituler à Closter - Seven avec toute son armée; l'électorat d'Hanover est conquis. Les Anglais détruisent la flotte française sur les côtes du Portugal ; ils enlèvent à la France toutes ses plus riches colonies des Indes, de l'Afrique et de l'Amérique. Frédéric envahit la Saxe, Auguste a la liberté de se retirer en Pologne ; le général Braun le défait complétement à Prague avec la perte de vingt-cinq mille hommes ; il s'empare de la Silésie et de la Lusace. Les Suédois entrent en Poméranie : soixante mille Russes fondent sur le royaume de Prusse : Richelieu pénètre dans le Brandebourg ; le général de Soubise s'avance pour

chasser Frédéric de Saxe. Ce nouveau César sembloit infaillï-
blement perdu : il va chercher l'armée combinée, la défait à
la journée de Rosbac ; les Prussiens repandent une terreur
panique dont il y a peu d'exemples: le vainqueur vole en
Silésie, gagne la bataille de Lissa sur Colin qui commandoit
septante mille Autrichiens, il en fait cinquante mille prisonniers : il marche contre les Russes qui assiégeoient Custrin ;
répoussé au premier attaque, il se venge dans le second ;
vingt mille Russes sont tués, la caisse militaire et l'artillerie
sont prises. Frédéric vole dans la Saxe; Daun marche contre
lui, le surprend dans son camp de Hoek-Kirchen en Luzace,
et l'oblige d'abandonner le camp : le général Laudon obtient
sur le roi de Prusse d'autres avantages non moins glorieux.
Les Anglais reprennent l'électorat d'Hanover et ravagent im-
punemément les côtes de Bretagne et de Normandie. Le prince
Ferdinand chasse les Français de la Hesse, de la Westphalie, et les force à repasser le Rhin. —— Joseph roi de Portugal punit avec la dernière rigueur les principaux seigneurs
qui avoient conspiré contre sa vie, et bannit du royaume les
Jésuites. Un affreux tremblement de terre renverse la ville de
Lisbonne, et trente mille habitans périrent ensevelis sous les
décombres de leurs maisons. —— L'empereur de la Chine
effrayé des progrès que les armées anglaises faisoient dans le
Bengale, persécute le christianisme, fait couler le sang des
martyrs dans toute l'étendue de son empire. Le roi de Ton-
kin met à prix la tête des chrétiens.

1760. (Caducée.)

Le roi de Prusse étoit perdu sans l'avenement au trône de
Russie de Pierre III qui, admirateur du génie de Frédéric,
lui donne des moyens de faire face aux Autrichiens. La paix
assura à ce monarque la possession de la Silésie, et lui per-
mit de reparer ses nombreuses pertes. Frédéric qui venoit de
faire de si beaux exploits militaires, ne rougit point d'arbo-
rer l'étandard de l'athéisme et de corrompre par des écrits
indignes d'un grand monarque, sa famille et ses sujets, et
de caresser les novateurs qui ont ébranlé tous les trônes. ——

(231)

La paix signée à Paris remit les diverses puissances belligérantes dans la première situation. La France cède à l'Angleterre le Canada, et l'Espagne lui cède la Floride. ——Joseph
II, tourmenté par la manie des innovations, sous prétexte de
combattre l'ignorance et les préjugés, essaye d'ébranler la
croyance de ses sujets. —— Catherine dirigée par le comte
Panin et par Orlof, son amant, fait étrangler son époux
Pierre III, et se fait proclamer Czarine. Sous cette impératrice, la Russie prit un aspect nouveau; l'industrie, le commerce, la navigation et les lettres firent de grands progrès.
Les armées devinrent la terreur des autres nations. —— A
la mort d'Auguste, roi de Pologne, la Russie, la Prusse et
l'Autriche s'apprêtent, en secret, à démembrer cette monarchie privée de tout appui. Ces trois puissances font élire un
fantôme de roi, un simple gentilhomme, Poniatowschi ; fo-
mentent les troubles dans l'intérieur du pays, favorisent les
protestans contre les catholiques ; une diète ayant rejetté les
demandes des protestans, les Russes traitent les Polonais comme un peuple conquis : Poniatowschi est méprisé par ses sujets qui le croyoient, non sans raison, devoué à la Russie.
—— Des ennemis intérieurs travaillent en France, à la ruine
du trône et des autels : toutes les classes de la société n'aspi-
rent qu'à une révolution ; une philantropie trompeuse efface
les plus doux sentimens de la sociabilité ; on n'apprend plus
qu'à *penser*. Le duc de Choiseul qui prévoyait l'orage, s'ef-
force envain d'y faire tête. Les parlemens au lieu de se rallier autour du trône, secondent les projets des novateurs. On
commence à proscrire les Jésuites ; et la France s'endort au
milieu des tempêtes qui se formoient dans son propre sein.

1770. (*Coq.*)

Louis XVI succède à son grand père Louis XV, et commence son règne sous les auspices de la bienfaisance et de la
vertu, mais égaré par la philosophie, il ne soupire qu'après
des changemens qui, suivant des perfides flateurs, devoient
ramener le bonheur parmi ses sujets. —— Les Autrichiens,
les Prussiens et les Russes démembrent la Pologne, et font

sanctionner dans une diète leur odieuse usurpation. —— Le gouvernement britannique dédaigne les justes représentations des colonies américaines ; celles-ci poussées à bout se proclament indépendantes. Le général Howe s'empare de New York, et met en fuite les troupes anglo-américaines. Wasingthon , chef des insurgés, rallie ses concitoyens et remporte une victoire signalée contre les Anglais ; le général de Gates oblige une autre armée, commandée par Burgoyne , de se rendre prisonnière , ainsi que leur chef ; Cornwalis subit la même honte. L'amiral Rodney bat les flottes des Français et des Espagnols alliés des Etats-Unis qui cependant publièrent leur indépendance, et s'érigèrent en république. —— Clément XIV se porte à Vienne pour ramener au devoir l'empereur Joseph, et ne retire de ce voyage que des fatigues. Il supprime par une bulle les Jésuites. —— Catherine publie une nouvelle constitution: triomphe des Turcs, s'empare de la Crimée , assure à ses peuples la libre navigation sur toutes les mers de la Turquie, et se livre entièrement à l'étude des lettres et de la philosophie. La riche et immense région du grand-Mogol se trouve au pouvoir de la Grande-Bretagne. —— Une guerre passagère s'allume entre les Prussiens et les Impériaux pour la succession de l'électeur Palatin. Les Prussiens pénètrent dans la Bohême , sans pouvoir s'y maintenir. La paix de Teschen rétablit les rélations d'amitié entre les deux puissances belligérantes. —— Des hommes turbulens s'agitent dans Genève. La France , la Sardaigne et le canton de Berne interviennent , les armes à la main , comme médiateurs, et obligent les Génevois de modifier leur constitution démocratique.

1780. (*Chapeau.*)

Par le traité de paix du 1783 après sept ans de guerres, l'indépendance des Etats-Unis fut reconnue. Louis XVI avoit sacrifié , pour créer cette nouvelle république, ses trésors et ses flottes. En France on parle plus que jamais de réforme: des mouvemens séditieux se manifestent: les parlemens donnent le premier signal des troubles , en demandant la convocation des états généraux. Le tiers état , contre l'usage antique du royaume , obtient une double représentation. De cet instant la révolution est décidée. Les états-généraux se constituent en assemblée nationale. Louis XVI se trouve dans une grande perplexité ; il casse les arrêts du tiers-état ; quatre jours après , il flatte cet ordre et tremble devant lui. Neker, son ministre , est le principal auteur des troubles. Des cris de liberté et d'égalité se font entendre : la Bastille est prise (1789) ; des scènes d'horreur ensanglantent Paris : des milices nationales s'organisent dans toute la France : Mirabeau s'érige en législateur. Le roi est assailli dans son palais de Versailles par une troupe de forcennés ; et entraîné à Paris avec sa famille : les constitutions antiques de la couronne sont foulées au pied ; la constitution civile du clergé est décrétée , et la persécution tourmente les consciences. Les assignats sont reçus avec enthousiasme. —— Les Hongrois rejetant tous les plans de réforme que Joseph II vouloit introduire dans leur état, prennent une attitude menaçante. Les Pays-Bas se révoltent et veulent se constituer en république ; le général Bender les attaque et les fait rentrer dans leur devoir ; toutes les places fortes sont démolies. Joseph II entreprend contre les Turcs une guerre, dont les résultats ne furent pas très-brillans pour ses armées. —— Les Hollandais , jaloux de leur liberté , se révoltent contre le stathouder ; Guillaume IV ; une bataille sanglante se livre dans Amsterdam ; le stathouder , secouru par le roi de Prusse, dissipe le parti patriote. —— Gustave III roi de Suède, envahit la Finlande , et livre une bataille navale aux Russes ; les deux escadres se retirèrent , chacune se flattant d'avoir remporté la victoire. —— Catherine II déclare la guerre à la Porte. Le prince Potemkin fait passer au fil de l'épée toute la garnison turque d'Oczakow : Suwarow, à la journée de Martinésie , s'empare de Bender et d'Ismaïlow où trente mille Turcs tombèrent sous le glaive des vainqueurs.

1790. (*Cavalier.*)

Louis XVI reste dans une inaction inconcevable ; il fait désarmer dans le palais des Tuileries ses partisans : les nobles effrayés émigrent en foule : lui-même prend la fuite ; il est arrêté à Varennes, ramené dans Paris, et retenu dans une prison. Des factieux attroupés dans le champ de Mars, déja veulent faire le procès au roi ; ils sont dispersés à coup de fusil, et Louis est de nouveau replacé sur le trône. Une assemblée législative remplace l'assemblée nationale : des scènes d'anarchie se passent dans Paris ; tout respect pour la propriété est méconnu. Les Jacobins demandent la proscription et l'exil des ecclésiastiques qui n'ont point voulu prêter serment de fidélité à la constitution civile : le roi refuse de se prêter à leur désir ; ce refus les irrite : il est enfermé dans la tour du temple. Danton, Robespierre et Marat, deviennent les maîtres de la France : le sang le plus pur des Français coule dans Paris. Les Prussiens, sous la conduite du prince de Brunswich, envahissent la Champagne : ils s'arrêtent tout à coup. Une convention nationale décrète la république. Dumouriez, Kellerman et Beurnonville, chassent l'armée prussienne ; Montesquiou fait la conquête de la Savoie ; Custine force la ville de Mayence à se rendre ; Dumourier gagne a bataille de Jemmapes, et subjugue toute la Belgique. La convention nationale fait traîner en jugement le monarque : le président Vergniaud le condamne à mort. Louis XVI à l'âge de 38 ans perd la tête sur un échafaud (1793). Les plus affreuses calamités suivent sa mort. La perte de la bataille de Nerwinde et de la Belgique, la désertion de Dumouriez, la prise du camp de Famars par le prince de Cobourg, reveillent l'énergie française ; d'autres armées remplacent les armées défaites. De factions opposées les unes aux autres se disputent le pouvoir suprême dans la convention : les montagnards triomphent de leurs adversaires : le peuple français se partage en bourreaux et en victimes ; on se travestit en tous lieux pour échapper à la tyrannie ; les temples sont profanés et dépouillés de leurs ornemens, les autels renversés, les funerailles religieuses proscrites, le service divin interrompu, les prêtres massacrés ; toute justice est anéantie. Plus de Dieu ; on le renie, on le proscrit sur les places publiques : on déclare aux

morts une guerre sacrilège ; on brise les chefs-d'œuvre des
arts ; chaque soir on sacrifie à la mort les têtes les plus illustres : les forêts servent d'asile à l'homme vertueux : Lyon
est ensevelie sous ses débris par une armée républicaine. La
terreur, imprimant un mouvement universel à la nation, fait
lever plus d'un million de soldats. La guerre de la Vendée
embrase les provinces de l'Ouest. Les Prussiens et les Autrichiens forcent les lignes de Weissembourg. Toulon est livré
aux Anglais ; le duc de Yorck débarque à Dunkerque ; son
armée est battue à la journée de Honskootte. La reine Ma-
rie-Antoniette est traînée à l'échafaud : le duc d'Orléans périt
du même genre de mort. Les Français reprennent Toulon et
les lignes de Weissembourg, détruisent l'armée vendéenne à
la journée de Mans. Le féroce Danton et la vertueuse Elisabeth portent leur tête sous la hache révolutionnaire. La victoire de Fleurus, gagnée par Jourdan, la reprise de la Belgique, les exploits de Dugomier contre les Espagnols, dé-
concertent les puissances confédérées. Robespierre, le plus
exécrable des tyrans révolutionnaires, tombe dans l'abyme
qu'il avoit ouvert au crime, ainsi qu'a la vertu : les révolutionnaires, de bourreaux qu'ils étoient, deviennent à leur tour
des victimes. Pichegru s'empare de la Hollande : la paix est
signée avec la Prusse. Les Anglais font un débarquement
d'émigrés dans la baie de Quiberon ; ils furent vaincus par
le général Hoche, et presque tous les prisonniers im-
molés : ces émigrés étoient l'élite de la marine française. L'Espagne et un grand nombre de princes allemands avoient fait
la paix avec la république. Le directoire exécutif est installé
dans le palais du Luxembourg. C'est alors qu'entre dans la lice
guerrière le héros qui remporta les victoires signalées de
Montenotte, de Lodi, d'Arcole, de Rivoli, et prit Mantoue;
c'est Bonaparte qui reduisoit aux plus facheuses extrémités
la monarchie autrichienne, tandis que Moreau après avoir ga-
gné la bataille de Friedberg, est forcé par l'archiduc Charles
à repasser le Rhin. Ce vainqueur est défait à la journée de
Tagliamento, et le gain de cette bataille assure à Bonaparte

la conquête de toute l'Italie, et amène les préliminaires de
la paix à Léoben. Une armée française entre en Suisse, subjugue le pays, la république helvétique est établie. Bonaparte
fait voile pour l'Orient, s'empare de Malthe, débarque en
Egypte, terrasse les mamelucs à la journée des Pyramides,
s'empare du Caire. La flotte française se laisse presque em-
bosser dans la baie d'Aboukir, et Nelson remporte sur elle
une victoire éclatante, et une autre escadre française qui
portoit du secours aux Irlandais insurgés, est aussi défaite par
les Anglais. Bonaparte passe en Syrie, où, après le combat
d'El-Arich et du mont Thabor, s'empare de Gaza et de Jaffa.
Le général Championnet, après avoir dispersé les Lazzaroni,
et réduit Naples, organise la république *Parthénopéenne*.
Les hotsilités recommencent entre l'Autriche et la France : la
Russie embrasse la défense de la première. L'armée républicaine est vaincue par l'archiduc Charles à la journée de Sto-
ckadt ; Suwarow triomphe à Cassano : les Austro Russes
mettent en fuite les Français sur les bords de la Trébie ; ils
entrent en Piémont, prennent Turin, et battent à Novi le
général Joubert qui mourut sur le champ de bataille Les Napolitains, commandés par le cardinal Ruffo, rentrent dans
Naples, et se signalent, par les vengeances les plus atroces
contre leurs compatriotes républicains. La flotte hollandaise
du Texel se rend aux Anglais qui, commandés par le duc
d'Yorck, débarquent en Hollande, et sont vaincu par Brune.
La mésintelligence se glisse parmi les Austro-Russes : Mas-
séna triomphe d'eux près de Zurich : le Courbe s'oppose à
la marche de Suwarow, et le force de se retirer précipitam-
ment. Cependant la France ressemble à un vaisseau sans pi-
lote et livré à la merci des flots : dans les clubs on tient le
langage de la terreur ; les proscriptions recommencent ; on
bannit les nobles du territoire Français : le seul général ca-
pable de la sauver du naufrage, étoit sur les rives du Nil.
Bonaparte s'embarque sur un navire, trompe la vigilance de
l'Anglais, et se trouve rendu à la France ; il tire la nation
tremblante des mains de l'anarchie, ferme les barrières de la

révolution, et met fin aux alarmes et calamités publiques (1799). Bonaparte, nommé premier consul, fait rénaître l'ordre social, relève les autels, et impose silence à toutes les factions. —— Léopold II, successeur de Joseph s'empresse de faire la paix avec les Turcs, auxquels il abandonne toutes les conquêtes faites par les Autrichiens. Son fils François II est destiné à soutenir le fardeau de cette guerre terrible de la république française. —— Une grande victoire navale gagnée par Gustave rapproche la Russie de la Suède, et les deux puissances mettent bas les armes. Gustave est tué d'un coup de pistolet. —— L'Angleterre, par le moyen de ses nombreuses escadres, tient en respect l'Irlande révoltée, s'empare de l'empire de Mysore, et la mort de Tippo-Saïb la délivre du seul ennemi qui pût effrayer leur puissance. —— Catherine II contraint Stanislas d'abdiquer le trône de Pologne; et ce pays perd entièrement son existence politique. Le brave Kosciusko se mit à la tête de ses compatriotes pour recouvrer la liberté; après des prodiges de valeur, le sang des Polonais vaincus coula sur l'échafaud. Paul premier qui succéda à Catherine, agrandit son empire du côté de la Perse : ce monarque, indigné de la conduite de François II, rappela les troupes russes, et Suwarow, après s'être retiré avec une rare habileté, finit sa carrière. —— Les Turcs secourus par les Anglais, chassent de l'Egypte les Français. —— Charles-Emmanuel, après avoir fait la paix avec les Français, est chassé du Piémont, et ses états sont réunis à la république française. —— Vénise est occupée par les Français et cedée aux Autrichiens par le traité de Campo-Formio. —— Le Milanez est érigé en république. —— Pie VI, consacré à la défense de la religion, après avoir rendu aux Romains la salubrité de l'air par le desséchement des marais pontins, est arrêté près du terme de sa carrière par la révolution française. Bonaparte lui avoit accordé la paix, et lui avoit témoigné tous les égards dûs au caractère du souverain Pontife : le directoire exécutif le relégua à Briançon, et de là le fit transférer à Valence : le ciel enleva à la terre ce pontife sanctifié par de si douloureuses épreuves à l'âge de 82 ans, et dans la 25 de son pontificat. Le peuple romain se constitua en république, et choisit cinq consuls pour le gouverner.

1800. (*Bosquet*).

Bonaparte passe le saint-Bernard, entre dans Milan, rétablit la république cisalpine; gagne la bataille de Marengo sur Mélas, et oblige les Autrichiens de se retirer au de-là de l'Oglio. Moreau passe le Rhin, gagne les batailles d'Eugen et de Biberac, et entre en Autriche. Brune force le Mincio. Les Anglais s'emparent de Malthe. Congrès de Luneville. L'empereur cède toute la rive gauche du Rhin : le duché de Toscane est assuré au duc de Parme. Paix avec les Anglais, signée à Amiens. Proclamation en France du concordat avec Pie VII. Senatus-Consulte qui nomme Napoléon Bonaparte consul à vie ; autre Sénatus-consulte qui le nomme Empereur des Français, et en fixe l'hérédité dans sa famille, l'an 1804 18 mai.

CHRONOLOGIE

DES EMPEREURS ROMAINS.

——

Après la Créa- tion 3959. **L**a *FILEUSE* Lachésis ne fila que pendant trois ans et onze mois les événemens de la vie de César depuis qu'il fut honoré du titre d'empereur des Romains ; titre qu'il avoit tant envié,

3963 La *FOUDRE* détruit pour jamais la République Ro-
maine qui, après avoir été maîtrisée par les triumvirs, *Après J. C.* Octave, Antoine et Lépide, tomba enfin sous le pouvoir du seul *Octave* après la bataille d'Actium.

14 *THE*, sous le quel je vois *Tibère*, homme avare et perfide, qui disoit que, pour régner, il faut savoir dis-simuler.

37 *HAMEAU* où une grande foule de Romains vont se cacher pour se soustraire à la fureur de *Caligula* qui désiroit que le peuple Romain n'eût qu'une seule tête afin de pouvoir l'abattre d'un seul coup, comme celle d'une mouche.

41 *ROUE.* La fortune porte *Claude* sur le trône contre l'avis du Sénat.

55 *ELIE* aime Poëtus le seul entre les Sénateurs qui préféra la mort à la vie pour ne point féliciter *Néron* meurtrier de sa mère, sur ce forfait exécrable.

68 L'*AIDE*-de-camp porte la nouvelle de l'assassinat de *Galba* qui s'étoit laissé gouverner par trois ministres dont il fut la dupe ; — et de l'élévement au trône d'*Othon*, de *69* *Vitellius* et de *Vespasien* qui s'occupa du bien public pendant toute sa vie.

CHRONOLOGIE DES EMPEREURS ROMAINS.

79   *QUAI* où je vois *Titus* répandre ses bienfaits sur les peuples endommagés par une effroyable éruption du Vésuve.

81   *L'HIBOU* dévore le cadavre de *Domitien* qui fut poignardé dans son palais tandis qu'il s'amusoit à tuer des mouches comme un enfant.

96   *EVE* se plait à voir la couronne placée sur la tête de *Nerva* qui fut respecté à cause des vertus dont il étoit

98   doué; —— et à passer sur celle de *Trajan* qui fut un véritable sage sous le casque et le plus vertueux philantrope.

117   *TETE.* Judith, dans le massacre qu'*Adrien* fit des Juifs, et dans la dispersion totale de ce peuple, voit accomplis les decrets de la Providence.

138   Le *TAMBOUR* sert très-volontiers sous *Antoine-le-Pieux* qui aimoit ses sujets comme ses enfans dont il fut toujours obéi.

161   *ETUDE.* Les enfans étudient les belles maximes que nous a laisées *Marc-Aurèle*; mais ils méprisent la conduite de son fils *Lucius-Verus*, et la détestent.

180   *TABOURET* où se trouve assis *Commode* qui fit mourir Crispine, sa femme, et sa sœur Lucile et plusieurs sénateurs respectables.

193   *TAVERNIER* ferme sa taverne sous les règnes de *Pertinax*, de *Didius-Julianus*, d'*Albin*, de *Niger* et de *Septime-Sévère*, à cause des sanglantes tragédies qui remplirent de cadavres la ville de Rome.

211
217   Le *NOTAIRE* fait le procès à *Caracalla* qui tua entre les bras de sa mère Julie, son frère Géta; —— à *Macrin* et à son fils *Diadumène* qui, au lieu de défendre leur

218   couronne, s'amusoient à Antioche; —— et à *Héliogabale* jeune débauché et impie.

222   *ANNIBAL* est étonné voyant *Sévère-Alexandre* réussir à sauver l'empire qui se trouvoit sur le panchant de sa ruine.

CHRONOLOGIE DES EMPEREURS ROMAINS.

237 La *NYMPHE* frémit à la vue des cruautés de *Maximin* qui fit périr tous ceux qui l'avoient connu dans sa
238 jeunesse, pendant qu'il étoit berger en Thrace ; —— et du massacre des empereurs *Pappien*, *Balbin* et *Gordien*, qui furent égorgés et jétés dans la boue.

245 La *NOURRICE* se répent d'avoir donné le lait à *Philippe* et à son fils, qui perdirent leur vie dans une même
249 bataille ; —— et à *Dèce* qui exerça une horrible persécution contre les chrétiens, et les faisoit expirer à petit feu.

251 *NELSON* déteste les empereurs *Trébonianus-Gallus*,
253 sous le quel l'empire fut désolé par la peste ; —— et *Emilien*, *Valérien* et *Gallien*, son fils, auteurs d'une violente persécution contre les fidèles qui allèrent peupler les déserts de la Thébaïde pour y jouir des douceurs que leur offroit le christianisme.

268 *ANDROMEDE* pleure sur le sort de *Claude* II, le Gotique, qui mourut de la peste en Pannonie, et non pas par l'épée.

270 La *NEIGE* couvre les campagnes de Palmyre tandis qu'*Aurélien* mène en triomphe à Rome la célèbre Zénobie et Tétricus qui régnoit depuis six ans sur les Gaules ;
273 —— et fait géler le corps de *Tacite* prince vertueux et
276 libéral ; —— et ceux de *Florien* et de *Probus* qui fut assassiné par ses soldats, parce qu'il maintenoit la discipline militaire, et marchoit toujours à pied.

282 *NEPTUNE* frappe d'un coup de foudre le gaulois *Carus* qui s'étoit associé ses deux fils *Carin* et *Numé-*
285 *rien* ; —— et fait respecter *Dioclétien* par les Parthes qui osèrent se mesurer contre lui.

305 Le *MUSICIEN* donne un concert à Autun où *Constance-Chlore* avoit fixé son siège, tandis que le farouche *Galérius* régnoit en Orient, et que le César *Sévère*, *Maxence* et son père *Maximien* prenoient aussi la pour-
306 pre impériale ; —— et en donne un plus magnifique

CHRONOLOGIE DES EMPEREURS ROMAINS.

à cause de l'élévation de *Constantin-le-Grand*.

337   Le *MAMELUC*, voyant l'empire divisé entre les trois frères, *Constance*, *Constant* et *Constantin*, déteste ce partage.

361   Le *MEDECIN* abandonne *Julien* qui apostata de la
363 religion de Jésus-Christ ; —— mais il fait des éloges à *Jovinien* qui n'accepta le sceptre qu'à condition de pouvoir professer le christianisme ; —— et à *Valentinien* qui fixa sa résidence à Milan, et nomma empereur d'Orient *Valens* son frère.

375   Le *MAGICIEN* fait nommer le jeune *Gratien* empereur d'Occident, et étrangler à Vienne *Valentinien* II, son frère, par les troupes de *Maxime* qui espéroit de régner lui seul.

383   La *MAPPEMONDE* est partagée par *Théodose* - le-Grand en deux empires, ce qui accéléra la chûte de celui de Rome.

395   Le *MUFTI* voyant le bouleversement qui régnoit dans l'empire d'Occident, dit que la timidité et le peu d'habileté d'*Honorius* en furent la cause principale.

423   Le *RENARD* est étonné de voir rétrograder Attila en présence du Pape Saint-Léon qui, sous *Valentinien* III, put seul arrêter les brigandages de son armées.

455   *ARLEQUIN* est surpris de voir *Avitus* quitter la
457 pourpre pour se faire évêque en Italie ; —— et *Majorien* déposé et assassiné par Ricimer qui étoit jaloux des exploits de ce monarque.

460 . *RHADAMANTE*, ayant examiné la conduite de *Sévère* II, et trouvant qu'il ne fut qu'un fantôme d'empereur, le condamne aux Enfers ; —— mais il assigne les
466 Champs-Elisées à *Anthémius* que Ricimer avoit trucidé.

472   L'*ARCHITECTE*, voyant qu'*Anicius - Olybrius* ne
473 fit rien de mémorable pendant son règne ; —— que *Glicérius* fut bientôt forcé de quitter le royaume ; —— que

CHRONOLOGIE DES EMPEREURS ROMAINS.

474 *Cornélius-Népos* fut chassé de l'Italie par *Oreste* qui étoit ami d'Attila, et son secrétaire, —— fait bâtir un beau palais pour *Odoacre*, roi des Hérules, qui s'empara
475 de l'empire d'Occident sous *Romulus Augustule*.

CHRONOLOGIE
DES ROIS DE FRANCE.
PREMIÈRE RACE DES MEROVINGIENS.

420   Le *RENARD* ne sauroit reconnoître *Pharamond* pour chef de la Race Mérovingienne quoiqu'il eût été chef des

428   Francs ; ——— mais il défère cet honneur a *Clodion-le-Chevelu* qui établit cette dynastie sur les débris d'un empire dont l'unité étoit rompue.

448   L'*ARROSEUR* arrose son jardin du sang de l'armée d'Attila terrassée par Aëtius et *Mérovée* dans une bataille où ce roi se signala beaucoup.

456   *ARLEQUIN* rit de la fourberie de Viomade Guyomar qui envoya la moitié d'une pièce d'or à *Childéric* en Allemagne , pour lui signifier que les partis étoient divisés, et que le moment de remonter sur le trône étoit favorable ; ce qui le décida.

481   *ROBINSON* dit à *Clovis* de faire le vœu de recevoir le Baptême , s'il vouloit être délivré du danger où il se trouvoit.

511   Les *LUTTEURS* épousent le parti de *Childebert* contre Sigismond roi de Bourgogne , qu'ils prirent et le précipitèrent dans un puits avec sa femme et ses enfans , où ils moururent.

558   Le *LILAS* se fane dans la chaumière où Clotaire fait étrangler et brûler son fils Cramne avec sa famille , parce qu'il avoit tourné contre lui son épée.

562   *LADY*-Charlotte, pour mettre fin aux querelles des quatre prétendans au trône de Paris, en fait rapporter la décision au sort ; *Caribert* fut le fortuné ; ——— elle rou-

567   git de voir *Chilpéric* demander et obtenir la main de Brunehault , et épouser à sa place sa sœur ainée Galsuinde qui fut trouvée morte dans son lit après peu de jours de son mariage.

CHRONOLOGIE

DES EMPEREURS ROMAINS D' ORIENT.

---

395   Le *MUFTI* gouverne le faible *Arcadius*, prince peu favorisé de la nature par rapport au physique et au moral.

408   Les *ROSES* ornent le trône de *Théodose II* qui resta quelque tems seul maître de tout l'empire romain, après avoir chassé de celui d'occident Jean secrétaire d'Honorius, qui l'avoit usurpé.

450   *ARLEQUIN* se plait du mariage de Pulcherie avec *Marcien* qui brava les menaces d'Attila, et fit jouir ses sujets des douceurs de la paix; —— et de l'élévement au

457   trône de *Léon-le-Thrace.*

473   L'*ARCHITECTE* renverse le trône de *Zénon* qui succéda à son fils *Léon II*, et s'enfuit lâchement dans un autre royaume; —— et fait élever un château en Asie où

476   fut relégué *Basilisque* par le même *Zénon* qui fut rappelé et qui lui succéda.

491   Les *RIVAUX* se battent près de la longue muraille au nord de Constantinople, qu'*Anastase* fit construire pour mettre ses états en sureté.

518   Les *LUTTEURS* perdirent la vie avec deux cents mille habitans d'Antioche, à cause d'un affreux tremblement de terre arrivé sous *Justin* qui les pleura beaucoup.

527   Le *LION* n'est pas si terrible dans les deserts, comme l'étoit Bélisaire, général de *Justinien*, lorsqu'il tua mille séditieux dans le cirque.

578   Le *LAQUAIS* est au service de *Tibère II*, prince juste et magnanime, qui pardonna même à ceux qui l'avoient trompé.

CHRONOLOGIE DES ROIS DE FRANCE.

584   Le *LOUP* déchire les corps des hommes assassinés par ordre de Frédégonde qui régnoit au nom de son fils *Clotaire*.

628   *DIANE* étant à la chasse voit les funerailles qu'on faisoit à Saint Dénis au roi *Dagobert* qui fut enterré dans cette abbaye.

638   *DEMOCRITE* rit de la conduite de *Clovis* II qui fut le premier des rois fainéans sous lesquels les maires du palais commencèrent à abuser de l'autorité qu'ils avoient usurpée.

655   La *DILIGENCE* transfère dans l'abbaye de Chelles la reine Batilde mère de *Clotaire* III, tandis qu'Ebroin dispose à son gré de l'autorité royale.

670   Le *DECROTEUR*, passant dans la forêt de Livri, est surpris d'y trouver *Childéric II* et sa femme assassinés; —— et étant arrivé à Paris, il est aussi surpris d'y voir

674 régner *Thierry* III, sorti du couvent où il s'étoit retiré.

692   *DAVID* reproche à *Clovis* III sa fainéantise, parce

695 qu'il se laissoit dominer par Pepin; —— et à *Childebert* II son oisiveté encore plus ridicule.

711   *CHATEAU* où *Dagobert* II est retenu comme prisonnier par les maires dont il fut le jouet; —— d'où fut

716 chassé *Chilpéric* II qui lui succéda; —— et où Charles

719 Martel plaça *Clotaire* IV, dès qu'il fut entré dans Paris comme en triomphe.

721   Le *CHINOIS* dit à Charles-Martel de donner le nom de roi à *Thierry* IV, et de régner lui-même quatre ans sous le nom de duc, dès que Thierry mourut.

742   *CARON*, en trapassant *Childéric* III, se plait de voir finir la race Mérovingienne.

CHRONOLOGIE DES EMPEREURS ROMAINS D'ORIENT.

582   Le *LOUP* dévore les corps des cinq enfans de *Maurice*, exécutés en présence de leur père, et celui de l'empereur lui-même qui expira sous la hache des bourreaux dans Chalcédoine.

602   Le *DESTIN* avoit arrêté que *Phocas* qui s'étoit défait de toutes les personnes qui lui faisoient ombrage, fu bientôt détroné.

610   *DATTIER*, sous lequel je vois Mahomet établir une nouvelle religion, et enlever à *Héraclius*, en Asie et en Afrique, ses plus belles provinces.

641   Le *DARDEUR* est désolé à cause de l'infortune de *Constantin III* et d'*Héracléonas*, et de la tyrannie de *Constant II* qui fit la guerre à ses sujets au lieu de combattre les sectateurs de Mahomet.

668   *DEDALE* s'enfuit de Constantinople où *Constantin IV* renouvelle, à la fin de son règne, les scènes d'Œdipe.

685   Le *DEPAVEUR* travaille dans la Chersonnèse où Justinien II fut relégué par Léonce, son rival.

695   *DAVID* fait détrôner *Léonce* par sa propre armée, et
698 l'envoyer en exil ; —— et rappelle *Justinien* qui fait tuer *Tibère III* et Léonce, et ordonne que lui-même ait la tête coupée.

711   *CHATEAU* où je vois endormi et enlevé *Bardane-*
713 *Philipique* après le repas d'une grande fête; —— et *Ana-*
717 *stase II* enfermé ; —— et *Léon III* l'Isaurien, y brûler une superbe bibliothèque et tous les savans qui s'y trouvoient, parce qu'ils n'avoient pas approuvé les innovations dans le culte des images, qu'il relégua.

741   *CARON* réproche *Constantin-Copronyme* d'avoir persécuté les catholiques à cause de leur culte.

CHRONOLOGIE

DES ROIS DE FRANCE.

DEUXIEME RACE DES CARLOVINGIENS.

751 La *COLONNE* fut érigée en honneur de *Pépin-le-Bref* près de l'abbaye de Ferrières où il avoit terrassé un lion dans un combat.

768 Le *CADUCEE* étoit entre les mains de *Charlemagne* lorsqu'il fut couronné empereur par le Pape.

814 Le *BOTTIER* est indigné de voir les trois fils de *Louis-le-Debonnaire* réunir leurs troupes dans une plaine entre Bâle et Strasbourg, nommée depuis le *champ de Mensonge*, et le forcer d'abdiquer la couronne et se retirer, une seconde fois, dans un monastère.

840 Les *BERGERS* vont se cacher avec leurs troupeaux, pour se soustraire aux incursions des Normands qui, sous *Charles-le-Chauve*, se répandirent dans toute la France, brûlèrent les églises et les villes, massacrèrent les habitans, et emmenèrent des milliers d'enfans captifs.

877 Le *PECHEUR* s'apperçoit que la France languit de
879 plus en plus sous *Charles-le-Bègue*; —— et même sous le règne des jeunes rois *Louis* III et *Carloman*, sous lesquels les seigneurs se fortifièrent dans leurs châteaux, et le royaume d'Arles fut élevé.

884 Les *PAPILLONS* ne peuvent rester en France sous le règne de l'inepte *Charles-le-gros*, à cause des ravages des Normands, de la peste et de la famine qui achevèrent de plonger la nation dans le désespoir; —— ni même
888 sous celui d'*Eudes*, comte de Paris, qui avoit défendu cette ville avec un courage qui étonna toute l'Europe.

898 Le *BOUVIER*, à force que la France se divise et se subdivise, sous *Charles le-simple*, en une multitude de principautés, ne reconnoit plus le maître de son champ.

CHRONOLOGIE DES EMPEREURS ROMAINS D'ORIENT.

775   Le *COQ* béquette l'impératrice Irène que *Léon IV* envoie en exil.

780   Le *CHAPEAU* se trouve sur la tête d'Irène qui s'empara du gouvernement et fit reconnoître son fils *Constantin-Porphyrogénète*, en le mettant sous la protection des grands.

802   *BOSQUET* d'où je vois commencer les empereurs du Bas-Empire sous *Nicéphore* qui relégua Irène dans un monastère où elle mourut de chagrin.

811   Le *BOTTIER* ne fait plus de bottes pour les empereurs *Staurace* et *Michel-Rangabé*, qui se firent moines au lieu de tenir les rênes du gouvernement; —— mais
813   il travaille pour *Léon-l'-Arménien* qui sut défendre vaillamment son royaume.

820   *PANDORE* laisse échapper de sa boite plusieurs maux pour punir *Michel-le-Bègue* qui força les catholiques
829 d'observer les cérémonies des Juifs; —— et *Théophile* qui persécuta le culte des images, et mourut comme un fou.

842   Les *BERGERS* sont tranquilles sous la régence de Théodora, mère de l'empereur *Michel III* qui prit plus soin de ses écuries, que de son trône.

867   Le *BEDEAU* précède *Basile-le-Macédonien* qui publie un code de lois, et rétablit l'ordre dans toute la monarchie.

886   Les *PAPILLONS* voltigent sur les ouvrages de *Léon-le-Philosophe* qui aimoit beaucoup l'étude.

911   Le *VAUTOUR* déchire *Alexandre*, homme débauché et scellérat; —— et il ne tourmente point *Constantin VII* Porphyrogénète qui rendit la paix à l'Eglise, et s'asso-
912 cia *Romain-Lécapène*.

CHRONOLOGIE DES ROIS DE FRANCE.

929   *FONTAINE*, où je vois *Raoul* se désaltérer après les guerres sanglantes qu'il eut à soutenir, et qui lui faisoient regretter la vie.

936   Le *FUMEUR* à la vue de la captivité de *Louis* IV d'Outremer, se plaint de la perfidie d'Hugues-le-Grand.

954   La *FILEUSE* file à côté de *Lothaire* qui, voyant les guerres que ses vassaux se faisoient entre eux, se contentoit d'en être simple spectateur.

986   *PHOEBUS* éteint ses rayons à la mort de *Louis* V pour faire disparaître la race Carlovingienne qui avoit commencé avec tant de gloire et d'éclat qui étonnèrent tout le monde.

TROISIÈME RACE DES CAPETIENS.

987   *PHOEBUS* répand ses rayons sur la nouvelle dynastie dont le chef fut *Hugues Capet*, comte de Paris, et duc de France.

996   La *VEUVE* va mourir à cause de la peste et de la famine qui sous *Robert* désolèrent l'Europe entière ; et emportèrent au tombeau beaucoup de monde.

1031   *HAMEAU* où je vois se retirer *Henri* premier qui fut contraint de sortir de Paris ; et où il assemble une armée considérable que lui donna Robert le diable pour marcher contre sa mère Constance qui vouloit placer la couronne sur la tête de son autre fils Robert.

1060   L'*AIDE*-de-camp de *Philippe* premier marche à la conquête de la Terre-Sainte à la tête des croisés.

1108   Le *TISONNEUR* souffle la guerre entre *Louis-le-gros* et Henri roi d'Angteterre, qui fut la cause de la sanglante bataille de Brenneville, où un anglais qui avoit saisi la bride du cheval de Louis VI s'étant écrié : *le roi est pris; ne sais tu pas*, répartit le roi, *qu'au jeu des échecs on ne prend jamais le roi?* et en même tems éleva son hache et lui fendit la tête d'un seul coup.

CHRONOLOGIE DES EMPEREURS ROMAINS D'ORIENT.

959   La *FILEUSE* file à côté de *Romain*, le jeune, qui vivoit plongé dans la mollesse auprès du feu.

963   La *FOUDRE* frappe *Nicéphore-Phocas* qui éloigna de
l'empire les deux fils de l'impératrice pour l'usurper lui-
969   même ; —— et *Jean - Zimiscès* qui remporta plusieurs
victoires sur les Mahométans , et en triompha.

976   Les *VACHES* allaitent les deux jeunes empereurs *Basile* II et *Constantin* VIII, tandis que leur général Basile les tenoit sous sa garde.

1028   *NOE* voit avec plaisir *Romain-Argyre* faire trembler
les Sarrasins , et mettre en déroute leur armée impie.

1034   *HAMEAU* où se retira *Michel - Paphlagonien* pour
y donner des marques de son repentir.

1041 *ROUE*. La fortune protège les deux impératrices *Zoë* et
Théodora qui exilèrent du trône Michel-Calaphate ; ——
1042 et abandonne *Constantin-Monomaque* qui négligea de défendre les frontières de son état ruiné.

1056   *ELIE* fait passer la couronne, de la tête de *Michel-
Stratonique* qui n'avoit aucun mérite solide, ——sur celle
1057 d'*Jsaac-Comnène* qui l'abdiqua ; —— et la place sur celle
1059 de *Constantin Ducas* qui oublia sur le trône le soin de défendre ses sujets , et ne régna qu'en prince indolent et
oisif.

1067   . *L'AIDE - DE - CAMP* d'*Eudocie* repousse les Sarra-
1068 sins avec courage; —— et sert très bien *Romain-Diogène*
qui devint époux d'Eudocie au moment qu'il devoit déscendre au tombeau.

1071   *QUAI* où je vois se promener *Michel-Parapinace* qui
avoit abandonné les rênes du gouvernement ; —— et *Ni-
1078 céphore-Botaniate* y brûler les cheveux qu'il se coupa.

1081   *L'HIBOU* déchire les corps des ennemis d'*Alexis - Comnène* qui se défendit contr'eux avec une grande intrépidité.

CHRONOLOGIE DES ROIS DE FRANCE.

1137   Le *TAMBOUR* est brûlé dans Vitry avec treize cents habitans par l'armée de *Louis* VII, le jeune, qui avoit fait mettre le feu à l'eglise où ce peuple s'étoit caché.

1180   *TABOURET* sur le quel je vois *Philippe - Auguste* dompter l'orgueil de ses vassaux, et de tous ses autres ennemis.

1223   *ANNIBAL* est fait prisonnier à la rochelle par *Louis*
1226   huitième ; ——— mais il s'en venge sur *Louis* IX, le saint, qu'il fit prisonnier tandis qu'il marchoit en Palestine à la tête d'une croisade.

1270   La *NEIGE* avoit glacé les os de Saint - Louis, que *Philippe* III porta, dans un coffre, depuis Paris jusqu'à Saint-Denis.

1285   *NEPTUNE* ne veut point se mêler dans les différens entre Boniface VIII, les Templiers et *Philippe-le-Bel*.

1314   Les *MOUTONS* languissent dans le bois de Vincennes avec *Louis X, le Hutin*, qui mourut pour avoir bu à la glace pour se désaltérer ; ——— et y périssent pour avoir bu
1316   de l'eau empoisonnée par les Juifs, sous *Philippe - le-long*, qui avoit formé le projet d'introduire dans ses états des poids et des mesures selon une nouvelle métode.

1322   Le *MOINE* dissout le mariage, à cause de parenté, entre *Charles-le-Bel* et son épouse Jeanne ; ——— et mar-
1328   che avec *Philippe* de Valois contre les Flamands au siège de la ville de Cassel dont les cytoyens avoient mis sur un étandard la figure d'un coq avec ses mots: *Quand ce Coq chantera, le roi Cassel conquèrra* : le coq ne chanta pas ; mais la ville fut prise et reduite en cendres par Philippe.

1350   Les *MULETS* transportent le bagage de *Jean - le - bon* jusqu'à Calais où ce roi s'embarqua pour passer en Angleterre et y rester en ôtage à la place du duc d'Anjou son fils.

CHRONOLOGIE DES EMPEREURS ROMAINS D'ORIENT.

1108   *TETE*. Judith, voyant que *Jean-Comnène* pardonne généreusement à des séditieux, l'aime beaucoup.

1180   *TABOURET* sur lequel est étranglé *Alexis Comnène*
1183 II, à l'âge de 14 ans; —— et *Andronic - Comnène* qui étoit l'auteur de ce crime; —— et d'où je vois chassé
1185 *Isaac-Lange* qui fut un tyran cruel.

1194   Le *TAVERNIER* se rejouit de voir *Alexis - Lange-Comnène* s'enfuir de Constantinople où il s'étoit fait détester.

1204   *L'ENSEIGNE* arbore le drapeau des croisés sur les murs du Constantinople tandis que *Théodore - Lascaris* va s'établir à Nicée, et *Alexis-Comnène* à Trébizonde, et que *Baudouin* prend le titre d'empereur; —— et l'y
1206 laisse sous *Henri* son frère qui lui succéda.

1216   Le *NOTAIRE* tandis qu'il fait le contrat du mariage entre Pierre de Courtenay, petit fils de Louis-le-gros, et Jolante fille de Henri, *Pierre*, se trouvant en Epire, fut trucidé.

1220   *ANNIBAL* pousse *Robert* de Courtenay à tourner ses armes contre Théodore-Lascaris-Lange, pour venger la mort de son père; et à faire la paix avec Théodore-
1228 Lascaris; —— et mène Michel-Paléologue contre *Baudouin* II qu'il chassa de Constantinople, en mettant fin à l'empire des Latins qui dura bien peu.

1260   *ANDROMEDE* déteste la politique de *Michel - Paléologue* qui, pour régner, fait tuer ses pupilles.

1282   *NEPTUNE* désapprouve l'extravagante résolution d'*Andronic-Paléologue* II qui se sépara de l'Eglise Romaine.

1325   Le *MOINE* condamne *Andronic - Paléologue* III qui
1328 chassa du trône son oncle; —— et *Jean - Cantacuzène* qui, s'étant fait nommer tuteur du jeune Jean-Paléologue, abusa de l'autorité qu'il avoit usurpée.

CHRONOLOGIE DES ROIS DE FRANCE.

1364   Le *MEDECIN* ne peut guérir *Charles-le-sage* à cause du poison qui le fit mourir.

1380   *MAPPEMONDE* où je vois *Charles* VI devenu fou, parce qu'il s'imagina avoir vu un spectre au sortir d'un bois.

1422   Le *RENARD* reste surpris de voir *Charles* VII délivré par la pucelle Jeanne.

1461   *RHADAMANTE* voyant se présenter à son tribunal *Louis* XI prince extraordinaire par ses vices et ses vertus, suspend son arrêt.

1483   *ROBINSON* accompagne *Charles* VIII tandis qu'il entre dans Naples à la tête de son armée.

1498   Les *RIVAUX* s'entretuent parceque l'un d'eux avoit fait rompre la ligue de Cambrai entre *Louis XII*, l'empereur Maximilien et le Pape.

1515   Les *LUTTEURS* ne sont point si forts, si intrépides, si courageux que le fut François premier contre son rival.

1547   Le *LORGNEUR* se plait de voir accourir de toute part les Français pour la défense d'*Henri* II, après la perte de la bataille de Saint-Quintin, qui avoit répandu la terreur dans toute la France.

1559   Le *LILAS* étoit entre les mains de *François* II tandis que son autorité, par la conjuration d'Amboise, faillit de lui être enlevée.

1560   *LADY* Charlotte, sous le régne de *Charles* IX, risqua de perdre la vie dans le massacre de la fatale Saint-Barthelemi, suscité par le fanatisme de l'ambition, caché sous un masque réligieux.

1574   Le *LAQUAIS* de *Henri* III est frappé du coup de couteau qui ota la vie à son roi.

1589   Le *LOUP* s'échappe de la monarchie française qui auroit fait naufrage, sans l'héroïque courage de *Henri* IV, prince accompli, doué de sentimens élevés, d'un fond d'humanité inépuisable, et d'une valeur à toute épreuve.

CHRONOLOGIE DES EMPEREURS ROMAINS D'ORIENT.

1391   Le *MUFTI* frémit voyant *Manuel-Paléologue* s'échapper de la cour de Bajazet.

1425   Le *RENARD* se retire des états de *Jéan-Paléologue II*, voyant les Turcs circonscrire les bornes de cet empire déplorable.

1448   L'*ARROSEUR* arrose de ses larmes le trône de *Constantin-Dragosés* renversé par l'armée arabe.

CHRONOLOGIE DES ROIS DE FRANCE.

1610 *DATTIER* au quel on peut comparer Richelieu ministre de *Louis* XIII, homme d'un génie supérieur et l'un des plus grands politiques.

1643 Le *DARDEUR* aime *Louis* XIV qui éleva au plus haut point de gloire son royaume.

1715 *CHATEAU* d'où je vois chassé par *Louis* XV le ministre Law qui, par son plan de finances, avoit ruiné son peuple.

1774 Le *COQ* s'envole bien loin de la France en voyant *Louis* XVI conduit sur l'échafaud, et avec lui la monarchie française se cacher.

1792 Le *CAVALIER* passe tout-à-coup du service d'un roi à celui d'une *République* sanguinaire et effrénée.

1804 Le *BOSQUET* ne peut pas fournir autant de lauriers qu'il en faudroit pour en couronner la tête de *Napoléon-le-Grand* que la France nomma Empereur.

F I N.